Für

Felix Lennert und Anna Lena

Erste Auflage

© August 2015 Dr. Johann Friederichs, Ahrensburg

Alle Rechte vorbehalten, auch das der photomechanischen Wiedergabe.

Lektorat und Layout:
Christian A. Hufnagl
22587 Hamburg

Herstellung und Verlag:
BoD - Books on Demand, Norderstedt
In de Tarpen 42
22848 Norderstedt
www.bod.de

ISBN: 9783735740342

Inhalt

Prolog: Auf hoher See

Was heißt hier „stolpern"? „Wohin schlingert Europa" wäre als Titel doch viel passender. Oder sollte es nicht noch genauer heißen, wohin „steuert" Europa, der schon recht betagte, leicht angerostete Dampfer „Europa" mit seinen vielen streitenden, nur mühsam zur Reise vereinten, aber ob der Reiseroute völlig verunsicherten Passagiere? Viele sehen sich auf einem soliden Vergnügungsdampfer, andere auf einem Schiff mit Schlagseite. Reiseziel unbestimmt. Und wer ist der Kapitän, und wo ist der Steuermann?

Als Hamburger habe ich viel Sympathie für das maritime Sprachbild vom Schiff und seinem Kapitän. Nur wer steht auf der Brücke der „Europa"? Wer steuert? Gehen wir auf dieses Schiff. Bei genauerem Hinsehen stellen wir fest, keiner steuert. Wir haben dort nicht nur eine Brücke und einen Kapitän sondern von jeder Art mindestens drei:

Auf der obersten Brücke stehen die 27 EU Kommissare mit ihrem Präsidenten und Steuermann Jean-Claude Juncker, der mit seiner Europäischen Kommission (EU-K) die Regierung Europas bilden möchte.

Auf der mittleren Brücke sehen wir die 7 Fraktionschefs der 177 Parteien des Europäischen Parlaments (EP) mit ihrem Steuermann, Parlamentspräsident Martin Schulz, der gerne aus und mit dem gewählten Parlament die europäische Gesetzgebung formen und die EU Regierung bestellen würde.

Auf der untersten Brücke drängeln sich die 28 Regierungschefs der EU Staaten, der Rat der Europäischen Union (ER), ohne Steuermann, aber mit einem Präsidenten Donald Tusk. Die 28 Staatenlenker sollten eigentlich über den Kurs des Schiffs entscheiden. Sie können aber nur mühsam und auf vielen, oft eilig zusammengerufenen Gipfelkonfe-

renzen zu komplizierten Kompromissen über die Reiseroute
finden. Mißmutig verfolgen sie das Treiben auf den beiden
oberen Brücken. Derweil treibt das Schiff. Mit drei Präsidenten.

Nicht ganz steuerlos, denn hinter den drei Kommandobrü-
cken gibt es die bestens eingerichteten, grandiosen Karten-
räume, als mächtiger Turm mit Fernsicht, neu konstruiert.
Kein Schornstein, sondern der bombastische EZB Tower.
Dort beugt sich der wahre Steuermann des Schiffs, Mario
Draghi, der Präsident der Europäischen Zentralbank, zusammen mit seinem 25 köpfigen EZB Rat über diverse See-
karten. Mario Draghi verteilt auch die Gelder aus der Schiffs-
kasse.

Er versucht zu steuern und das Schiff auf Kurs zu halten. Nur
auf welchem Kurs und wohin steuert er das schlingernde
Schiff? Er versucht einen leichten Inflationskurs über Geld,
oft auch über Politik, zu steuern. Als Investment- und Notenbanker weiß er, dass Menschen über Geld am schnellsten
lernen können. Also besorgt er den europäischen Politikern
das Geld, das sie nicht haben, aber dringend brauchen, und
verschafft ihnen damit Zeit zum Lernen. Über seine im Turm
verborgene „Druckerpresse". Und auf den Brücken stehen
nur Politiker, keine Kapitäne und keine Seefahrer. Also
bleibt ihm keine andere Wahl, er muss steuern.

Dann gibt es noch drei Luxussuiten auf dem Oberdeck.
Dort sitzt in der größten Suite „Brüssel" der EU Ministerrat
(RdEU), der den Regierungschefs vor allem mit seiner „Eurogruppe", den Finanzministern der Eurostaaten, zuarbeiten
muss. Dort logiert auch ihr Präsident, Jeroen Dijsselbloem.

In der luxuriösen Suite „Luxemburg 1" tagt der Europäische
Gerichtshof (EuGH), der das Europäische Gemeinschaftsrecht auslegt. In der etwas ärmlicheren Suite „Luxemburg 2"
quält sich der Europäische Rechnungshof (EuRH), der danach schauen soll, wo das viele Geld geblieben ist.

Tief unten, im riesigen Maschinenraum, mühen sich 23.000 beamtete Rechts- und Schriftgelehrte, Technokraten und Dolmetscher der EU-K, die komplizierte Brüsseler Abstimmungs-, Gesetzes- und Verordnungsmaschinerie in Gang zu halten. Das sind die „Berufseuropäer", auch „Eurokraten" genannt. Das durch den intensiven Umlauf schon etwas trübe „Konsenswasser" wird gebraucht, um die Maschinerie auf eine für europäische Kompromisse und Regelwerke notwendige Arbeitstemperatur zu bringen.

Dann gibt es auf unserem Schiff „Europa" noch die 507 Millionen Passagiere, die Bürger der Europäischen Union (EU). Sie besetzen die Decks, die zahllosen Kabinen, sie bevölkern die Restaurants, Bars und Vergnügungszonen. Viele leiden, fühlen sich vergessen. Von all dem Gezerre auf den Brücken und in den Nebenräumlichkeiten bekommen sie kaum etwas mit. Eigentlich wollen sie auch gar nichts davon wissen. Sie sehen nur, das Schiff schwimmt noch. Das Schlingern spüren sie nur gelegentlich und bei besonderer Aufmerksamkeit. Sie gehen lieber ihren eigenen Interessen nach. Sie alle bezahlen das Brücken- und Hilfspersonal und dürfen sich alle fünf Jahre eine neue Leitung wählen, wenn sie denn überhaupt zur Wahl gehen. Sie sind Bürger und Steuerzahler Europas. Aus neun Ländern kommen sie mit eigenem, nationalem Geld. Aus neunzehn Ländern kommen sie mit ihrem Gemeinschaftsgeld, „Euro" genannt. Sie sind die wahren Vertreter einer EU mit 28 Staaten.

Das ist der Masterplan, der Organisationsplan unseres „EU Europa".

Hier möchte ich nun doch das einprägsame maritime Bild verlassen. Auf hoher See ist man in Gottes Hand, gesteuert von einem erfahrenen Kapitän und hoffentlich auf einem seetüchtigen, stabilen, gut konstruierten Schiff. Bei unserem Dampfer „Europa" wissen wir das nicht so genau. Darum gefällt mir das Bild vom „stolpernden Europa" doch besser.

Und unser EU Europa ist auch kein Schiff. Vielleicht nur ein lockerer Konvoi, in dem jedes der 28 Schiffe seinen eigenen, unberechenbaren Kurs fährt. Warum das reale „Europa" der EU28 Staaten nicht irgendwohin steuert, sondern doch nur „stolpert", werden wir in diesem Buch genauer sehen und begründen. Stolpert Europa doch immerhin voraus, denn rückwärts kann man, bildlich betrachtet, nicht so gut stolpern.

Also ist „Stolpern" doch noch etwas Positives. Denn es vermittelt uns die Gewißheit: Es geht irgendwie weiter. Irgendwie. Und „EU Europa" ist auch kein Konvoi, kein Geleitzug, sondern work in progress, unsere tägliche Realität. Das „Woher und Wohin?" ist noch zu klären. Die drei Worte „Europa", „Stolpern" und „Wohin" führen uns zu den drei Teilen dieses Buches:

I.   Was ist Europa und wo liegt es?

II. Wer stolpert in Europa, wann und warum?

III. Wohin stolpert Europa?

I.   Was ist „Europa" und wo liegt es?

Beginnen wir mit europäischen Visionen, denn:

__Die Visionen von Gestern__

__sind die Probleme von Heute__

__und die Kosten von Morgen__

„Europa" - eine Kurzgeschichte

Es mangelte in und für Europa nicht an großen Visionen: Die PAN Europa Union (Coudenhove-Kalergi, 1923, Otto v. Habsburg), die „Vereinigten Staaten von Europa" (Winston Churchill, 1946), der „Europa Kongress" (Den Haag, 1948) und das „Europa der Vaterländer" (Charles de Gaulle, 1962) waren großartige Ideen, die schon früh in den politischen Träumen angelegt waren.

Auch nach der von Frankreich betriebenen Gründung der

„Lateinischen Münzunion" im Jahre 1865 dachte man an eine „Europäische Union" mit der Münzunion als Vorläufer. So nannte man schon damals das erste, dann später grandios scheiternde europäische Einheitsprojekt. Auch eine „Europäische Kommission" für die Münzunion stand auf der französischen Agenda.

Die 10 Mitglieder waren die industrialisierten Länder im Norden, die Gründungsmitglieder Frankreich, Belgien, Italien, Schweiz, und die agrarischen Länder im Süden des Kontinents mit ihren späteren Eintritten: Spanien, Griechenland, Rumänien, Bulgarien, Serbien, Österreich/Ungarn. Es war aber eine Münzunion ohne Deutschland und ohne Großbritannien.

Frankreichs Kaiser Napoleon III. wollte die Münzunion als Instrument der „Hegemonie über Kontinentaleuropa" einsetzen. Sie siechte bis zu ihrem Untergang 1927 dahin. Sie scheiterte an ihren heterogenen Ökonomien.

Die Staaten scheuten schon damals die hohen Kosten der Auflösung. Dann gaben die zehn in Gelddingen so visionären Mitgliedsländer den untauglichen Versuch aber doch auf und stahlen sich davon.

Währungsunionen zeigen langlebiges Siechtum. Und scheitern dann. Es gibt in der Historie kein Beispiel einer gelungenen Währungsunion. Sie können keine machtpolitischen Rivalitäten beenden, glätten auch keine wirtschaftlichen Ungleichheiten, harmonisieren keine kulturellen Traditionen.

Die damaligen Konstruktionsfehler kommen uns heute sehr bekannt vor.

Durch nationale Hegemonialansprüche und Kriege wurden mutige Visionen immer wieder zerstört. Erst nach der Vernichtung Europas im ersten und dem endgültigen Untergang Europas im zweiten Weltkrieg gab es für die frühen Träume eine neue Chance.

Charles de Gaulle wollte ein kontinentales Europa ohne Großbritannien - und unter Führung Frankreichs. De Gaulle träumte zunächst von einem neuen „Karolingischen Europa" in den Dimensionen des Reichs Karls des Großen. 1806 war das „Heilige römische Reich deutscher Nation" nach 1000jähriger Geschichte sang- und klanglos untergegangen. Doch die Erinnerung daran lebte in Charles de Gaulle und den europäischen Visionären weiter. Zusammen mit Konrad Adenauer war er einer der Gründerväter der europäischen Integration.

Churchill stand in der Tradition George Washington's, des ersten Präsidenten der USA, der von den kommenden „Vereinigen Staaten von Europa" überzeugt war. Unter dem Eindruck der Gründung der Vereinigten Staaten von Amerika, 1776, schrieb George Washington in einem Brief an den Marquis de Lafayette, seinen Mitstreiter im Kampf um die Unabhängigkeit der USA von der britischen Krone: „Wir haben ein Korn der Freiheit und Einheit gesät, das nach und nach auf der ganzen Erde keimen wird. Eines Tages werden, nach dem Muster der Vereinigten Staaten, die Vereinigten Staaten von Europa gegründet werden. Sie werden der Gesetzgeber aller Nationalitäten sein". Er war der erste europäische Visionär.

In seiner berühmten Rede vor der Akademischen Jugend in Zürich, im September 1946, sprach Churchill von der „Erneuerung der europäischen Familie... Wir müssen ihr eine Ordnung geben, unter der sie in Frieden, Sicherheit und Freiheit leben kann. Wir müssen eine Art Vereinigter Staaten von Europa errichten." Er sagte aber auch: „We will be for, but not with it".

Die „Europäische Union" wurde durch die Römischen Verträge von 1957 zur Realität, gegründet auf und getragen von den klassischen europäischen Werten: Freiheit, Demokratie, Rechtsstaat, Solidarität, Toleranz und unveräußerlichen

Menschenrechten. Seit der Antike in Humanismus und Aufklärung entwickelt.

Ein hoher Anspruch, ein langer Weg, ein steiniger Weg.

Heute quälen wir uns ab mit den ungelösten Problemen visionären Denkens und Handelns, aber auch mit den in eine noch unbekannte Zukunft verdrängten politischen, wirtschaftlichen und finanziellen Konsequenzen einer immer noch unvollendeten Europäischen Union.

Schicksalsjahre

Russland: Wir sahen in 2014 ein noch friedliches Europa in einem unfriedlichen Umfeld: 2014 war das Jahr, in dem der russische Präsident Wladimir Putin die Krim annektierte und im Osten der Ukraine einen Bürgerkrieg unter russischer Beteiligung anzettelte. Putin gründete mit Weissrussland und Kasachstan die „Eurasische Union" und träumt von einem neuen noch größeren Russland, „Novarossiya". Die untergegangene Sowjetunion (UdSSR) wirft einen langen Schatten. Kreml Experten beschreiben die politische Einstellung Putin's mit dem Satz: „Russland mag Europa nicht, es ist kein Teil Europas, und überhaupt hat Europa ausgedient". Eher ist wohl zu vermuten, dass Putin panische Angst vor den Werten des Westens hat, denn diese würden die Fundamente seines Machtsystems infrage stellen. Auch die Ukraine ist Europa! Und leidet jetzt unter einem Hybridkrieg. Auf europäischem Boden.

Tricksen, Erpressen und Schönfärben ist gängiges politisches Handwerkszeug, siehe Griechenland. Aber die Art, wie Putin und seine Oligarchen die westlichen Politiker und Medien schamlos belügen, das ist neu. Nicht nur die russischen Soldaten, die „in ihrem Urlaub" in der Ukraine in Uniformen kämpfen, „die man in jedem Supermarkt kaufen kann", sondern auch die neuesten russischen Panzer und Raketenwerfer, die man von den Ukrainern „erbeutet" haben will, und die darum auch zur Eroberung der Ostukraine zum Einsatz gebracht werden konnten, werden als Lügen angeboten. Die Liste der Unwahrheiten ist lang. Dieses Verhalten ist schon mehr als imperiales Gehabe. Das ist eine Beleidigung der Intelligenz Europas.

Islamisten: 2014 war auch das Jahr, in dem der „Islamische Staat" (IS) große Teile Syriens und des Irak eroberte und seine Terrorherrschaft im Namen des Islam über bestehende Grenzen hinaus ausbreitete. Andere islamistische Gruppierungen führen im Nahen Osten und in Afrika mit allen Mitteln des Terrors einen Krieg gegen den Westen, gegen die westlichen Werte. Nach den Ideologien des Kommunismus und des Nationalfaschismus im 20. Jahrhundert ist der Islamismus die neue Heimsuchung im beginnenden 21. Jahrhundert. Im Jahr 2015 tragen die Islamisten einen neuen Stellvertreterkrieg aus, nun im Jemen. Und die gemäßigte islamische Welt schaut zu. Sie grummelt ein bißchen. Sie schickt bewaffnete Kontingente. Aber sie handelt nicht wirklich. Noch nicht.

Türkei: 2014 war das Jahr, in dem sich Recep Tayyip Erdogan zum Präsidenten der Türkei wählen ließ, Europa den Rücken kehrte, und sich Russland zuwandte. Sein Regime zeigt zunehmend autokratische Züge. Mustafa Kemal Atatürk's Traum von einer laizistischen Türkei wird im Jahr 2023, hundert Jahre nach Gründung der modernen Türkei, wohl endgültig ausgeträumt sein.

Nach dem erhofften „arabischen Frühling" des Jahres 2010, ausgerufen von der ägyptischen Jugend auf dem Kairoer Tahrir Platz, blieb nach einer freien Parlamentswahl in Tunesien nur dieses islamische Land den demokratischen Prinzipien verbunden. 2014 war ein Jahr alter, ungelöster Krisen und neuer Konflikte, die wir mit in das Jahr 2015 nehmen. Nur der Jahreswechsel trennt den Strom der Zeit und der Ereignisse in überschaubare Abschnitte.

Unsere Werte

Welche Werte halten den Westen, halten Europa zusammen, und fordern die Feinde der Freiheit heraus? Unsere Werte sind die allgemein gültigen, unveräußerlichen Menschenrechte, die Gewaltenteilung und die Herrschaft des Rechts, der Rechtsstaat. Das ist das Erbe der Aufklärung. Es ist die Emanzipation aus der „selbst verschuldeten Unmündigkeit"[1]. „Sapere aude! Habe Mut, dich deines eigenen Verstandes zu bedienen!"[2]. Das war der Wahlspruch der Aufklärung. Es sind auch die Errungenschaften der amerikanischen Revolution von 1776 und der französischen Revolution von 1789. Immer noch wirkmächtig. Bis heute.

2014, ein besonderes Jahr

Noch einmal Atemholen und mit dem Abschied aus 2014 an wichtige Jahreszahlen erinnern. Mit dem Abstand von 100, 75 und 25 Jahren prägen sich besondere Ereignisse tief in unser historisches Gedächtnis ein.

Vor einhundert Jahren: 1914 Beginn des ersten Weltkriegs. Die Urkatastrophe des 20. Jahrhunderts. Der Untergang des alten Europa.

Vor fünfundsiebzig Jahren: 1939 Beginn des zweiten Weltkriegs und die endgültige Zerstörung Europas. Dieser Krieg hat die Ordnung der Welt radikaler verändert als alle Kriege zuvor. Mit ihm endete eine Epoche, in der Europa ein gestaltender Kontinent in der Weltgeschichte war. Die Kolonien emanzipierten sich von der „alten Welt". Asien drängte nach vorn.

Der erste Weltkrieg war Vorläufer und Verkünder des zweiten Weltkriegs.

Er ruinierte Europa und hinterließ zutiefst verfeindete Nationen. Im zweiten Weltkrieg wurde das alte Europa endgültig

1 Kant
2 Horaz

vernichtet. Aus den Trümmern Europas wuchs die Idee eines neuen vereinten Europas, aber auch die geographische, politische und ideologische Spaltung des Kontinents: Der „Kalte Krieg". Nicht nur die Teilung Deutschlands in Ost und West war Logik und Folge eines militaristischen, politisch verblendeten Wahns mit bitteren Konsequenzen. Europa war geteilt.

Vor fünfundzwanzig Jahren: 1989, endete der Ost West Konflikt mit dem Fall der „Berliner Mauer", des „eisernen Vorhangs", der die Trennung des Ostens vom Westen weltweit sichtbar „in Stein, Stahl und Zement" gegossen hatte. Die Sowjetunion zerfiel, der „Ostblock" löste sich auf. Aus den Resten eines bis an die Elbe reichenden sowjetischen Imperiums wurde eine stark geschrumpfte „Russische Föderation".

Die bis dahin eingemauerten, in den „Warschauer Pakt" vertraglich eingezwängten Staaten suchten ihren eigenen Weg in die Zukunft. In eine Zukunft mit Freiheit, Demokratie und Rechtsstaat. In ein neues Europa. Vor einem Vierteljahrhundert konnte sich das unfreiwillig zerrissene Europa nach dem Mauerfall und dem Ende der Ost West Teilung neu denken, wieder finden.

Nach dem Eintritt ehemaliger Ostblock Staaten in die „Europäische Union" (EU) folgten Jahre gemeinsamer Entwicklung zu und in einer offenen europäischen Gesellschaft, Zeiten der Neugründung einer Union des Friedens, des wirtschaftlichen Wachstums, der Versöhnung und der Zusammenarbeit.

Europa wurde breiter, tiefer und - komplizierter.

Aus schwierigen politischen Anfängen in und mit Europäischen Verträgen entwickelte sich über einen „Gemeinsamen Markt" eine stabile „Europäische Wirtschafts- und Währungsunion (EWWU)". Die Staaten suchten Frieden und Wohlstand in der Wirtschaftsunion und fanden beides. Sie legten Teile ihrer Souveränität in die Hände der Europäischen Union. Die Europäische Union gab ihren Bürgern mit der Gründung der EU nicht nur ein Friedensversprechen sondern auch ein „Wohlstandsversprechen", das bei und zur Einführung des Euro wiederholt und bestätigt wurde. Einige Staaten gingen daher so weit, dass sie auch ihr eigenes Geld aufgaben. Die ganz Mutigen, die Einheitsbewegten in der EU gründeten die europäische „Währungsunion". Ihre Landeswährungen gingen im „Euro" auf und unter. Wie sagte doch einer der großen Nationalökonomen des 20. Jahrhunderts: „Geldfragen sind Lebensfragen der Nationen. Im Geldwesen einer Nation spiegelt sich alles, was dieses Volk will, tut, erleidet, was dieses Volk ist. Der Zustand seines Geldwesens ist ein Symptom aller seiner Zustände. Nichts sagt so deutlich, aus welchem Holz ein Volk geschnitzt ist, wie das, was es währungspolitisch tut.[3]"

Die Deutschen gaben 1998 ihre „Deutsche Mark" und ihre „Deutsche Bundesbank" für die Gemeinschaftswährung EURO in einer europäischen Währungsunion auf. Es war ein politischer Verzicht, kein ökonomischer. Die „Europäische Zentralbank (EZB)" wurde die Herrin des Geldes in dieser Währungsunion. Und die neue Herrin des Geldes nutzte ihre Herrschaft. Nach Jahren des billigen Geldes, des kreditfinanzierten Aufschwungs, steht die Eurozone, steht „Euroland", stehen die 19 Länder (die EU19), „deren Währung der Euro ist", nun vor den Folgen ihrer Entscheidung. „Euroland", ein Währungsgebiet, ohne die Basis gemeinsamer ökonomischer Grundlagen und Mentalitäten. Man erkannte danach schmerzhaft die Konsequenzen einer Gemeinschaftswährung und lernte, was eine internationale Finanzkrise und eine selbst verursachte Schuldenkrise sind. Nach anfänglich erfolgreichen Jahren, den zinsgünstigen Krediten im Süden der EU, stolperte Europa in eine ungewisse Zukunft. In einer nun schon achtjährigen hartnäckigen Dauerkrise, beginnend

3 Prof. Joseph A. Schumpeter, Harvard University, USA

im Jahre 2007, nach den Immobilien-, Finanz-, Banken- und Schuldenkrisen sucht Europa in 2015 wieder einen neuen Weg in eine gemeinsame Zukunft. Aber in welche Zukunft? „Welches" Europa will Europa - und „wieviel" Europa will Europa?

In den südlichen Krisenländern der Eurozone stiegen die Schulden zwischen 2000 und 2007, also noch vor der Finanzkrise, mehr als doppelt so schnell wie die Wirtschaftsleistung. Man lebte „über seine Verhältnisse". Man nahm Kredite auf und verschuldete sich. Man konsumierte eifrig, leistete sich gigantische Fehlinvestitionen mit billigem Geld und vernachlässigte die eigene nationale Wettbewerbsfähigkeit. Man hatte sich „im Euro" wohlig eingerichtet.

Am Anfang der schwersten finanziellen und wirtschaftlichen Turbulenzen im neuen 21. Jahrhundert, standen in 2007 die USA nach dem Zusammenbruch ihrer gigantischen Immobilienspekulationen vor dem Abgrund. Auch in Europa gab es einen über Schulden finanzierten Immobilienboom, vor allem in Spanien und Irland. Auch dort stürzten die Immobilienmärkte ab. Die Kurse der mit Hypotheken besicherten Kreditpapiere fielen ins Bodenlose. Im Jahr 2008 folgten den Spekulationen auf den Immobilienmärkten die Bankenpleiten in den USA und in Europa. Nun wollten die Staaten ihre Banken retten. Sie mussten sie sogar retten, denn die Banken waren ihre Geldgeber. Vor allem die im Süden der EU liegenden Krisenländer hatten ihre Wettbewerbsfähigkeit im Sog und Schutz des zinsgünstigen Euro Kredits vernachlässigt. Ihre Banken hatten nationale Kreditblasen finanziert und standen am Rande der Insolvenz. Auch in Irland hatte sich die Finanzindustrie verspekuliert. Die Regierungen mussten eingreifen und sich damit hoch verschulden. Danach zeigte sich diese zunächst verdeckte, auch verdrängte Schuldenkrise mit aller Härte.

Aus der Bankenkrise wurde eine Schuldenkrise der Staaten.

Die internationalen Geldgeber wurden „schuldenresistent". Sie verweigerten den Banken, aber auch den Krisenstaaten neue Kredite. Die Schuldenkrise beschädigte unsere Währung, traf den Euro, noch vorhandenes Vertrauen zerbrach.

Die Staatsschuldenkrise wurde uns dann unzutreffend als Krise des Euro, als „Eurokrise", erklärt. Der Euro bildete die Krise aber nur ab. Er litt unter der zu hohen Verschuldung der Banken und der Staaten, den platzenden Kreditblasen sowie der aus diesen Übeln folgenden schweren Vertrauenskrise. Den darauf folgenden Ausbruch der sogenannten „Eurokrise" im Mai 2010 verdanken wir aber den Politikern in Griechenland. Das Land war pleite. Ruiniert von korrupten, unfähigen Politikern und Parteien. Es konnte seine Staatsschulden nicht mehr einlösen. Die griechische Wirtschaft stürzte ab und zog die Euro Währung mit in den Abwärtssog. Die international agierenden Finanzmärkte erwarteten einen Bruch der Eurozone. Den Menschen in Griechenland ging es miserabel. Die Arbeitslosigkeit erklomm bis dahin unbekannte Höhen. Die Jugendarbeitslosigkeit erreichte in Griechenland 60% und stand Ende 2014 immer noch bei 52%. In Spanien lag sie bei 54% und in Italien bei 44%.

Die Rettungsversuche für das marode Griechenland, für Irland und Portugal, ließen die europäischen Staatenlenker von Krisengipfel zu Krisengipfel eilen, dabei auch stolpern. Es gab im Mai 2010 Bürgschaften für die Banken und Kredite für die Staaten mit einem Hilfspaket in Höhe von 750 Milliarden Euro.

Die Banken in der Europäischen Union erhielten zwischen 2008 und 2012 vom Steuerzahler rund 90 Milliarden Euro verlorenes Geld und für 3,5 Billionen Euro staatliche Bürgschaften.

Allein die Deutsche Bundesbank finanzierte mit ihren „Target 2" Krediten den Importüberschuß der schwankenden Peripherieländer mit rund 500 Milliarden Euro. Sie finanzierte das „Leben über die Verhältnisse“. Für die Krisenstaaten gab es zwischen Mai 2010 und Juli 2012 weitere rund 450 Milliarden Euro in Form von Hilfskrediten und Garantien. Insgesamt forderte die „Rettung“ Eurolands rund 1.576 Milliarden Euro!

Dieses Euroland wollten wir nicht

Die Eurostaaten haben „Euroland“ durch ihre Schuldenmacherei ruiniert.

Die EU-K hat entgegen ihrem Auftrag die europäischen Verträge nur unzulänglich „gehütet“. Und die EZB hat unter dem Druck der Realitäten und fehlender Entschlossenheit der Politiker eine Abwertung der Währung des Euro zunächst zugelassen, später dann bei vermuteten Deflationsgefahren noch befördert. Das viele billige Geld der internationalen Notenbanken, zur Rettung der globalen Finanzwelt und zum Anschub für die Realwirtschaft gedacht, kam in der Realwirtschaft nicht an. Es beflügelte nur die Preiswellen in verschiedenen Vermögensklassen und an den internationalen Börsen. Die Sparer wurden ärmer, den Versicherungen, Pensions- und Rentenfonds fehlten die Renditen. Der „Wertsachenindex“ für Luxusgüter kletterte weltweit auf bisher ungekannte Höhen. Sparen half auch nicht und das Wachstum kam nicht. Die Schulden stiegen weiter - und die Sorgen blieben. So war es, so ging es und so blieb es sieben lange Jahre, von 2007 bis 2014. Und auch im Jahre 2015, im achten Krisenjahr, ist die Krise noch nicht vorbei. Im Gegenteil, sie kommt zurück. In Griechenland.

Griechenland

„Meine Herren, bedauerlicherweise sind wir bankrott“. Das sagte schon im Jahre 1893 Charilaos Trikoupis, der damalige Ministerpräsident Griechenlands.

Heute, 122 Jahre nach dieser Parlamentsrede, hören wir den gleichen Satz wieder vom jetzt ehemaligen griechischen Finanzminister Yanis Varoufakis. Wie sich die Bilder gleichen, im Jahre 2015. Griechenlands „never ending story".

Blicken wir zunächst einmal in das „alte" Griechenland. Die frühen Gründer Europas waren die „alten Griechen", die ihre Polis, ihre Stadtstaaten bauten, die eine Demokratie entwickelten, die das Staatsrecht erfanden, die mit Philosophie und Kunst das Fundament der europäischen Kultur legten. Zeus, ihr Göttervater, holte als Stier verwandelt die schöne phönizische Prinzessin Európe nach Kreta. Der antike Gründungsmythos Europas.

Die „neuen Griechen" des zwanzigsten Jahrhunderts waren die Verschwender, moralisch korrumpiert durch die vierhundertjährige Herrschaft der Osmanen, ruiniert durch Bürgerkriege, verarmt durch die Kleptokratie der reichen griechischen Familien, der Oligarchen. Vielleicht zum Dank für das großartige Erbe der Antike haben unsere europäischen Politiker das neue Griechenland in den Euro aufgenommen, haben es finanziert und wollten es dann nach der erneuten Pleite auch noch „retten". Nur, wollten sie das wirklich? Wollten sie nicht etwas ganz anderes? Nur sich selbst retten?

Die Legende

Zur Einstimmung in unser Thema eine Anekdote aus der Antike, dem frühen Griechenland. Uns wurde in alten Büchern berichtet: Die Wahrsagerin Sibyll von Cumae bot ihre griechische Orakelsammlung um 520 v. Chr. dem letzten römischen König Lucius Tarquinius Superbus für viel Geld zum Kauf an. In Orakeln deuteten die Sibyllinen damals die Zukunft. Diese Weissagungen waren in der antiken Welt sehr begehrt. Doch Tarquinius lehnte den Kauf ab. Da verbrannte sie die eine Hälfte der Bücher und bot ihm die andere zum gleichen Preis an. Er lehnte wieder ab. Sie verbrannte noch eine Hälfte und bot ihm den schäbigen Rest zum alten Preis an. Da stimmte Tarquinius zu und kaufte.

Genau so geht es uns in der Griechenland Rettungs Krise.

Variante 1: Für das gleiche Geld gibt es immer weniger.
Variante 2: Für immer weniger zahlt man immer mehr.

Die Lehre

Hätten wir den Pleitestaat Griechenland zu Beginn der Staatsschuldenkrise im Mai 2010 in die Insolvenz gehen lassen, wäre das die billigste Lösung gewesen. Hätten wir den später doch notwendigen Schuldenschnitt mit 130 Milliarden gleich vollzogen, Reformen vertraglich vereinbart, gesetzlich abgesichert und fortlaufend überprüft, die restlichen Staatsanleihen langfristig umgeschuldet, einen Controller der EU zur Prüfung der Geldverwendung als „Insolvenzverwalter" eingesetzt, erfahrene Verwaltungsexperten zur Einrichtung einer effizienten Steuerverwaltung zur Verfügung gestellt, zuverlässige Katasterämter aufgebaut, eine funktionierende soziale Krankenversicherung eingerichtet, ein Jugend Ausbildungssystem eingeführt und ein umfangreiches, zielgerichtetes, internationales Investitionsprogramm organisiert, hätte uns die Schuldenkrise am wenigsten gekostet. Das wäre Europas Aufgabe gewesen.

Hätte Athen die hinterzogenen und damit noch ausstehenden inländischen Steuern eingetrieben, eine Reform der Justizarbeit durchgesetzt, Bürokratie und Kompetenzwirrwar geordnet, das geflüchtete Schwarzgeld der Oligarchen aus den Steueroasen zurück geholt, die großen Vermögen der Reedereien, Pressekonzerne, Kirchen, Familienclans und Logistikunternehmen besteuert, die gigantische, in Griechenland übliche Korruption und Bestechungspraxis mit Strafen belegt, das Klientelsystem in den Parteien, Medien und Behörden aufgelöst und die seit Jahrzehnten unrentablen, der Versorgung von Parteifreunden dienenden Staatsbetriebe privatisiert, könnte Griechenland heute ein robustes Land sein und ein anerkannter, wirtschaftlich prosperierender Staat werden. Das wäre Griechenlands Aufgabe gewesen.

Stattdessen wurde fünf Jahre lang kostbare Zeit im berüchtigten „Griechischen Quadrat" verspielt, wurde die Zeit für Reformen im Dauerstreit zwischen Regierungen, Parteien, Oligarchen und Banken verloren.

Die Rechnung

Dazu eine knappe Rechnung für die damals mögliche sinnvolle Sanierung: Griechenland hatte zum Krisenausbruch Anfang 2010 eine Wirtschaftsleistung (BIP) von rund 230 Milliarden Euro, also nur 2% vom Bruttoinlandsprodukt der damaligen EU27. Für die Ökonomie der EU27 also ohne besondere Bedeutung. Die Griechische Staatsverschuldung lag bei 130% vom BIP, das waren immerhin beachtliche 300 Milliarden Euro staatliche Gesamtverschuldung. Bei Streichung von 130 Milliarden wäre die Verschuldung mit 170 Milliarden nur noch 74% vom BIP. Eine vertretbare Größe. Doch gegen den sinnvollen, kräftigen und vor allem schnellen Schuldenschnitt im Mai 2010 mobilisierten die europäische Finanzindustrie, die Banken, Versicherungen, und Fonds, besonders aus Luxemburg, Deutschland und Frankreich, massiven Widerstand. Denn die Geldinstitute wollten ihre in griechische Staatsanleihen investierten Gelder wiedersehen. Vor allem die Herren Jean-Claude Juncker, Josef Ackermann und Jean-Claude Trichet setzten sich bei der widerstrebenden deutschen Kanzlerin, Angela Merkel, für die Rettung Griechenlands und ihrer dortigen Investments ein. Denn sie hatten Milliardenkredite gegeben und die Masse der hoch rentierenden griechischen Staatsanleihen auf ihren Bilanzen. Die deutsche Kanzlerin ließ sich auf die in eine „Rettung Griechenlands" umformulierte Rettung der Bankanleihen ein. Die Chancen einer schnellen Sanierung im Mai 2010 waren vertan.

Die Legende und das heutige Treiben

Zur Geschichte der symbolträchtigen antiken Legende: Vom „Fels der Sibylle" in der Nähe des Orakelortes Delphi verkündeten die griechischen Sibyllen ihre Weissagungen. Die Orakelsammlung der Sibyll von Cumae enthielt neun Bücher mit Prophezeiungen. Diese fanden unter Verlusten ihren Weg auch ins alte Rom. Die sibyllinischen Bücher waren eine Sammlung überlieferter Sprüche in griechischen Hexametern. Sechs Bücher sind verschollen. Die drei restlichen Bücher durften später nur im Auftrag des römischen Senats und nur in Krisenzeiten konsultiert werden. Wir haben Krisenzeiten - nur uns fehlen die prophetischen Bücher. Wir haben nur noch die EZB, die reformunwilligen Bürger und die reformverzögernden Regierungen.

Michelangelo nahm die Sibylle von Cumae in seine Deckenfresken in der Sixtinischen Kapelle auf. Von dort betrachtet sie noch heute das weltliche Treiben - nicht nur in Rom, sondern: „urbi et orbi": Dieser Apostolische Segen galt auch immer „der Stadt und dem Erdkreis".

Und der „Erdkreis" ist nicht mehr nur Europa, er ist vor allem Asien, Afrika, der Vordere Orient, die beiden Amerikas in Nord und Süd und all' die anderen Krisenregionen dieser Welt, die den Segen bitter nötig haben. Und die Stadt ist nicht mehr Rom, das Zentrum der alten mediterranen Welt. Unser „Kleines Europa" sind die 28 Regierungssitze in 28 europäischen Staaten, mit ihren diversen EU Institutionen in Brüssel, Luxemburg, Straßburg und Frankfurt.

Brüssel, die Stadt der Europäischen Kommission (EU-K) und des Europäischen Rates der Regierungschefs (ER). Luxemburg, die Stadt des Europäischen Gerichtshofs (EuGH). Straßburg, die Stadt des Europäischen Parlaments (EP). Und Frankfurt, die Stadt der Europäischen Zentralbank (EZB).

Eine komplizierte, eine undurchsichtige, schwer verständliche Konstruktion, diese Europäische Union (EU28). Für viele ein bürokratisches Monster, für den Bürger ein „Buch mit sieben Siegeln". Wenn etwas mehrdeutig, unverständlich oder undurchschaubar ist, nennen wir das auch heute noch „sibyllinisch“, oder eben nach den prophetischen Versen der „Offenbarung“ des Johannes, etwas altmodisch: ein Buch mit sieben Siegeln. So ist vieles in der EU28 unverständlich, undurchschaubar, vor allem aber in „Euroland“, in den jetzt neunzehn Staaten (EU19), „deren Währung der Euro ist“. Aber auch den neun Staaten (EU9), die mit ihren eigenen nationalen Währungen in der EU ganz gut leben können, stehen viele Europäer verständnislos gegenüber. „Die Neun“ wollen den Euro nicht. Wurden sie verunsichert, abgeschreckt?

Wo liegt Europa?

Unde venis, quo vadis Europa? Woher kommst du, wohin gehst du, Europa? Gehen wir oder stolpern wir? Zu welchem Ziel? „Nur wenn du dein Ziel kennst, findest du auch den Weg“, sagte der römische Philosoph und Staatsmann Lucius Annaeus Seneca. Und: „Wenn ein Seemann nicht weiß, welches Ufer er ansteuern muss, ist kein Wind der richtige“.

So geht es uns heute. Wo ist das Ufer, wo das Ziel?

Wer verhindert oder unterstützt unser europäisches Tun und Lassen und wohin stolpern wir? Das ist das Thema dieses Buches.

Es handelt von Visionen, von der Finanzwelt, von den Schuldenstaaten, den Politikern, den verspielten Chancen, von den Zahlmeistern - und von der möglichen Zukunft Europas. Es geht aus von einem immer noch undefinierten Europa ohne feste Grenzen, von einem Europa, das viele Europäer mit unterschiedlichen Inhalten, mit unklaren Vorstellungen und unerfüllbaren Erwartungen verbinden.

„Europa ist kein Ort, es ist eine Idee“

Schon der geographische Begriff „Europa“ weckt die unterschiedlichsten Vorstellungen, Erinnerungen, Zweifel, Sehnsüchte. Wo liegt Europa? Reden wir nur von einer „Europäischen Union“, von den 28 Staaten?

Oder meinen wir den Subkontinent, der sich über das westliche Fünftel der eurasischen Landmasse erstreckt und mit Asien zusammen den Kontinent „Eurasien" bildet? Denken wir dabei an die vielen Großreiche, die auf europäischem Boden entstanden sind und wieder untergingen, die Europa in Kriegen zerstörten und den Frieden verloren? Sehen wir nur die politischen und wirtschaftlichen Aspekte, die sich mit dem Begriff Europa verknüpfen lassen?

Die vielleicht treffendste Umschreibung stammt von dem französischen Philosophen Bernard-Henri Lévy:

„Europa ist kein Ort, Europa ist eine Idee. Und wir suchen vergeblich, immer noch den Ort".

Die griechische Mythologie verband in dem Wort „Európe" die Inhalte „weit" und „Gesicht": Európe, „die (Frau) mit der weiten Sicht". Sie war die schöne Königstochter, die Zeus nach Kreta entführte. Immer wieder stolpern wir über die alten Griechen und ihren Götterhimmel. Aber sie standen an der Wiege Europas. Sie sahen Europa als „Idee". Wie weit reicht heute diese „Sicht" auf Europa? Wo liegen die Grenzen? Noch immer sind die Ostgrenzen Europas offen, umstritten, unsicher. Gefährlich wurde es an den östlichen und südlichen Rändern Europas: Russland und die Türkei, geführt von zwei Autokraten, dem „neu russischen Zaren" Wladimir Wladimirowitsch Putin und dem „neu osmanischen Sultan" Recep Tayyip Erdogan.

Putin, ein Nationalist, der unter dem Zusammenbruch der Sowjetunion leidet, der überall, wo es ihm ermöglicht wird, russische Erde und russisch sprechende Menschen einsammeln, das „Neu Russland" formen und damit seine Einflußzonen auf die ehemaligen Besitztümer des Kreml ausdehnen möchte.

Die Krim, die Ukraine, Georgien, Abchasien, Moldawien, Transnistrien, Ossetien und Tschetschenien sind bisher nur erste Schritte in der neuen Expansionsstrategie des russischen Präsidenten. Bis zum Ural und zu den Gipfeln des Kaukasus reicht Europa nach der noch immer vorherrschenden Definition östlicher Grenzen. Im Südosten verläuft die „Grenze" am Kaspischen Meer, Schwarzen Meer, Marmarameer und an den Dardanellen. Hier regiert Tayyip Erdogan, ein orthodoxer Muslim, der die Türkei nicht mehr als Brücke zwischen Orient und Okzident sieht, der die laizistisch kemalistische Türkei abschaffte, der sich selbst aber zur zentralen Figur der islamischen Welt des Vorderen Orients stilisieren möchte. Nur 10% türkischen Bodens gehören zu Europa, 90% der Türkei liegen in Asien. Zwischen der EU und der Türkei besteht ein Assoziierungsabkommen, laufen seit Jahrzehnten die quälenden Beitrittsverhandlungen. Trotz allem wird sich Erdogan wohl vom EU Europa zurückziehen und dem Osten zuwenden. Aber die ebenfalls autokratischen Herrscher im Iran, in Saudi Arabien und in Ägypten werden ihm den Traum einer islamischen Führerschaft verwehren.

Wo sind die Grenzen?

Die Westgrenzen Europas kennen wir. Einigermaßen sicher sind die Staaten zuzuordnen, die sich zu Europa zählen, oder als zugehörig genannt werden:

Es sind zum einen die 28 Staaten, die mit ihren 507 Millionen Einwohnern eingebunden sind in die Europäische Union. Davon zählen 19 Staaten mit 336 Millionen Einwohnern zur Eurozone, sie leben in „Euroland". Darüber hinaus gibt es 20 Staaten, die nicht zur EU gehören wollen. Sie werden darum auch gerne vergessen, wenn es um Europa geht:

<u>**Staat**</u> .... **Hauptstadt**

Andorra .... (Andorra la Vella)

Bosnien-Herzegowina .... (Sarajewo)

Island .... (Reykjavik)

Liechtenstein .... (Vaduz)

Moldawien .... (Chisinau)

Monaco .... (Monaco)

Norwegen .... (Oslo)

San Marino .... (San Marino)

Schweiz .... (Bern)

Vatikanstaat .... (Vatikanstadt)

Weißrussland .... (Minsk)

Kasachstan .... * (Astana)

Russland .... * (Moskau)

Mazedonien .... ** (Skopje)

Montenegro .... ** (Podgorica)

Serbien .... ** (Belgrad)

Türkei .... ** (Ankara)

Albanien .... *** (Tirana)

Georgien .... **** (Tiflis)

Ukraine .... ***** (Kiew)

Erläuterungen:

*   Staaten, die nur mit einem kleineren Teil in Europa liegen: Russland, die Türkei und Kasachstan

**   Staaten mit dem Status eines „Beitrittskandidat zur EU" nach Artikel 49 EU Vertrag

***   EU Mitgliedschaft beantragt

****   Georgien liegt in Vorderasien, wird aber von seinen Bewohnern oft als der „Balkon Europas" bezeichnet.

*****   Das Assoziierungsabkommen zwischen EU und Ukraine muss von 28 EU Staaten ratifiziert werden.

Daneben finden wir Gebiete, die nicht Bestandteil eines europäischen Staates, die aber auch nicht selbständig sind: Guernsey, Jersey, Isle of Man, Gibraltar, Färöer, Azoren, Madeira. Und dann gibt es noch die außereuropäischen Besitzungen der EU Länder Dänemark, Spanien, Portugal, Großbritannien, Frankreich und der Niederlande, die Europa assoziiert sind, aber nicht dazu gehören. Sie stehen unter der Verwaltung eines EU Landes, sind aber nicht Teil der EU. Sie haben im Rahmen der EU den Status „Überseeische Länder und Hoheitsgebiete". Sie könnten auch Mitglieder der EU werden.

Der Artikel 49 des EU Vertrages räumt jedem „europäischen" Land das Recht ein, einen Antrag auf EU Mitgliedschaft zustellen. „Europäisch" wird dabei im politisch kulturellen, nicht im geographischen Sinn verstanden. Staaten, die den Aufnahmeantrag in die EU gestellt haben, erhalten den Status „Beitrittskandidat". Der EU Erweiterungskommissar Stefan Füle[4] hatte nach der Ukraine auch der Republik Moldau und Georgien ein Assoziierungsabkommen mit der EU angeboten. Auf der Gipfelkonferenz der Staatschefs am 27. Juni 2014 wurde das Abkommen von den drei Staaten un-

---

4 Kommissar der 13. EU-K

terzeichnet. Das EU Mitglied Litauen hat zum 1. Januar 2015 den Euro als neue Währung eingeführt und wurde damit das 19. Mitglied der Eurozone. Füle sah die Erweiterung als „das mächtigste Instrument zur Umgestaltung Europas".

Das alles ist Europa: 48 Staaten mit 740 Millionen Menschen auf 10,5 Millionen Quadratkilometern. Davon 4,27 Millionen Quadratkilometer (41%) für die europäische Union (EU). Die Dimensionen eines Subkontinents.

Ein Friedensprojekt?

In Abgrenzung zu den Bestrebungen der EU und als Gegengewicht zur EU und den USA wurde am 29. Mai 2014 unter Führung Moskaus der Vertrag über die Gründung der „Eurasischen Wirtschaftsunion" von den Präsidenten der drei Gründungsmitglieder Russland (Putin), Weißrussland (Lukaschenko) und Kasachstan (Nasarbajew) unterschrieben. Damit wurde die bereits zwischen den drei Staaten bestehende „eurasische" Zollunion unter Einschluß von Armenien und Kirgistan ab Januar 2015 zur Eurasischen Wirtschaftsunion mit einem BIP von 2,45 Billionen Dollar (2014) erweitert. Diese gewaltige Landmasse erreicht noch nicht einmal 75% des BIP Deutschlands. Russland positioniert sich und andere gegen ein Europa, zu dem es selbst gehört.

Es ging nicht friedlich zu in Europa. Und in der jüngeren Geschichte schon gar nicht. Europa entstand aus Kriegen. Das alte Griechenland, das Römische Reich, das Karolingische Reich und das Heilige Römische Reich deutscher Nation, die Kolonialreiche und das Britische Empire, die Folgestaaten des Wiener Kongresses von 1815, die modernen Staaten des 20. Jahrhunderts. Sie führten Kriege oder waren Folge von Kriegen in Europa. So haben auch unsere heutigen Politiker ihre liebe Not und Mühe, über Europa zu reden. Über welches Europa reden sie, wenn sie den Begriff Europa benutzen? Über das in Kriegen zerstörte Europa? Über das so notwendige Friedensprojekt Europa? Über das geographisch so weite Europa der 48 Staaten? Über die 20 nicht zur EU zählenden europäischen Länder? Über die durch Verträge und Gemeinschaftsrecht verbundenen 28 EU Staaten? Oder nur über einen Teil der Union, die Eurozone, das „Euroland" genannte Gebiet der Wirtschafts- und Währungsunion, also über jene 19 Euro Staaten, deren Währung der Euro ist? Den Begriff „Europa" verwenden wir gerne, wenn wir über die europäische Kultur, Religion und Geschichte, über eine Werte- und Rechtsgemeinschaft, über das Friedens- und Freiheitsprojekt Europa, über das allen Europäern Gemeinsame und Verbindende sprechen – wenn wir an Europa „als Idee" denken.

Der lange Weg nach Europa

Eine kurze Geschichte der Verträge

Der mühsame Weg nach EU Europa läßt sich gut an Hand einer Übersicht über die historische Entwicklung der in völkerrechtlichen Verträgen formulierten Strukturen verfolgen:

1951 „Kohle und Stahl", der EGKS

Mit dem „Vertrag über die Gründung der europäischen Gemeinschaft für Kohle und Stahl" (EGKS), unterzeichnet am 18.4.1951, begann der lange Weg nach Europa, zunächst als „Montanunion". Sie geht auf einen der Gründerväter der Europäischen Union zurück, den Franzosen Robert Schuman, der mit der sogenannten „Schuman Erklärung" am 9.Mai 1950 die Gründung dieser Gemeinschaft angeregt hatte. Seitdem ist der 9. Mai der „Europatag". Die Gründungsmitglieder waren Deutschland, Frankreich, Italien und die drei Benelux Staaten. Im Jahre 2002 endete die 50jährige Laufzeit dieses Gründungsvertrages.

1955 „Westeuropäische Union"

Am 5.5.1955 trat der Vertrag über die „Westeuropäische Union" (WEU) als kollektiver Beistandspakt in Kraft.

1957 Die „Römischen Verträge"
Erst mit der Unterzeichnung der „Römischen Verträge" am 25. März 1957 durch die sechs Gründungsmitglieder der Montanunion begann der Gedanke einer
Europäischen Union konkret zu werden. Am 1.1.1958
wurden die Römischen Verträge wirksam. Die „Römischen Verträge" brachten die „Europäische Wirtschaftsgemeinschaft" (EWG) und die „Europäische
Atomgemeinschaft" (EAG / EURATOM). Als „Meilen-
stein" von den „Berufseuropäern" gefeiert, interessier-
ten sich die Bürger kaum dafür. Nur 25% der west-
deutschen Exporte gingen im Jahr 1957 in die Staaten
der fünf Mitunterzeichner der Verträge. Wirtschaftsminister Ludwig Erhard bezeichnete die Wirtschaftsunion EWG als „volkswirtschaftlichen Unsinn".

1958 Europäisches Parlament"
Vom 19. Bis zum 21. März 1958 fand die konstituie-
rende Sitzung des Europäischen Parlaments in Straßburg statt.

1967 Der „Fusionsvertrag"
Dieser Vertrag begründete die „Europäischen Ge-
meinschaft" (EG), bestehend aus EGKS, EWG und
EAG.

1968 Zollunion
Mit dem Wegfall der Binnenzölle für Industrie und
gewerbliche Güter und der Einführung eines gemeinsamen Außenzolls gegenüber Drittstaaten wurde die
Zollunion zum 1.7.1968 verwirklicht.

1974 „Europäischer Rat"
Die Staats- und Regierungschefs der Europäischen
Gemeinschaft (EG) beschließen am 10.12.1974 die
Einrichtung des „Europäischen Rat" mit regelmäßigen
Treffen auf höchster Regierungsebene.

1979 Das EWS
Zum 1.1.1979 tritt das „Europäische Währungssystem“
(EWS) in Kraft. Die neue Währungseinheit „Ecu“ soll
zur Stabilität der Wechselkurse beitragen.

1979 Wahl zum EP
Im Juni 1979 findet die erste direkte Wahl zum Europäischen Parlament in den Mitgliedstaaten der EU
statt. Die stärkste Fraktion bilden die Sozialisten.

1986 Die „Einheitliche Europäische Akte“ (EEA)
Die verschiedenen bestehenden Verträge wurden
in der EEA aktualisiert und zusammengefaßt. Die
Vollendung des europäischen Binnenmarkts bis zum
31.12.1992 wurde festgelegt.

1992 Vertrag von Maastricht
Mit diesem „Vertrag über die Europäische Union“
(EUV), unterzeichnet von den Außen- und Finanzministern der EU am 7.2.1992 in Maastricht, Holland,
wurde die heutige EU gegründet. Der Vertrag über
die Europäische Union bildet auch die Grundlage zur
Vollendung der Wirtschafts- und Währungsunion. Er
begründet die vier EU Konvergenzkriterien:

1. Preisniveaustabilität:
Die Inflationsrate darf nicht mehr als 1,5 Prozentpunkte über der durchschnittlichen Rate der drei
preisstabilsten Länder liegen.

2. Schuldengrenzen:
maximal 60% Gesamtverschuldung sowie

3. Max. 3% Neuverschuldung des jeweil. Jahres BIP

4. Maximal 2 Prozentpunkte darf der Zinssatz langfristiger Staatsanleihen über   dem durchschnittlichen
Zinssatz der drei preisstabilsten Länder liegen.

Der durchaus umstrittene Sinn dieser vier Kriterien
liegt darin, den wirtschaftlichen Zusammenhalt und
die sich annähernde Wettbewerbsfähigkeit der Eurozone zu sichern, diese „Konvergenz" zu fordern und
zu fördern. Die vier Kriterien reichen aber nicht aus
für die „Theorie der optimalen Währungsräume". Die
Kriterien orientieren sich an der „Stabilität", beziehen
sich aber nicht auf „Konjunkturpolitik" und nicht auf
die „Handelsintensität".

Gleichzeitig wurde mit dem „Vertrag zur Gründung
der Europäischen Gemeinschaft" (EGV) der EWG
Vertrag fortgeschrieben und die EWG in die EG über-
geleitet. Beide Verträge traten 1993 in Kraft.

1995 „Schengen", Luxemburg
Das Schengener Abkommen zum schrittweisen Abbau
der Kontrollen an den Binnengrenzen der EU tritt am
26.3.1995 in Kraft.

1996 „Euro Stabilitäts- und Wachstumspakt"
Am 14. 12. 1996 verabschiedet der Europäische Rat
(ER) den Stabilitäts- und Wachstumspakt („Stabili-
tätspakt") mit Sanktionen gegen Haushaltssünder.
Verlängert und verschärft die Stabilitätskriterien des
Maastricht Vertrag.

1997 „Vertrag von Amsterdam"
Das Ziel eines politischen Zusammenschlusses der EU
Mitgliedstaaten wurde vom ER am 18.6.1997 bestä-
tigt. Der Vertrag trat am 1.5.1999 in Kraft.
Die erwartete Straffung der Institutionen wurde
jedoch nicht erreicht. Über diesen Vertrag vom 17.
Juni 1997 mit dem klaren Ziel der „Politischen Union
Europa" wird in der medialen Öffentlichkeit kaum ge-
redet, obwohl er als Ziel die dem Bürger bisher nicht
vermittelte „Politische Union" beschreibt.

2000 „Vertrag von Nizza“
Dieser komplizierte, kaum vorbereitete und schlecht
formulierte Vertrag regelte die Stimmgewichtung und
Abstimmungsprozeduren in der EU. Mit der Unterzeichnung des Vertrages am 26.2.2001 erfolgte die
vierte große Vertragsrevision.

2005 „Verfassungsvertrag“
Am 29. Mai und am 1. Juni 2005 lehnen die Bevölkerungen in Holland und Frankreich in Volksabstimmungen den Vertrag für eine Europäische Verfassung
ab. Dieser Verfassungsvertrag war am 29.10.2004
vom Europäischen Rat der Staats- und Regierungschefs unterzeichnet worden.

2007 „Vertrag von Lissabon“
Nach mühsamen Ratifizierungsverfahren in den
Mitgliedsländern wurde dieses Vertragswerk zum 1.
Januar 2009 europaweit in Geltung gesetzt. Es brach-
te zwei neue Verträge:

1. „Vertrag über die Europäische Union“ (EUV)
2. „Vertrag über die Arbeitsweise der EU“ (AEUV)

Der wohl wichtigste neuere Vertrag der Europäischen
Union ist der „Vertrag über die Arbeitsweise der Europäischen Union“ (AEUV), der das Zusammenwirken
der sieben verschiedenen EU Organe beschreibt und
regelt. Er trat am 1.12.2009 in Kraft. Der AEUV zählt
zum Primärrecht der EU.

Die Basis des AEUV ist der EWG Vertrag aus 1957 mit
den Änderungen durch die Verträge von Maastricht
(EG Vertrag), den Vertrag von Nizza und den Vertrag
von Lissabon. Der AEUV umfaßt 358 Artikel und
wurde in 23 gleichwertige, rechtsverbindliche Sprach-
versionen übersetzt. Durch den „Lissabon Vertrag“
wurde die EU institutionell reformiert und der Einfluß

des Europäischen Parlaments (EP) vergrößert. Das EP
wird jetzt gleichberechtigter Gesetzgeber. Ein europäisches Bürgerbegehren wird eingeführt. Das Amt
eines Präsidenten des Europäischen Rats wird eingerichtet. Die Kompetenzen des Hohen Vertreters für
Außen- und Sicherheitspolitik werden vergrößert. Die
Bereiche für Mehrheitsentscheidungen werden erweitert. Der Lissabon Vertrag ist „Änderungsvertrag" und
„Dachvertrag".

Wichtig ist: Beide Verträge, EUV und AEUV, sind
gleichberechtigt und bilden die Basis der EU. Sie werden im Sprachgebrauch daher auch einfach als „Die
Verträge" bezeichnet. Der EAG, der Euratom Vertrag,
läuft unbefristet weiter. Vier Verträge bestimmen also
Struktur und Zukunft der EU: EUV, AEUV, Lissabon
Vertrag und Euratom Vertrag.

Mit der „Charta der Grundrechte der Europäischen
Union" gelten derzeit fünf europäische Vertragswerke.
Europa ist und bleibt eine komplizierte Konstruktion, unverständlich und daher den Bürgern auch nur
schwer vermittelbar. Der „Geist der Gesetze" wird von
einer sperrigen Verwaltungssprache zugedeckt. Die
Vertragstexte machen dem Bürger die „Vision Europa" nicht verständlicher. Hier bleibt noch viel zu tun.
Das Fundament der EU sind völkerrechtliche, zwi-
schenstaatliche Verträge, nicht eine europäische
Verfassung.

2010 „1. Rettungsschirm" in der Eurokrise
Im Mai 2010 wird für das bankrotte Griechenland ein
erstes Rettungspaket geformt. Im Juni 2010 wird der
Rettungsschirm EFSF [5] mit einer Garantiesumme von
440 Milliarden Euro beschlossen.

____

5 „Europäische Finanz Stabilisierungs Fazilität"

2011 „Stabilitätsmechanismus" ESM
Am 21.3. 2011 beschließt der ER die Einrichtung eines
2. dauerhaften Krisenfonds. Dieser „Europäische Stabilitätsmechanismus" (ESM) wird mit einem Stammkapital von 700 Milliarden Euro ausgestattet.

2013 Der „Fiskalpakt"
Am 1. Januar 2013 trat der „Vertrag über Stabilität,
Koordinierung und Steuerung in der Wirtschafts- und
Währungsunion" (Fiskalpakt) in Kraft. Er verlangt nationale Schuldenbremsen, prozentuale Rückführung
der Staatsschulden, ausgeglichene Haushaltsziele und
begründet ein automatisches Defizitverfahren. Die
EU-K erhält durch Vorlage der Haushaltspläne eine
Kontrollkompetenz über die Haushalte der Eurostaaten. ESM Kredite werden nur an Staaten vergeben, die
den Fiskalpakt ratifiziert haben. 62 Jahre „intergou-
vernementales Handeln".

Soweit der juristische, vertragliche, technokratische Weg
nach Europa -von 1951 bis 2013- in zweiundsechzig Jahren
unvollendet und in bleibender Kritik. Die EU entsteht aus
Regierungshandeln. Auch in 2014, dem Wahljahr zum EP,
und im Krisenjahr 2015 ist EU Europa unvollendet.

Es bleibt „Work in progress".

Die „Rechtsgemeinschaft"

Die EU, ein gigantisches Projekt, ohne Beteiligung der Bürger, ein „Elitenprojekt", ein „Vertragskonstrukt" wie es oft
und zutreffend genannt wird, ein Gebilde auf dem Weg zu einer Union. Die EU ist eine Rechtsgemeinschaft. Mehr nicht.
Sie besteht und begründet sich aus Verträgen. Verträge sind
zu halten. Verträge sind ihre Existenzgrundlage. Werden
die Verträge mißachtet, ist die Rechtsgemeinschaft in ihren
Grundfesten beschädigt.

Was heißt „Europäische Union"?

Meinen wir den friedlichen Teil Europas, den im gemeinsamen Europäischen Binnenmarkt nachhaltig „vergemeinschafteten" Teil Europas der EU28?

Meinen wir den Binnenmarkt mit seinen vier Freiheiten: Warenverkehr, Dienstleistungen, Kapitalverkehr, Personenverkehr mit eingebundener Arbeitnehmerfreizügigkeit und Niederlassungsfreiheit. Oder denken wir an das „Elitenprojekt Europa" ohne Bürgerbeteiligung? Die Europäische Union (EU28) wird oft mit dem Wort „Brüssel" verknüpft, wenn Kritik und Sorgen angebracht sind, wenn Probleme benannt oder umstrittene Veränderungen angestrebt werden. Wenn wir über die sieben europäischen Institutionen lamentieren, „Organe" genannt, die gar nicht alle in Brüssel sitzen. Oder wenn wir uns über die Bürokratie ärgern, über die Regulierungssucht, über das administrative „Konstrukt" EU28, dann reden wir gerne von „Brüssel". Der Ärger macht sich immer an „Brüssel" fest. Kritische Bürger Europas haben sich diese Sprachregelung zu Eigen gemacht.

Auch wir werden die Chiffre „Brüssel" gelegentlich, aber differenzierter verwenden. In diesem Buch reden wir über „Europa", wenn wir das weite Europa der 48 Staaten, die „Idee Europa" meinen, über „die EU" (auch: EU28), wenn wir die heute 28 Staaten der Europäischen Union betrachten, und über „Euroland", wenn wir die Eurozone, die 19 Euro Staaten (auch: EU19, ab 2015 mit Litauen) besprechen. Die EU28 verstehen wir nicht, ohne vorher das „Trauma von Maastricht" zu betrachten.

Das „Trauma von Maastricht"

Der oft genannte Grund, „Brüssel" als bürokratisch und technokratisch zu qualifizieren, liegt auch am „Vertrag von Maastricht" (1992). Dieser detaillierte völkerrechtliche Vertrag wurde an die Seite der bereits in 1957 geschlossenen „Römischen Verträge" gestellt. In den Vertragsverhandlungen zu Maastricht scheiterte die Idee der „Vereinigten Staaten von Europa". Im Vertrag einigte man sich nur über die Wirtschafts- und Währungsunion, über die europäische Zentralbank, über die staatlichen Verschuldungskriterien, aber nicht mehr über eine Politische Union. Für den deutschen Verhandlungsführer, Bundeskanzler Helmut Kohl, waren Währungsunion und Politische Union immer die beiden Seiten einer Medaille. Doch es kam anders. Es gab mit „Maastricht" eine gemeinsame Währung, aber keinen gemeinsamen Haushalt, es gab eine gemeinsame Währung ohne einen gemeinsamen Staat. Die Währung war „staatenlos". Es gab eine starke, unabhängige europäische Zentralbank ohne einen europäischen Finanzminister. Die EU erhielt eine asymmetrische Struktur.

Der Maastricht Vertrag machte die Märkte stark und die Politik schwach. Die überstaatliche Währung und die staatlichen Haushalte sollten allein durch die disziplinierende Kraft der Märkte und die vier sogenannten "Maastricht Kriterien", auch EU Konvergenzkriterien genannt, stabilisiert werden. Die Philosophie des Marktliberalismus hatte sich durchgesetzt. Nur mit Mühen konnten noch die Obergrenzen für die nationalstaatliche Verschuldung in den Vertrag hineinverhandelt werden. 3% für das jährliche Haushaltsdefizit, die sogenannte Neuverschuldung, und 60% für die staatliche Gesamtverschuldung.

Beides gemessen am Bruttoinlandsprodukt (BIP). Kein Staat sollte sich über diese Obergrenzen hinaus verschulden dürfen. Aus marktliberaler Sicht war die festgeschriebene Eigenständigkeit der europäischen Nationalstaaten in ihrer Haushalts-, Wirtschafts-, Steuer- und Finanzpolitik die dominierende Errungenschaft von Maastricht. Die Nationalstaatssouveränität hatte gewonnen, die Politische Union hatte verloren. Die Europäische Union blieb unvollendet. Man glaubte an einen offenen Wettbewerb der verschiedenen nationalen Wirtschaftssysteme in einem gemeinsamen Binnenmarkt unter einer einheitlichen Währung. Ein fataler Irrtum. Damit waren die ohnehin wettbewerbsschwachen Staaten des Südens, der Peripherie, die späteren Krisenstaaten, von Anfang an stark benachteiligt. Nun sollten sie sich unter dem Regime einer einheitlichen Währung gegen die starken Staaten des Nordens durchsetzen. Ein Unding. „Nach Maastricht" wurde nicht mehr über eine „Politische Union" gesprochen. Der Begriff und auch die Vision „Vereinigte Staaten von Europa" verschwanden seit 1993 aus der öffentlichen Diskussion. Im Jahre 2005 scheiterte dann auch der mit viel Expertise aufgesetzte „Europäische Verfassungsvertrag" bei den Volksabstimmungen in Frankreich und den Niederlanden. Übrig blieb „Brüssel", wie wir es heute haben, als viel zu technokratisch und bürokratisch diskreditiert. Als Erklärung hören wir dann für dieses „Brüssel": „Wir wollen keinen Superstaat, wir wollen keinen europäischen Bundesstaat, wir wollen eine konföderale Konstruktion, einen Verbund der Nationalstaaten". Aber auch diese Antworten kommen sehr verdruckst daher. Zurück bleibt der europäische Bürger, verwirrt oder desinteressiert. Ist er noch engagiert, fragt er sich: Wohin geht die Reise? Doch zuvor noch eine Begriffsklärung.

Die EU in staatsrechtlicher Sicht

In der Diskussion tauchen viele juristische Begriffe auf, politisch oder staatsrechtlich gemeint: Föderation, Konföderation, Staatenbund, Bundesstaat, Vereinigte Staaten.

Konföderation = Staatenbund

Im Staatenbund sind alle Gliedstaaten souverän und gleichberechtigt. Es gibt keine Zentralregierung, auf die bestimmte Hoheitsrechte der einzelnen Gliedstaaten übertragen werden. Die Konföderation ist eine Dachorganisation mehrerer selbständiger Staaten oder Institutionen.

Föderation = Bundesstaat

Im Bundesstaat verbinden sich mehrere Staaten vertraglich in der Weise, dass ein neuer Gesamtstaat entsteht, die Gliedstaaten jedoch ihre Staatseigenschaft behalten. Die Gliedstaaten übertragen dem Gesamtstaat bestimmte Kompetenzen. Der Gesamtstaat ist für wichtige Politikbereiche (z.B. Außenpolitik, Verteidigung, Finanzen) zuständig.

In anderen Bereichen herrscht eine geteilte, konkurrierende Zuständigkeit. Die EU hat von jedem etwas, aber sie ist weder das eine noch das andere.

Da das Deutsche Bundesverfassungsgericht (BVG) in seinem Maastricht Urteil feststellte, dass die EU weder Bundesstaat noch Staatenbund ist, sondern ein völkerrechtlich einzigartiges Gebilde darstellt, stufte es die EU wegen fehlender Staatlichkeit auf der Gemeinschaftsebene als föderales Konstrukt in die Kategorie „sui generis" ein und sprach von einem „Staatenverbund".

Versagen die vertrauten Begriffe, hilft sich der Jurist mit der Qualifikation als „einer Sache sui generis", so auch Josef Isensee. Als einer Sache „eigener Art", auch einzigartig. Manche Staatsrechtler bezeichnen die EU als eine normative Kraft („Normative Power"). Danach kann sie zum Beispiel bestimmte Werte in ihrer Außenpolitik oder in der Klimapolitik als Standard setzen und ihnen damit eine allgemein gültige Wirkung geben.

Können die USA ein Vorbild sein?

Die Vereinigten Staaten von Amerika sind eine Föderation, ein Bundesstaat, ein Zweikammersystem und einem mit besonderen Vollmachten ausgestatteten starken Präsidenten. Ein Territorium, ein Staat, eine Nation, eine Währung, eine Verfassung, eine Sprache. Sicher sind die USA unter den drei wichtigsten Wirtschaftsräumen der Welt die stärkste Kraft, wenn auch nicht die größte. Das BIP der EU28 war noch in

2014 mit 13,9 Billionen. Euro größer als das der USA mit 13,1 Billionen Euro und wesentlich größer als das BIP Chinas in Höhe von 8,4 Billionen Euro. Das ändert sich in 2015. Aber im Gegensatz zum Standing des Euro und seiner internationalen Einschätzung durch die Finanzmärkte, kennen die USA keine Vertrauenskrise in den Dollar, obwohl die USA mit 13,8 Billionen Euro (105,1%) eine höhere Gesamtverschuldung als die EU mit 12,2 Billionen Euro (88,1%) vom BIP aufweisen. Der Wechselkurs des Euro fiel zum Jahresbeginn 2015 auf 1,20 Dollar für einen Euro, und er fiel weiter, nachdem er zur Jahresmitte 2014 noch bei knapp 1,40 $ stand! Die Geldpolitik der US Federal Reserve Bank hat den Dollar stark, die EZB hat den Euro weich und schwach gemacht. Auch wenn mehrere US Bundesstaaten zwischenzeitlich nahezu insolvent waren, zweifelt niemand an dem Zusammenhalt der USA: Eine Nation, eine Währung, eine Nationalbank. Auch gehören zu den USA Innovationsfähigkeit, Flexibilität, Technologieführerschaft und eine breite Aufnahmebereitschaft für Menschen und Ideen. Besonders „pleitegefährdet" sind die US Bundesstaaten Nevada, Illinois, Texas, Kalifornien, Oregon und Minnesota. Aber das ist das Problem der Bundesstaaten. Als der Bundesstaat Minnesota im Jahr 2011 zahlungsunfähig war, hat der Dollar nicht reagiert und der US Zentralstaat keine Minnesota Schulden übernommen. Für seine Schulden muss jeder Bundesstaat selbst einstehen und sehen, wie er sich selbst aus seiner Verschuldung durch Sparen, Steuererhöhungen oder den Verkauf des „Tafelsilbers" herausarbeitet.

Ein Blick zurück auf 2007, 2010, 2012

2007, vor acht Jahren begann die Weltfinanzkrise mit dem Platzen der spekulativen Immobilienblase in den USA.

2010, vor fünf Jahren erklärte Griechenland seine Zahlungsunfähigkeit. Das Land war überschuldet. Aber nicht nur Griechenland ächzte unter der Schuldenlast. Auch andere hoch verschuldete Länder der Eurozone bekamen keine oder nur sehr teure Kredite, standen am Rand ihrer Zahlungsunfähigkeit.

Die Staatsschuldenkrise, die uns unzutreffend als „Eurokrise" erklärt wurde, erfaßte nicht nur Euroland.

2012, vor drei Jahren drohte der Zusammenbruch Eurolands, da die fünf Krisenländer -Griechenland, Irland, Portugal, Spanien, Italien- unter den hohen Zinsen litten, die Finanzmärkte keine neuen Kredite mehr geben wollten, und die EZB zum Retter in der Not wurde. Diese fünf schwächelnden Staaten werden oft auch als „GIPSI Staaten" bezeichnet. 2007, 2010, 2012, das waren die finanz- und wirtschaftspolitischen Schicksalsjahre EU Europas, vor allem aber waren sie die Krisenjahre der Währungsunion, denn die Staaten der Eurozone waren seit 1998 in den „EURO", eingebunden. In dieser künstlichen Einheitswährung konnten sie sich nicht mehr selbständig bewegen, sie konnten weder abwerten noch aufwerten. Sie hatten keine eigene Währung mehr. Aus dem Euro konnten sie nicht mehr flüchten, denn sie hatten bindende Verträge unterschrieben: „Mitgegangen, mitgefangen, mitgehangen".

Der Austritt aus dem Euro als Rettung?

Die Verträge erlaubten keinen Austritt aus der Währungsunion, aus dem Euro, ist die gängige Lesart. Sie hatten ihre eigenen Währungen abgegeben, „auf Euro umgestellt", wie der finanztechnische Vorgang hieß. Sie verloren ihre Währungshoheit. Die lag jetzt bei der EZB. Trotzdem wurden in den späteren Krisenjahren immer wieder Austrittsszenarien diskutiert: „Der Beitritt zur Eurozone ist unwiderruflich" heißt es unter Bezug auf Artikel 140, Absatz 3 des EU Grundlagenvertrages von Lissabon. Das ist aber umstritten: Der EU Vertrag garantierte nur die unwiderrufliche Festlegung des Wechselkurses bei der Einführung des Euro. Daraus leitete die EU Kommission dann eine unwiderrufliche Mitgliedschaft in der Währungsunion ab. Ein „Rauswurf" eines Mitgliedstaates ist sicher rechtlich nicht möglich. Dafür gibt es keine vertragliche Rechtsgrundlage. Aber den Austritt aus der Währungsunion können insolvente Eurostaaten selbst erzwingen, indem sie sich in eine Lage manövrieren, die ihren Verbleib in der Währungsunion unmöglich macht: Sie stellen schließlich die Einhaltung ihrer vertraglichen Verpflichtungen zur Zins- oder Darlehensrückzahlung ein und gehen zu ihrer alten Währung oder einer Parallelwährung zurück. Dann wären sie aber von den Hilfen der EZB und zunächst auch von den internationalen Kapitalmärkten abgeschnitten.

Schönreden und Verschleiern

Wie konnte Euroland und damit auch die EU in eine derartige Situation hineinstolpern? Im Laufe der achtjährigen Finanz- und Schuldenkrise und der „Rettung des Euro" wurden viele eherne Tabus gebrochen. Vertrauen in bestehende Verträge wurde zerstört. Zu den bekannten Verstößen gegen die Konvergenzkriterien der Europäischen Verträge (Maastricht Vertrag, Lissabon Vertrag) und die damit verbundene Aufhebung der „no-bail-out" Klausel gab es immer wieder Versuche der Politik, neue „rote Linien" zu ziehen und diese dann zu verletzten:

„Rote Linien"

21. März 2010: Angela Merkel
„Hilfe steht nicht auf der Tagesordnung, denn Griechenland sagt selbst, dass es im Augenblick keine Hilfe braucht."

4. Mai 2010: Angela Merkel
Regierungserklärung: „Europa steht am Scheideweg. Zur Hilfe für Griechenland gibt es keine Alternative."

7. Mai 2010: Deutscher Bundestag
Das erste Rettungspaket für Griechenland über 110 Milliarden Euro wird beschlossen

24. Juli 2010: Wolfgang Schäuble

„Die Rettungsschirme laufen aus. Das haben wir klar vereinbart.“

16.September 2010: Angela Merkel

„Eine Verlängerung der jetzigen Rettungsschirme wird es mit Deutschland nicht geben.“

16. Dezember 2010: Angela Merkel

„Alle Experten bestätigen, dass Griechenland und auch Irland die Schuldenlasten, also Zins und Tilgung auf Dauer schultern können.“

25. März 2011: Europäischer Rat. EU

Nun doch: Beschluß zur Einrichtung des neuen dauerhaften Krisenfonds ESM: 700 Milliarden Euro

Juli 2011 Europäischer Rat: EU

2. Rettungsprogramm für Griechenland über 140 Milliarden Euro beschlossen

19.November 2011: Wolfgang Schäuble

„Wenn wir die Vertrauenskrise überwinden wollen, schaffen wir das nicht dauerhaft, indem wir die EZB in eine Rolle bringen, die in den Verträgen nicht vorgesehen ist.“

März 2012 Troika: Banken

Schuldenschnitt privater Gläubiger für Griechenland: 107 Milliarden Euro

6. September 2012: EZB

Die EZB kündigt ein Programm zum unbegrenzten Aufkauf von Staatsanleihen kriselnder Euro Staaten (OMT) an

20. August 2013: Wolfgang Schäuble

„Es wird für Griechenland noch einmal ein Programm geben müssen“. „Es wird aber keinen neuen Schuldenschnitt für Griechenland geben“.

Ein langer Weg durch den Tunnel

Die Zinsen in Euroland werden von der EZB weiterhin künstlich niedrig gehalten. Sie verlieren damit ihre Lenkungsfunktion und setzen die marktwirtschaftlich notwendige Beurteilung der Risiken von Staatsanleihen außer Kraft. Die Schwäche der Krisenländer wird durch ihre Leistungsbilanzen nicht mehr korrekt abgebildet. Die Leistungsbilanzen haben sich nicht durch höhere Wettbewerbsfähigkeit verbessert, sondern durch sinkende Importe wegen hoher Arbeitslosigkeit und damit sinkender Kaufkraft der Konsumenten.

Die Preise sind z.B. in Spanien in den letzten fünf Jahren real um fünf Prozent gefallen. Es wäre aber eine Abwertung von 30% erforderlich, um international wieder voll wettbewerbsfähig zu werden. Es wird also noch lange dauern, bis wieder Wachstum durch steigende Wettbewerbsfähigkeit entsteht. Die Krisenländer konkurrieren nicht nur gegen die starken Nordländer, sondern auch gegen die billigen Staaten im Osten der EU, gegen Polen, Rumänien, Bulgarien etc. mit ihren niedrigen Lohnkosten. Spaniens Außenschulden gegenüber Drittländern sind mit einer Billion Euro so hoch, wie die Summe der Außenschulden aller anderen Krisenländer. Spanien bleibt noch lange ein Problemland. In den fünf Staaten, die Euro Hilfsgelder empfangen haben, konnte die Troika (EU, EZB, IWF) Reformen erzwingen: Irland und Spanien sind wieder mit eigenen Anleihen am Markt, Portugal ebenfalls. Man möchte den Rettungsschirm bald verlassen und damit den Druck der Reformauflagen verringern. Bleiben noch die beiden Großen: Frankreich und Italien. Deren Regierungschefs haben schon angedeutet, dass sie die Sparziele nicht einhalten werden. Die Konjunktur schleppt sich so dahin, die Arbeitslosigkeit bleibt unverändert hoch, die staatliche Abgabenlast und eine verfestigte Investitionsschwäche hemmen die Entwicklung.

Regierungsversagen?

Die permanenten bisher rund 60 Verletzungen der Europäischen Verträge zeigten vor allem das Versagen der Regierungen. Sie beunruhigten damit die Märkte und untergruben das notwendige Vertrauen in die Handlungsfähigkeit der Eurostaaten. Vertragsverletzungen sind immer auch Zeichen von Schwäche und Unfähigkeit. Verträge sind aber für die Beziehungen der Staaten untereinander das einzig Bindende, das Staaten verpflichtet. Außenpolitische Verträge entsprechen im inneren Gefüge eines Staates den nationalen Gesetzen. Verträge bestimmen Rechte und Pflichten. Sie legen Sanktionen bei Nichterfüllung fest und sorgen für Verbindlichkeit. Sie sind zu halten.

Nun setzten die Regierungen und die Eurobürokratie alle Hoffnungen auf die „Stabilitätsmechanismen" EFSF und ESM und auf die weitere Hilfe der EZB. Und wieder zögerten die Eurostaaten: Reicht der ESM Kreditrahmen? Wie groß muss der Hebel werden? Helfen Eurobonds? Ist die EZB der einzige, der ultimative Retter? Wer muss als Nächster gerettet werden - ein Staat, eine Bankengruppe? Fallen Regierungen in Konzeptionslosigkeit, in lähmende Entscheidungsunfähigkeit?

Der Euro braucht einen Staat - oder er verschwindet

Euroland braucht eine neue Staatlichkeit, eine neue Architektur. Die kommenden Jahre verlangen ein neues Konzept der Staatlichkeit und der Überstaatlichkeit. Wir brauchen eine andere Architektur, also neue Verträge. Gelingt das nicht, bleibt der Euro nur in jenen Regionen, die ihn unbedingt behalten wollen. Oder er wird eine Parallelwährung in Krisenländern mit dann eigenen, neuen Währungen. Das wollte man auch nicht. Die Schlüsselfrage ist also: Ob, wann und wie weit wollen die Eurostaaten ihre staatliche Souveränität „nach Brüssel" in die EU übertragen, um dem Euro einen Staat zu geben? Wieviel eigener Staatlichkeit wollen oder sollen die Eurostaaten nach Brüssel übertragen? Oder sollen die Euroländer einen eigenen Staat formen?

Seit dem 1. Januar 2014 ist auch Lettland Mitglied der Eurozone. Diese neunzehn Staaten bewegen sich ökonomisch in sehr unterschiedlichen Geschwindigkeiten, einige treten auf der Stelle, andere fallen zurück.

Kerneuropa

Einige zählen zum „harten Kern", einer Art „Kerneuropa". Es sind die ökonomisch stärkeren Staaten Deutschland, Frankreich, Österreich, Holland, Belgien, Luxemburg und Finnland. Vielleicht würden sich auch die drei Länder des Baltikums dazu zählen: Estland, Lettland, Litauen. Sie könnten Vorreiter eines wirklichen „Eurostaates" werden. Sich zum ersten europäischen Bundesstaat entwickeln. Zumindest aber die Vorarbeit leisten. Wenn sie denn wollten. Leider verweigert sich Großbritannien der europäischen Anstrengung.

Die neun EU Staaten mit eigener Währung können ohne den Euro ganz gut zurechtkommen. Ihre staatliche EU9 Gesamtverschuldung ist niedriger als die der EU19. Wird der „Harte Kern" der starken Staaten ein Erfolg, könnte er Vorbild für die Zögernden werden. Deutschland, Frankreich und die Benelux Staaten sind hier gefordert! Die Gründungsmitglieder der Europäischen Union. Sie müssen „vorangehen".

Noch schwankt das Euroland der Neunzehn zwischen Hartwährungszone, Weichwährungszone, langsamen und schnellen Staaten, oder einer totalen Auflösung in einzelne Währungsgebiete. Zwischen Zentralismus, Stagnation im Status Quo oder einer partiellen Renationalisierung bewegen sich derzeit die Ideen. Die EZB zwingt Euroland derzeit in eine Weichwährungszone, die man mit der Einführung des Euro nie gewollt hat. Kommt es doch noch zum Zerfall der Eurozone in Teilzonen, in eine Rückkehr zu den alten Währungen? Wird es in einigen Ländern eigene Parallelwährungen zum Euro geben? Nur wohin? Nach vorn! Sagen einige. Und wo ist „vorn"? Wie lange noch will sich Euroland von der EZB führen lassen? Wo bleibt die Staatskunst und die Verantwortung der Staatschefs? Sie müßten endlich aus der Deckung kommen.

Aber welchen Staat und welches Europa wollen die Europäer? Oder wollen die Europäer ein Europa ohne Euro? Sie wurden nie gefragt. Vieles droht, nichts scheint die richtige Lösung zu sein, nirgends „Rettung".

Kein Konsens, kein Konzept, keine Vision, nirgendwo. Und am 25. Mai 2014 gab es eine „Europawahl", eine Wahl zu einem neuen „Europaparlament".

Was sollten die Bürger Eurolands wählen?

Auch die EU braucht eine neue Architektur

Auch die Europäische Union (EU28) als Ganzes steht am Scheideweg. Sie schwankt zwischen den mehrdimensionalen Extremen: Die „Vereinigten Staaten von Europa", das de Gaulle'sche „Europa der Vaterländer", ein „Europa der verschiedenen Geschwindigkeiten", ein „Europäischer Staatenverbund" oder ein „Europäischer Bundesstaat". Es ist jedenfalls irgendeine neue Form der „Superstaatlichkeit". Die EU und Euroland brauchen eine neue Architektur. Beide brauchen auch für ihr Miteinander ein neues Gefüge. Währungsunion und politische Union liegen in einem permanenten Konflikt. Kann eine Währungsunion ohne eine politische Union, ohne eine Fiskalunion, ohne eine demokratisch legitimierte staatliche Struktur funktionieren, lauten die Kernfragen. Die Spannungen sind bisher ungelöst.

Euroskeptiker

Sie kritisieren, dass die Währungsunion vor der politischen Union stand, dass man also erst eine gemeinsame Währung einführte, ehe man die Voraussetzungen dafür schuf. Also bevor man die Integration der Länder auf ein vergleichbares wirtschaftliches Niveau gebracht hatte. In der Sprache der Ökonomen: Bevor die wirtschaftliche Produktivität und die Wettbewerbsfähigkeit der Teilnehmer einen vergleichbaren Standard erreicht hatten, bevor gemeinsame Vorstellungen über die Stabilität einer Währung, ihre Einhaltung und die Notwendigkeit von Haushaltsdisziplin verankert waren, wurde der Euro eingeführt. Die Euroskeptiker sagen: Die europäische Währungsunion war von Anfang an ein falsch konstruiertes Projekt. Sie stand in der falschen Reihenfolge. Die Euroeinführung war ein fataler politischer Irrtum. Sie war ein schwerer Fehler. Retten ist zwecklos und bleibt erfolglos. Der Euro wird zum Sprengsatz für die Eurozone. Er zerstört Europa!

Eurobefürworter

Sie dachten und wollten, dass der Euro ihre Arbeit tut, Europa zusammenführt. Sie fordern eine europäische Wirtschaftsregierung, eine Fiskalunion mit einer „Harmonisierung" der direkten Steuern mit einem europäischen Finanzminister, mit zentraler Finanzplanung und überwachender Haushaltssteuerung. Sie fordern Eurobonds und eine Transferunion. In einer Tarnsferunion fließt Geld, das nicht zurückkommt. Sie fordern die gemeinschaftliche Schuldenunion, sagen es aber nicht! Hätte man das alles, so glauben sie, gäbe es die Probleme nicht, oder sie ließen sich leichter lösen. Sie fordern implizit eine Transfer- und Schuldenunion in der Hoffnung, künftiges Schuldenmachen damit zumindest steuern und sanktionieren zu können. Sie sagen auch, da man nun schon so viel Geld in die Rettung des Projekts Euro gesteckt hat, muss man es auch zu Ende bringen und die politische Union mit gemeinsamer Fiskalpolitik realisieren[6].

---

6 José Manuel Barroso: „Wir verteidigen den Euro, koste es, was es wolle"

Regierungen auf „Bewährung"

Was ist kurzfristig noch möglich und was ist längerfristig zu tun?

Die EZB hatte den Euroländern zunächst einmal Zeit gekauft, damit sie sich in den Reformen ihrer Länder bewähren können. Die Finanzmärkte haben sich in Wartestellungen zurückgezogen und beobachten das weitere Geschehen.

Die „unter Bewährung" stehenden Regierungen sollten sich nun endlich um ihre wichtigen Aufgaben kümmern. Vor der achten Europawahl zum Europäischen Parlament (EP) im Jahr 2014 hätten die Parteienvertreter den europäischen Wahlbürgern eigentlich erläutern müssen, wie sie sich ihre künftige politische Zusammenarbeit auf den völlig vernachlässigten Feldern der Außen- und Sicherheitspolitik, einer europäischen Energiepolitik und der Migrationspolitik vorstellen, welche Institutionen mit welchen Kompetenzen ausgestattet werden sollen. Welches „Europa" sollte eigentlich gewählt werden? Stattdessen wurden Namen für Personen verschiedener Parteiengruppierungen genannt. 751 Abgeordnete wurden zwischen dem 22. und 25. Mai 2014 gewählt. Die Programme der Parteien für die Europawahl waren wenig konkret. Sollten die Wähler einen Blankoscheck ausstellen? Wofür?

Regeln gegen sich selbst

Da die Versuche des „Europäischen Stabilitätsmechanismus" (ESM), mit „Hebeln" aus dem Stammkapital noch mehr Geld für Euro Hilfsprogramme zu machen, mangels williger Investoren den ESM nicht weiter stärken konnten, Eurobonds wegen der gesamtschuldnerischen Haftung nicht die Akzeptanz der Bürger bekommen, und die Regierungen in ihrem Reformeifer zurückfallen, bleibt auf nahe Sicht als „europäische Kraft" nur die EZB mit ihrer unbegrenzten „Feuerkraft", Geld zu drucken und Euroland zu retten. Aber so war das alles nie geplant - in den europäischen Verträgen. Vom neu gewählten EP kommt auch keine Rettung. Und so wie bisher kann es nicht weitergehen.

Das bestehende vertragliche Regelwerk ist gescheitert. Die Regierungen haben es nicht ernst genommen. Sie haben es permanent verletzt. Gilt noch das Diktum „Scheitert der Euro, scheitert Europa[7]"? Gibt es keine andere Alternative als: „Ein Scheitern des Euro" und in Folge „Ein Scheitern Europas"? Es gäbe sie: Die Eurostaaten müssten solche Regeln schaffen, die das Verhalten der vor allem verantwortlichen Akteure, der Finanzmärkte und der Politiker verändern. Das Dilemma: Sie müssten Regeln gegen sich selbst und ihr Verhalten vereinbaren. Beide Akteure haben gemeinsam, dass sie das Geld und die Zukunft der Bürger, Sparer und Anleger verwalten, und dass sie für die heutige Misere verantwortlich sind. Die Ursache für das bisherige Scheitern ist nicht, dass eine Vereinheitlichung, oder die Zentralisierung, oder etwa „mehr Europa" fehlt. Es liegt an dem, was die Angelsachsen zutreffend „moralische Verwahrlosung", „sittliche Gefährdung" oder „unmoralischen Opportunismus" nennen: es liegt am „moral hazard".

„Moral Hazard"

Was ist „moral hazard"? Man übernimmt vorsätzlich hohe Risiken in der Hoffnung, dass man die daraus entstehenden Vorteile kassieren, und die möglichen Nachteile anderen aufbürden kann. Dass die Finanzinstitute also die Gewinne einfahren und die Verluste der Steuerzahler trägt. Dass die Politiker unfinanzierbare Wahlversprechen machen, die Vorteile des Machtgewinns nehmen und die daraus folgenden Schulden in die Zukunft zu Lasten der folgenden Generationen verschieben. Dass Wohltaten auf Pump finanziert und die Schulden den Bürgern aufgeladen werden. Indirekt ist an diesem politischen Geschäft noch ein Dritter betei-

---

7 Angela Merkel: Regierungserklärung zu Maßnahmen zur Stabilisierung des Euro am 19. Mai 2010

---

ligt: Der Wähler, der die Wahlgeschenke erwartet, oft sogar fordert und natürlich gerne nimmt, aber über die Kosten nicht weiter nachdenkt. Nur wenn unverantwortliche Regierungen ein Land in die Pleite steuern können, und wenn die Finanzinstitute dabei einen großen Teil des investierten Geldes und die Politiker ihre Posten verlieren, kann man verhindern, dass unverantwortliche Investoren unverantwortlichen Politikern Geld leihen.

Ein strenges Regelwerk für den Staatsbankrott und für die Gläubigerhaftung ist somit die Grundvoraussetzung für eine Besserung. Diese Regeln wären der Kern einer neuen Architektur der Eurozone. Nur das direkte Verlustrisiko und die damit verbundenen Sanktionen für Finanzmärkte und Regierungen erzwingen Verhaltensänderungen. Damit ist eine Insolvenzordnung für die Staaten verbunden. Auch die so hoch gepriesenen Eurobonds führen zu „Moral Hazard", denn die guten Haushälter haften für die schlechten und müssen im Ernstfall für die Verschwender zahlen. Daraus folgt, dass wir dringend klare und sanktionsbewehrte Regeln gegen die maßgebenden Akteure brauchen. Die Strafen müssen automatisch folgen und dürfen nicht verhandelbar sein.

Ein neuer Stabilitäts- und Wachstumspakt

Die im sogenannten „Sixpack"[8] am 28.09.2011 vom Europaparlament beschlossenen sechs Verschärfungen des seit 1996 bestehenden Stabilitäts- und Wachstumspakts („Euro Stabilitätspakt"), sind ein wichtiger Schritt. Aber nur ein erster Schritt. Darüber hinaus dürften steigende Defizite und wachsende Schulden künftig nicht mehr sanktionslos bleiben und verhandelbar sein. Es sollten alle Euroländer in ihre Verfassungen sogenannte „Schuldenbremsen", also Obergrenzen der Verschuldung aufnehmen, deren Einhaltung von unabhängigen Experten auf nationaler Ebene und von einem mit Kompetenzen und Personal ausgestatteten Euro

---

8 Economic Governance Pact

Controller auf europäischer Ebene fortschreitend überwacht werden. Die Grenzen dafür sind in den Maastricht Kriterien festgelegt. Der neue Euro Stabilitätspakt sollte mit automatischen Sanktionen derart verstärkt werden, dass dessen Verletzung durch ein Euroland unmittelbar mit Einschränkungen oder Entzug der Haushaltshoheit und mit Geldstrafen geahndet wird. Für diese „Architektur der Mitte" braucht man keine zentrale Eurobürokratie, keine „Vereinigten Staaten von Europa", keine Steuerharmonisierung und keinen europäischen Finanzminister. Man braucht nur den politischen Willen für ein verbindliches, nicht verhandelbares Regelwerk und einen mit allen Kontrollrechten ausgestatteten „Euro Controller". Einen schwachen Währungskommissar haben wir ja bereits. Der wäre zu stärken. Und man braucht die Bürger Europas, die diesen Druck zum Handeln auf ihre Politiker ausüben. Dieser Weg wird lang und steinig.

Die Euro Optimisten sollten sich zunächst von einem kurzen Weg zur Politischen Union verabschieden, denn einer derartigen Institution fehlt noch auf längere Zeit eine demokratische Legitimation. Sie sollten aber darauf hinarbeiten. Wir werden noch lange Jahre nationale Identitäten in Europa haben und sollten diese auch unbedingt erhalten, denn gerade die historische, kulturelle, regionale und sprachliche Vielgestaltigkeit war und ist eine Stärke Europas, ist konstitutives Merkmal Europas. Europa war immer ein „Vielvölkerstaat" und soll es auch bleiben. Nur er braucht ein „Dach"!

Die in Deutschland durchaus vorhandene „Sehnsuchtspolitik" -mit aller Kraft hin zum Einheitsstaat Europa- wird von den wenigsten Europäern geteilt. Wegen der schlechten Erfahrungen mit ihren Regierungen und mit Brüssel in den zurückliegenden Krisenzeiten. Sorgen bereitet den Bürgern Eurolands auch die Gefahr, dass eine politische Union mit einer Fiskal- und Wirtschaftsunion automatisch zu einer riesigen Transferunion und einer aufgeblasenen Zentralbürokratie

---

wird, in der es keine Umkehr, kein Zurück mehr gibt und einer am Tropf des anderen hängt, vulgo: jeder greift in die Taschen eines anderen. Das wäre organisierte Verantwortungslosigkeit. Daher kann die Eurozone nur überleben, wenn Regierungen so lange in der Verantwortung und in der Haftung für ihre Länder bleiben, bis sie sich auf die Übertragung jener zentralen Aufgaben geeinigt haben, die sie nicht mehr alleine bewältigen können: Außenpolitik, Verteidigungspolitik, Energiepolitik, Umweltpolitik, Migrationspolitik. Auch bringt eine zentrale fiskalische Umverteilung zunächst keine Konvergenz. Nicht einmal in Deutschland. Das müßten wir gelernt haben. Sollte man den zentralistischen Weg zu einer von Brüssel gesteuerten politischen Union wirklich wollen, ist an die deutsche Wiedervereinigung zu erinnern, die gezeigt hat, wie lange in einer Währungsunion der Deutschen Mark bei fehlender Wettbewerbsfähigkeit – trotz historisch und sprachlich wesentlich besserer Bedingungen – laufende Transferzahlungen in die neuen Bundesländer erforderlich sind. Der westdeutsche Länderfinanzausgleich war auch nicht gerade ein löbliches Beispiel.

Zur „Architektur der Mitte" gehören Konsolidierungsanstrengungen in den Staatshaushalten, aber auch Reformprojekte, die die administrative Effizienz der Staaten und deren Wettbewerbsfähigkeit im Weltmarkt erhöhen, das Wachstum fördern und die Unternehmen stärken. Das alles müßte geklärt und vereinbart werden, in sanktionsbewehrten Verträgen, deren Verletzung viel Geld kosten muss. Teuer wird es für alle Beteiligten und es war bisher schon teures Lehrgeld. Wenn wir denn überhaupt etwas gelernt haben.

Viel Zeit ist nicht mehr!

Subsidiarität

Nun besteht die EU ja nicht nur aus dem Binnenmarkt und der Währungsunion.

Zu einer Architektur der Mitte gehören auch eine neue Verteilung der Gewichte zwischen überstaatlichen und nationalen Kompetenzen und klar definierte Verantwortlichkeiten. Auf die „Europäische Ebene" gehört nur, was die Nationalstaaten nicht alleine lösen können. Alle jene Aktivitäten, die nicht diesen großen Aufgaben dienen, gehören im Sinne der „Subsidiarität" auf die nächst tieferen Ebenen: Staat, Region, Gemeinde, Bürgerschaft.

II. Wer stolpert in Europa und wann?
Institutionen und Einrichtungen der EU

Neben den sieben EU Institutionen gibt es weitere Gremien und Einrichtungen mit besonderen Aufgaben. Es gibt Hohe Vertreter, den Gouverneursrat, die Euro Hilfsfonds EFSF/ ESM, den Europäischen Gerichtshof für Menschenrechte (EGMR), die „Troika" (EU, EZB, IWF) etc. Ihre Mitglieder sind „Entsandte" aber nicht „Gewählte". Es sind von den Regierungen unter nationalen Gesichtspunkten und Interessen entsandte Vertreter. Interessenvertreter sind auch immer interessengeleitet. Nur das Europaparlament (EP) wurde vom Souverän, den Bevölkerungen der EU Staaten, in einem schwierigen Verfahren gewählt. Nur dieses Parlament ist „in erster Näherung" demokratisch legitimiert, wenn es auch in seiner Abgeordnetenzahl und Zusammensetzung die bestehende Bevölkerungsgröße der europäischen Staaten höchst unterschiedlich abbildet und nicht äquivalent repräsentiert. Es ist aber bisher die einzige demokratische Institution der EU28 – mit wenig Macht. Bei aller Europa Kritik und der beachtlichen Skepsis vieler EU Bürger gegenüber dem „Konstrukt" EU28, in dem rund 507 Millionen Menschen leben, und sich dabei gar nicht so unwohl fühlen, die sich gerne auch als „Europäer" sehen, die Frieden und Freizügigkeit schätzen, die Europa fast als eine Selbstverständlichkeit erleben: Woher kommt dann die doch bei vielen Bürgern bestehende Abneigung gegenüber „Brüssel", gegenüber der Bürokratie, der

Undurchschaubarkeit der Administration? Wie funktioniert eigentlich dieses „Brüssel"? Was tun die 46.000 Beamten in der EU28? Was sind die Aufgaben der sieben Institutionen? Was kostet das alles? Lagen die Verwaltungskosten der kleineren Union in 1968 noch bei 72 Millionen Euro, erreichten sie in 2012 die stattliche Summe von 7,4 Milliarden Euro. Der Bürger hört von verschiedenen Akteuren, von den Regelungen der EU Kommission, von den Gipfelsitzungen des Europäischen Rats der Staats- und Regierungschefs, von der Bankenrettung durch die EZB, von den Aktionen der Euro Gruppe und des IWF. Die Institutionen oder auch die Träger der Organisation der europäischen Union sind die folgenden sieben „Organe":

1. Der Europ. Rat der Staats- und Regierungschefs (ER)
2. Der Fachministerrat der 28 Mitgliedstaaten (RdEU, Rat)
3. Die Europäische Kommission (EU-K)
4. Das Europäische Parlament (EP)
5. Der „Europäische Gerichtshof (EuGH)
6. Die Europäische Zentralbank (EZB)
7. Der Europäische Rechnungshof (EuRH)

Nur wie passt das alles zusammen? Darum werfen wir zunächst einen Blick auf den europäischen Rechtsrahmen, ohne den nichts geschieht, und in dem sich die verschiedenen Institutionen bewegen.

Europarecht

Europarecht ist überstaatliches Recht in Europa. Das Europarecht gilt direkt für die Verwaltungen der EU Mitgliedsstaaten. Die Rechtswirkung für den einzelnen Bürger oder das einzelne Unternehmen im Mitgliedsstaat wird erst durch nationale Rechtsakte erreicht, welche die in der EU gefaßten Beschlüsse in nationales Recht übernehmen.

Drei Organe der EU sind an der Gesetzgebung, also an der

Entstehung des „Sekundärrechts" der EU beteiligt: Das Europäische Parlament (EP), der Europäische Ministerrat (Rat) und die EU Kommission (EU-K). In der Regel darf nur die EU Kommission Entwürfe für neue Verordnungen und Richtlinien vorschlagen. Sie hat damit das alleinige sogenannte „Initiativrecht" in der EU Gesetzgebung (Art. 17 EUV). Die 28 EU Mitgliedsstaaten und das EP können die Kommission aber auffordern, die Initiative für gewünschte Gesetzentwürfe zu ergreifen. In der EU heißen die Gesetze „Verordnungen" oder „Richtlinien".

Verordnungen werden unmittelbar geltendes Recht in allen Mitgliedstaaten. Sie entsprechen dort den nationalen Gesetzen, haben aber in ihrer Anwendung Vorrang vor den nationalen Gesetzen. So hat die EU unzählige Verordnungen erlassen, um für den europäischen Binnenmarkt in allen Staaten einheitliche Vorschriften einzuführen. Diese Vereinheitlichung nannte man auch

„Harmonisierung"

Richtlinien sind Rahmengesetze, die nicht unmittelbar wirksam werden. Sie verpflichten aber die Gesetzgeber der Mitgliedsstaaten, innerhalb einer Frist nationale Gesetze zu erlassen, die dem Zweck und Ziel der Richtlinien entsprechen. Die Staaten können bei der Umsetzung nationale Besonderheiten berücksichtigen.

Das Europarecht (EU Recht), auch Gemeinschaftsrecht genannt, wird in zwei große Rechtskreise aufgeteilt: Das „primäre EU Recht", das aus den europäischen Verträgen besteht, und das „sekundäre EU Recht", welches von den EU Organen aufgrund der Verträge erlassen, gesetzt wird.

Es gibt ein Europarecht im weiteren (i.w.S.) und eines im engeren Sinne (i.e.S.): Das Europarecht i.w.S. umfaßt auch das Recht einer Vielzahl europäischer und internationaler Organisationen (z.B. Europarat, OSZE, OECD, EFTA).

Europarecht i.e.S. umfaßt das Recht der Europäischen Union und das Recht der Europäischen Atomgemeinschaft „Euratom". Das Europarecht i.e.S. wird nach dem Lissabon Vertrag auch das „Unionsrecht" genannt.

Es beschreibt das „Primärrecht" sowie das untergeordnete „Sekundärrecht".

Zwischen primärem und sekundärem Gemeinschaftsrecht stehen die von der EU abgeschlossenen völkerrechtlichen Verträge, die ebenfalls Bestandteil des Gemeinschaftsrechts sind. Das Gemeinschaftsrecht hat Vorrang vor jedem nationalen Recht der Mitgliedstaaten, also auch vor nationalem Verfassungsrecht. Es wirkt in den innerstaatlichen Bereich hinein, unmittelbar und „normativ".

Das Primärrecht

steht in den Grundlagenverträgen der Europäischen Union: Im EU Vertrag, im EG Vertrag und in sämtlichen Beitrittsverträgen. Zusammen bilden diese Verträge die „EU Verfassung". Das Primärrecht umfaßt sechs Verträge.

Primärrecht ist also eine Art EU Verfassungsrecht, obwohl es nur in Verträgen geregelt ist und nicht in einer „Staats Verfassung".

Verfassungen im strengen Sinne können nur Staaten haben. Die EU beruht aber auf zwischenstaatlichen Verträgen. Bei derzeit 28 Mitgliedstaaten der EU wären Änderungen des Primärrechts, also der EU Grundlagen- und Beitrittsverträge, wegen der mit einem Verhandlungsprozess verbundenen neuen Forderungen einzelner Staaten nahezu unmöglich. Daher will man unbedingt verhindern, dass die Verträge wieder „geöffnet" werden.

Die Vertragsstaaten ratifizierten diese Verträge im Zuge ihrer Beitrittsprozesse zur EU nach dem Profil ihrer jeweiligen einzelstaatlichen Verfassungen. Manche Staaten sehen bei Änderungen im Primärrecht z.B. bindende Volksabstimmungen vor. So ist die Verfassungswirklichkeit in Irland. Andere Staaten haben das plebiszitäre Element nicht oder nur in stark abgeschwächter Form. Weil das so ist, werden die EU Staaten auch die „Herren der Verträge" genannt. Die EU Kommission ist nur die „Hüterin der Verträge". Sie wacht über die Einhaltung der Verträge.

Das „Primärrecht" enthält die grundlegenden Regelungen über die Funktionsweise der Europäischen Union und wurde deshalb vom EuGH auch die „Verfassungsurkunde der Gemeinschaft" genannt. Sie enthält die vier Grundfreiheiten: Warenverkehr, Dienstleistungsverkehr, Kapitalverkehr und Personenverkehr. Diese vier Freiheiten sind nicht verhandelbar. Sie sind für die EU konstitutiv.

Zum Primärrecht gehört ferner der Europäische Binnenmarkt, das europäische Wettbewerbsrecht und die Europäische Wirtschafts- und Währungsunion.

Das Sekundärrecht

Das Sekundärrecht umfaßt die Gesamtheit aller rechtlich verbindlichen Regelungen, die auf der Grundlage des Primärrechts zustande gekommen sind.

Das sind die „EU Gesetze". Nur konnte man sich noch nicht auf den Begriff „EU Gesetze" einigen, da nach bisher herrschender Meinung, nur nationale, durch Wahlen legitimierte Parlamente „Gesetze" erlassen konnten.

Über „EU Gesetze" entscheiden das Europäische Parlament (EP) und der EU Ministerrat. Dazu sind sie aufgrund der EU Verträge bzw. des Primärrechts legitimiert. Ihre Rechtsakte werden deshalb als „sekundär", lat. zweitrangig, aus dem Primärrecht abgeleitet, bezeichnet.

Das sekundäre EU Recht (Art. 249 EUV /Amsterdam) umfaßt EU Richtlinien, EU Verordnungen, EU Maßnahmen/ Entscheidungen, EU Empfehlungen, sowie europäisches Gewohnheitsrecht, allgemeine Rechtsgrundsätze des europäischen Rechts und aufgrund des Primärrechts geschlossene völkerrechtliche Verträge.

Entscheidungen sind keine generellen Anordnungen, sondern nur für ihre Adressaten verpflichtend. Adressaten können Staaten, Unternehmen oder Personen sein. Die unverbindlichen Empfehlungen spielen für die Rechtsetzungsverfahren keine Rolle. Zum Sekundärrecht gehören auch die Urteile des EuGH.

Sekundärrecht sind die EU Rechtsakte der EU Kommission, die in „Verordnungen" und „Richtlinien" die Vertragsstaaten zur Mitwirkung verpflichten. Die Institutionen der EU (die „Organe") sind seit dem Lissabon Vertrag nur noch berechtigt, fünf verschiedene Rechtsakte anzunehmen:

1. Verordnungen: Sie gelten unmittelbar EU weit.
2. Richtlinien: Sie geben Ziele vor, die von den Mitgliedstaaten durch Gesetze umgesetzt werden müssen. Die Umsetzungsspielräume für die Staaten sind begrenzt.
3. Beschlüsse: Es sind Einzelfallregelungen, vergleichbar mit den innerstaatlichen Verwaltungsakten.
4. Empfehlungen: Sie sind rechtlich nicht verbindlich.
5. Stellungnahmen: Sie sind rechtlich nicht verbindlich.

Die fünf operativen Institutionen der EU

Der Europäische Rat

Seit dem 1.12.2009 ist der „Europäische Rat der Staats- und Regierungschefs" (ER)", nach Artikel 15 des Vertrags von Lissabon eines der sieben Organe der EU. Er besteht aus den Staats- und Regierungschefs der 28 Mitgliedsstaaten der EU sowie einem vom ER auf zweieinhalb Jahre gewählten Präsidenten des ER und dem jeweiligen Präsidenten der EU Kommission. Nach Artikel 68 und 121 des AEUV bestimmt der ER die politischen Zielvorstellungen und Prioritäten der EU. Er trifft die Grundsatzentscheidungen und legt die politischen Leitlinien fest. Der ER wurde 1974 als informelles

Gesprächsforum für die Staats- und Regierungschefs geschaffen und erhielt 1992 im Vertrag von Maastricht einen förmlichen Status.

Der EU Ministerrat

Der EU Ministerrat[9] darf nicht verwechselt werden mit dem ER, dem „Europäischen Rat der Staats- und Regierungschefs" der EU Mitgliedsländer und auch nicht mit dem „Europarat", der eine internationale Organisation ist.

Der EU Ministerrat (RdEU) ist auch ein supranationales Organ der EU und übt zusammen mit dem Europäischen Parlament (EP) die Rechtsetzung der EU aus.

Er ist zusammen mit dem EP „Gesetzgeber" der EU. Da er zugleich die Regierungen der Mitgliedstaaten repräsentiert, kann er als „Staatenkammer" neben dem EP als „Bürgerkammer" bezeichnet werden. Die Funktionsweise des Rates der EU wird im Artikel 16 des EU Vertrages und in den Artikeln 237 ff. des AEU Vertrages geregelt. Der AEU Vertrag heißt offiziell „Vertrag über die Arbeitsweise der Europäischen Union"(AEUV).

Im diesem Vertragstext wird der „Rat der Europäischen Union" (RdEU) nur „Rat" genannt. Im nicht amtlichen Sprachgebrauch wird er aber durchgängig als „EU Ministerrat" bezeichnet.

Der RdEU faßt seine Beschlüsse einstimmig oder mit qualifizierter Mehrheit. Nach dem Lissabon Vertrag gilt ab November 2014 die sogenannte „doppelte Mehrheit": Mindestens 55% der Mitgliedsstaaten, die mindestens 65% der EU Bevölkerung repräsentieren, sind für einen Mehrheitsbeschluß erforderlich.

Bei Mehrheitsbeschlüssen verfügen die Mitgliedsländer über unterschiedliche Stimmengewichte. Die Stimmengewich-

---

9 Offiziell: Rat der Europäischen Union, RdEU

tung im Ministerrat verteilt sich je nach der Bevölkerungszahl der Mitgliedstaaten auf insgesamt 352 Stimmen.

Die vier großen Länder haben je 29 Stimmen, die fünf kleinen Länder je 4 Stimmen und Malta hat 3 Stimmen. Der jeweilige Vertreter eines Mitgliedstaates ist ermächtigt, für seine Regierung verbindliche Entscheidungen zu treffen. Die wichtigen Entscheidungen werden aber üblicherweise auf gesamter Ministerebene getroffen (darum: „Ministerrat).

Der Vorsitz im EU Ministerrat wechselt halbjährlich durch Rotation der Vertreter der Mitgliedstaaten. Die Sitzungen finden abwechselnd in Brüssel und Luxemburg statt. Der EU Ministerrat tagt je nach Politikbereich in zehn unterschiedlichen Zusammensetzungen, den sogenannten „Ratsformationen". Eine besonders während der Finanzkrise ins öffentliche Bewußtsein gelangte Ratsformation ist der ECOFIN Rat, der „Rat für Wirtschaft und Finanzen".

Allein für die Verwaltungs- und Übersetzungsarbeiten verfügt der EU Ministerrat über ein „Generalsekretariat" von rund 2.500 Mitarbeitern.

Da der Ministerrat Aufgaben der Gesetzgebung (Legislative) erfüllt, seine Mitglieder jedoch Teil der nationalen Regierungen, also der Exekutive, sind, gilt der „Rat" als typischer Fall von „Exekutivföderalismus": Legislative und Exekutive wirken zusammen in einem Organ, in einer EU Institution, und verstoßen damit gegen das fundamentale Demokratieprinzip der Gewaltenteilung.

Die EU Kommission

Die EU Kommission ist das Exekutivorgan der EU und vertritt die Interessen der gesamten EU. Sie ist das „supranationale" Organ der Europäischen Union. Sie ist eine Mischung aus Regierung und Behörde. Sie macht einerseits Außenpolitik und reguliert andererseits den Wettbewerb wie ein Kartellamt.

Sie „regiert" mit Richtlinien und Verordnungen in die 28 Staaten hinein, die dann in nationales Recht übernommen werden. Sie wacht über die Einhaltung europäischen Gemeinschaftsrechts. Sie kann Strafen verhängen. Sie „verwaltet" 500 Millionen EU Bürger. Sie werden wegen ihrer Nähe zu Bürokraten etwas abfällig auch „Eurokraten" genannt. Ihre Spitzenbeamten werden besser bezahlt als ein deutscher Bundeskanzler.

Nach den „Europäischen Verträgen" müssen alle Gesetzentwürfe, über die das Europaparlament (EP) und der Europäische Rat (ER) entscheiden, von der EU Kommission vorgeschlagen werden. Sie hat das alleinige „Initiativrecht" unter den EU Organen. EP, ER und die Mitgliedstaaten können die EU Kommission nur „auffordern", Gesetzentwürfe vorzulegen.

Der Begriff „EU Kommission" umfaßt sowohl das Kollegium der EU Kommissare/innen als auch das europäische EU Organ selbst. Sie ist also zugleich Kollegium der Kommissare als auch exekutive EU Behörde.

Der Sitz ist Brüssel mit Büros in Luxemburg und Vertretungen in allen EU Mitgliedstaaten. In der EU Kommission arbeiten europaweit rund 33.000 Personen, zumeist europäische Beamte. Generalsekretärin der Kommission ist seit 2005 die Irin Catherine Day. Als Schlüsselfigur während der Euro Nachtsitzungen erhielt sie den Spitznamen „Catherine Day and Night".

Auf sie geht auch die Regel für Anfragen der Abgeordneten zurück: Nicht länger als 20 Zeilen!

Alle fünf Jahre wird ein neues Team von 28 Kommissaren/innen vom „Europäischen Rat der Staats- und Regierungschefs" (ER) ernannt. Die Zahl klingt zwar hoch, aber, und zum Vergleich: Die Bundesrepublik Deutschland verfügt in Bund und Ländern über 180 Minister und Staatssekretäre.

Die Mitgliedstaaten schlagen ihre Kandidaten für die Kommission vor. Der ER ernennt aus deren Mitte einen Kandidaten zum EU Kommissionspräsidenten. Dieser muss die Zustimmung der Mehrheit der Abgeordneten des Europäischen Parlaments (EP) erhalten. Der EU Kommissionspräsident wählt anschließend die Kommissare aus den vorgeschlagenen Kandidaten aus und legt ihre politischen Zuständigkeitsbereiche fest. Präsident der 13. EU Kommission (gerechnet seit der ersten EU Kommission ab 1967) war José Manuel Barroso. Die Amtszeit der 13. „Barroso Kommission II" endete am 31. Oktober 2014. Präsident der neuen, seit November 2014 amtierenden 14. EU-K ist der Luxemburger Jean-Claude Juncker. Die Liste der Kommissare wird zunächst dem EU Ministerrat und anschließend dem EP zur Abstimmung mit qualifizierter Mehrheit vorgelegt. Wenn das EP zustimmt, wird die neue Kommission offiziell vom ER ernannt. Die EU Kommission ist halb Legislative halb Exekutive, ein demokratiefremdes Konstrukt.

Aufgaben der EU Kommission

- Verordnungen und Richtlinien erlassen
- Kontrolle der Einhaltung des europäischen Regelwerks
- Überwachen der Einhaltung & Anwendung der Verträge
- Verwalten der Finanzmittel der EU
- Vorschlag für Gesetze
- Haushaltsentwurf der EU aufstellen
- Ausführung des vom Parlament verabschiedeten Haushaltsplans
- Korrekte Verwendung der EU Gelder in den Staaten
- Einhaltung der Wettbewerbsregeln überwachen
- Vertretung der EU nach außen
- Vertretung der EU bei internationalen Organisationen
- Verhandeln von internationalen Abkommen im Auftrag des ER

Die EU Kommission überwacht also die Einhaltung des Sekundärrechts durch die Mitgliedstaaten. Sie ist die „Hüterin der Verträge". Die EU Kommission setzt damit die EU Verträge um, und sie schlägt Gesetze vor, die vom Ministerrat beschlossen und danach vom Parlament bestätigt werden müssen.

Sie kann ein mehrstufiges „Vertragsverletzungsverfahren" einleiten und Bußgelder verhängen. Sie kann vor dem EuGH gegen Mitgliedstaaten klagen. Sie ist Kartellbehörde und kann mit Bußgeld bewehrte Kartellstrafen aussprechen. Sie kann gegen Eurostaaten bei Verletzung der Maastricht Defizitgrenzen sogenannte „Defizitverfahren" einleiten und Strafgelder verhängen. Sie „kann", aber sie tut es nicht. Bisher ist noch keine einzige Strafe für die diversen Vertragsverletzungen in der EU verhängt worden. Als Wettbewerbshüterin im Binnenmarkt kann sie Unternehmensfusionen genehmigen oder untersagen.

Das Europäische Parlament (EP)

Die bisher 766 Abgeordneten des EP waren die einzig direkt gewählten Vertreter der wahlberechtigten Bürger der EU. Sie repräsentieren „das Volk", den eigentlichen Souverän, wenn auch nicht nach dem Egalitätsprinzip „one man one vote". Kleinere Länder werden im Verhältnis zu ihrer Bevölkerungsgröße bei der Stimmengewichtung „überrepräsentiert".

Das nennt man „degressiv proportionale Repräsentation".

Die Abgeordneten werden alle fünf Jahre neu gewählt. Die erste Europawahl war in 1979. Die letzte fand zwischen dem 22. und 25. Mai 2014 statt. Es war von den rund 375 Millionen Wahlberechtigten nur noch die im Lissabon Vertrag festgelegte Höchstzahl von 751 Abgeordneten zu wählen.

Davon sind 96 Abgeordnete Deutsche. Sie werden von rund 60 Millionen Wahlberechtigten gewählt. Ein Abgeordneter aus Deutschland vertritt rund 850.000 Bürger. Ein Abgeordneter aus Luxemburg vertritt rund 85.000 Bürger.

Die vier kleinsten Mitgliedstaaten der EU entsenden jeweils 6 Abgeordnete.

Das EP hat seinen offiziellen Sitz in Straßburg (Art. 341 EU Vertrag), wo 12 Plenarsitzungen im Jahr stattfinden. Hier arbeiten 100 Angestellte ständig für das EP. Zusätzliche Plenartagungen und alle Ausschußsitzungen finden in Brüssel statt. In Brüssel arbeiten 4.000 Menschen für das EP. Das Sekretariat des EP sitzt mit seinen rund 2.400 Mitarbeitern in Luxemburg.

Das Parlament ist das Zentrum jedes demokratischen politischen Systems.

Nur ist das beim EP nicht so, es hat nämlich nicht viel zu sagen. Das oberste Gremium ist der „Europäische Rat der Staats- und Regierungschefs" (ER). Ihm zur Seite steht der „Rat der europäischen Union", der EU Ministerrat (RdEU, der „Rat"). Er ist das eigentliche gesetzgebende Machtzentrum. Zu ihm gehören die Fachminister der Mitgliedstaaten. Lehnt das EP ein vom Ministerrat beschlossenes Gesetz ab, kommt es zu einem Vermittlungsverfahren.

Die Aufgaben des EP sind klar definiert

- Das EP kann neue Gesetze debattieren, prüfen und verabschieden.

- Im Gesetzgebungsverfahren und in der Änderung von Gesetzentwürfen sind das EP und der Ministerrat (RdEU) gleichberechtigt (ordentliches Gesetzgebungsverfahren). Beide Organe müssen sich einigen. Wird keine Einigung erzielt, geht man vor den Vermittlungsausschuß.

- Das EP hat keine Gesetzesinitiative. Die hat nur die EU Kommission.

- Das EP entscheidet gemeinsam mit dem RdEU über den

EU Haushalt. Der Haushaltsentwurf liegt bei der EU Kommission und wird anschließend von EP und RdEU geändert oder verabschiedet.

- Das EP „überwacht" die EU Kommission und den RdEU. Das EP kann einen Untersuchungsausschuß einrichten oder eine Klage vor dem EuGH einreichen.
- Über die Tätigkeiten des EP müssen der RdEU, die EU Kommission und die EZB regelmäßig Bericht erstatten.
- Das EP prüft die Kompetenz und Integrität der EU Kommissare vor deren Berufung.
- Das EP muss die EZB Direktoren, den Kommissionspräsidenten und die EU Kommission als Ganzes vor deren Ernennung annehmen oder als Ganzes ablehnen.

Das EP kann auch „Resolutionen" beschließen und eine Vielzahl von „nicht legislativen Entschließungen" verabschieden. Das sind unverbindliche Empfehlungen, an die sich kein EU Land halten muss. Auch nicht der ER oder der RdEU. Sie müssen in die 24 offiziellen Sprachen der EU übersetzt werden. Man nimmt sie dann zur Kenntnis. Nach dem Lissabon Vertrag ist das EP 2014 an der Wahl des Kommissionspräsidenten erstmalig und maßgeblich beteiligt. Bisher wurde der Präsident vom ER bestimmt. Nun muss der ER das Ergebnis der Europawahl „berücksichtigen". Das Parlament kann den Kandidaten des ER ablehnen. Trotz allem bleibt das EP das einzige direkt gewählte supranationale Parlament der Welt.

In jedem Fall wird das EP nach der Europawahl 2014 vielfältiger, politisch „bunter". Nach der Abschaffung der 3% Sperrklausel werden auch mehr kleinere Parteien im EP auftreten. Die großen, im Parlament vertretenen „Parteienfamilien" haben eigene „Spitzenkandidaten" benannt, z.B. Martin Schulz für die Sozialisten, der sich selbst für diesen Posten benannt hatte, und damit den Parteienblock „Europäische Volkspartei" (EVP) zwang, auch ihrerseits einen Kandidaten zu benennen. Das wurde dann Jean-Claude Juncker für die

EVP. Herr Juncker wurde zum EU-K Präsidenten gewählt.

Das EP dürfte nach der Wahl stärker sein, und es wird ein Krisenparlament sein, denn die EU bleibt gespalten, leidet unter Verteilungskonflikten, hat Millionen von Arbeitslosen produziert und sieht die Lösung der Finanzprobleme in einer Haftungsunion. Die „Europakritiker“ werden zahlreicher und lautstärker. Die großen Parteien werden mit Hilfe wechselnder Allianzpartner sichere Mehrheiten stellen. Vielleicht wird es auch eine verdeckte große Koalition geben. Ohne das EP wird in Europa nichts mehr gehen. Das EP wird auch darauf achten, Europa und die EU neben Nordamerika, Asien und Lateinamerika als vierter „Geostrategischer Kontinent“ bemerkbarer zu machen. Zumindest aber als dessen gewählter Vertreter. Das EP wird danach streben, weitere Kompetenzen ins Parlament und damit „nach Europa“ zu ziehen. Hier wirken die Strukturen und die bürokratischen Abläufe. Das nennt man auch die „normative Kraft des Faktischen“. Parlament und Kommission werden immer robuster um Macht und Einfluß ringen. Darum wird auch der in der EU zu verteilende „administrative Kuchen“ größer. Wenn in der Diskussion zur Zukunft Europas über die „Europäische Integration“ gesprochen wird, dürfte eines wohl sehr deutlich geworden sein: Die Europäische Integration – in welcher Form auch immer – bleibt in der Auslegung des europäischen Rechtsverständnisses zugleich Zustand, Prozess und undefiniertes Ziel. Die EU bleibt eine komplizierte „Rechtsgemeinschaft“ (Walter Hallstein), die Sicherheit und Wohlstand produzieren soll. Die Integration bleibt eine unvollendete, immerwährende „Baustelle“.

Die Europäische Zentralbank (EZB)

Das Europäische System der Zentralbanken (ESZB) besteht aus der EZB und den nationalen Zentralbanken (NZBen) der Mitgliedstaaten. Stabilität des Preisniveaus ist das vorrangige Ziel des ESZB. „Soweit dies ohne Beeinträchtigung des

Zieles der Preisstabilität möglich ist, unterstützt das ESZB die allgemeine Wirtschaftspolitik in der Gemeinschaft".

Aus diesem Halbsatz leitet die EZB die Begründung für ihre Teilnahme an Rettungsaktionen überschuldeter Staaten ab. Das ESZB umfaßt alle EU Staaten. Zum engeren „Eurosystem" gehören neben der EZB nur die NZBen der Staaten, die den Euro als Währung eingeführt haben. Die Satzung der EZB ist das Protokoll Nr. 4 des EG Vertrags (EGV).

Die grundlegenden Aufgaben des ESZB werden von der EZB erfüllt und sind:

- Die Geldpolitik der Gemeinschaft festzulegen und auszuführen.
- Devisengeschäfte im Rahmen der Wechselkurspolitik durchzuführen.
- Die offiziellen Währungsreseven der Mitgliedstaaten zu halten und zu verwalten.
- Das reibungslose Funktionieren der Zahlungssysteme zu fördern.
- Zur Aufsicht über Kreditinstitute und zur Finanzmarktstabilität beitragen.
- Im November 2014 wurde die EZB zusätzlich mit der Aufsicht systemrelevanter Banken im Euroraum unter dem einheitlichen Bankenaufsichtsmechanismus (SSM) betraut.

Der „Rettungskrimi" Zypern

Ein Lehrstück aus Euroland

Der Dijsselbloem Schock

Vielleicht hatte der neue Vorsitzende der Eurogruppe, Jeroen Dijsselbloem, ein studierter Agrarökonom, seit November 2012 Finanzminister der Niederlande, sich am 25. März 2013 ja doch nicht verplappert, als er die Zypernlösung -die Zwangsabgabe für reichere Anleger und Sparer- als „Blaupause" für die künftige finanzpolitische Krisenbewältigung in Euroland bezeichnete, und wie man mit bankrotten Staaten und Banken umgehen könnte. Auch deutete er an, dass die Situation in Zypern sich jederzeit in einem anderen Land wiederholen könnte. „Wir kommen nicht mehr, um euch eure Probleme abzunehmen". Griechenland, Luxemburg und Malta müssten jetzt sehr aufpassen. Spanien und Irland wurden gewarnt. „An eine direkte Rekapitalisierung der Banken" durch den Euro Rettungsschirm solle man in Madrid und Dublin „noch nicht einmal denken." Seine Kollegen waren schockiert. Künftig sollten also nicht mehr die Steuerzahler alleine für marode Banken aufkommen, sondern zunächst die Eigentümer und Gläubiger. Staaten sollten im Interesse ihrer Steuerbürger die Übernahme von Bankenrisiken ablehnen können. Damit entfiele dann auch das anschließende „Herauskaufen", der überschuldeten Staaten durch Kredite der übrigen Eurostaaten. Die Kette der Erpressungen könnte durchbrochen werden, die da lautet: Wenn ihr unsere südlichen Banken oder Staaten nicht rettet, reißen wir eure Banken und deren Kredite mit in den Abwärtsstrudel. Auch wies Dijsselbloem auf die aufgeblähten Finanzsektoren anderer Länder hin. Als er am 26. März die aufgeschreckten, abwehrenden Irritationen seiner Eurogruppen Kollegen im Ecofin Rat bemerkte, war das Interview mit der „Financial Times" schon veröffentlicht. Auch die EZB widersprach umgehend durch ihren Direktor Benoit Coeure: „Herr Dijsselbloem hat da etwas Falsches gesagt". In der Presse der Südländer hieß es „Er ist mit dem Amt überfordert". Auch der französische Präsident war verärgert, hatte doch gerade Frankreich beim EU Gipfel 2012 auf den direkten Kapitalzahlungen zur Bankenrettung durch den ESM bestanden. Von der deutschen Opposition hörte man „stille"Zustimmung zum Interview des Niederländers. Es folgte dann von Dijsselbloem die übliche Reaktion: Man habe ihn falsch zitiert. Er korrigierte sich: Zypern wäre ein Einzelfall, ein besonderer Fall mit „einma-

ligen Herausforderungen". Das englische Wort „template"
für „Blaupause" habe er aber nicht gebraucht. Das hätte der
Journalist eingeführt. Die Semantiker werden ihre Freude
haben. Aber Irland und Portugal, Griechenland und Spani-
en waren doch auch „nur Einzelfälle", erinnern wir uns. Natürlich kann man aus jedem Land und jeder Rettungsaktion
einen „Einzelfall" machen und aus jedem Einzelfall die „Un-
vergleichbarkeit".

In Zypern handelte es sich um eine große Finanzwirtschaft
auf einer halben Insel mit einer sehr kleinen Realwirtschaft,
„einzigartig", wie Michel Barnier sagte. In Irland war es auch
nicht anders, doch „singulär". Aber in Luxemburg ist die Finanzwirtschaft noch um ein Vielfaches größer als die Realwirtschaft, 22mal so groß! Sicher auch ein Einzelfall. Was
hatte Herr Dijsselbloem noch gesagt? „Wenn es ein Risiko
in einer Bank gibt, sollte unsere erste Frage sein: Was kannst
du, Bank, dagegen tun? Was kannst du tun, um dich zu reka-
pitalisieren? Wenn die Bank das nicht kann, werden wir zu
den Aktionären und Anleihe Gläubigern gehen. Wir werden
sie um ihren Beitrag zur Rekapitalisierung der Bank bitten.
Und wenn nötig, die unversicherten Besitzer der Spareinlagen." Das klingt für einen Marktwirtschaftler sehr vernünf-
tig. Es haften stets und zuerst die Eigentümer und Gläubiger
eines insolventen Unternehmens. Nicht die Steuerzahler.

Der Schock und seine Folgen

Bei den bisherigen Rettungsaktionen lief es aber immer
andersherum: Die Staaten retteten die Banken, erhöhten
dadurch ihre Schulden und kamen selbst in riesige Probleme. Die Steuerzahler wurden durch staatliche europäische
Rettungstöpfe[10], an denen die Länder quotal beteiligt sind,
in Haftung genommen, nicht aber die Eigentümer der Bank
und nicht deren Gläubiger. In Deutschland zum Beispiel
trägt der Steuerzahler die Lasten für die Hypo Real Estate,

---

10 EU, EFSF, ESM, EZB

---

für die Commerzbank, für die Bayern LB etc. Irland wurde nur von der EU und der EZB über Wasser gehalten. Für die spanische Bankenspekulation auf dem Immobilienmarkt stand der europäische Rettungsschirm mit bis zu 100 Milliarden Euro ein. In Irland und Spanien brachten die maroden Banken ihre Staaten in die Nähe der Insolvenz. Zypern lief zum ersten Mal anders. Daher war die Finanzwelt auch bitter enttäuscht, denn das für sie so schöne Rettungsmodell kam durch Herrn Dijsselbloem in Gefahr. Passend dazu der Aufschrei in der Finanzwelt, denn die Börsen fielen noch am gleichen Tag und die Bankkurse brachen ein. Nun waren die Investoren vorgewarnt. Es wird nicht immer so schön laufen wie bisher. Das rettende Geschäftsmodell „Too big to fail" und die Droge „The Taxpayer takes it all" taugt nach Zypern nicht mehr. Dijsselbloem hatte sein Konzept schon einmal durchexerziert: Die insolvente niederländische SNS Reaal Bank wurde verstaatlicht, die Aktionäre und Anleihebesitzer wurden zur Kasse gebeten. Fast vier Milliarden Euro musste der holländische Staat für die Rettung der SNS und ihrer Immobilientochter Property Finance ausgeben. Nur Sparer unter 100.000 Euro blieben verschont. Zypern sollte nach dem Wunsch der Finanzminister ein Sonderfall bleiben, doch nicht mehr lange: Der damalige EU Kommissar Michel Barnier verwies im Gespräch mit dem „Handelsblatt" auf seinen EU Richtlinienentwurf zur Bankenabwicklung hin, nach dem „vorrangige Gläubiger und nicht abgesicherte Einleger an den Kosten einer geordneten Insolvenz beteiligt werden können". Die EU Richtlinie sollte noch vor der Sommerpause 2013 verabschiedet werden. Es ging also doch. Und anders als bisher. Das eingespielte Modell der „Bankenrettung", bei dem der Staat oder die Eurofinanzminister die Anleihegläubiger und Großinvestoren schützen und den Steuerzahler belasten, war am Ende seiner gesellschaftspolitischen Akzeptanz angelangt. Gewinne privatisieren und Verluste sozialisieren wird künftig nicht mehr so einfach funktionieren.

Mehr vom Gleichen wird auch nicht mehr helfen: Mehr Geld, mehr Regulierung, mehr Europa, mehr Vereinheitlichung, auch Gleichmacherei genannt, mehr Fiskalhoheit und mehr Interventionismus wird nicht mehr akzeptiert werden. Nur die Durchsetzung des Haftungsprinzips als Prinzip einer demokratischen, marktwirtschaftlichen Rechtsordnung, verbunden mit dem Verantwortungsprinzip und dem Verbot des „Herauskaufens" kann den Steuerbürger in Euroland noch überzeugen.

Die Lehren aus Zypern - der Sparer verliert

Die Sparer, die Inhaber von Girokonten, die Tagesgeld- und Festgeldanleger und die Inhaber von Sparbüchern auf Zypern lernten, dass sie Gläubiger ihrer Bank sind. Sie gaben ihrer Bank in Höhe des angelegten Geldes einen Kredit gegen Zinsen und hofften auf Rückzahlung, wenn sie ihr Geld wieder abheben wollen. Sie bauten auf Vertrauen. Haben sie dort ihr Sparkonto, haben sie aber nur eine Forderung an ihre Bank in Höhe ihrer Spareinlagen. Nicht mehr. Und geht ihre Bank unter, gehen sie mit. Nur wollten sie ihrer Bank ja kein Geld „leihen", sondern es dort sicher und liquide aufbewahren. Vielleicht wollten sie auch nur am bargeldlosen Zahlungsverkehr teilnehmen und ein bißchen Geld „zur Seite" legen und suchten darum eine Bank. Nun lernen sie auch noch, was „Gläubigerbeteiligung" an einer Bankenrettung bedeutet, denn sie sind mit ihren Einlagen ein Gläubiger der Bank. Gläubiger kommt von Glauben: sie glauben daran, dass sie ihr Geld wiedersehen. Im Gegensatz zu den Aktionären der Bank und den Gläubigern einer Bankanleihe, die bei einer Bankpleite mit Sicherheit ihr Geld verlieren, fühlten sich die Sparer sicher. Nun begreifen sie ihren Irrtum. Und noch etwas lernte der Sparer: Legt er Bargeld bei einer Bank an, verwandelt er ein offizielles, sofort einsetzbares Zahlungsmittel in Buchgeld. Er hat ein Guthaben bei der Bank. Kommt die Bank in Schieflage und werden die Bankautomaten gesperrt, sieht er von seinem Bargeld nichts wieder, denn daraus ist mit seiner Einzahlung Buchgeld oder Giralgeld geworden. Und das hat längst ein anderer. Er hat nur noch eine Forderung an die Bank. Und die Erinnerung an sein Geld. Eine Bank kann kein Bargeld drucken, das kann nur die EZB. So kam das Mißtrauen in die Welt.

Mehr Europa, der Europäische Erweiterungsprozeß

Die EU steht unter Spannung. Es sind zerreißende Kräfte. Eine Kraft zieht in Richtung Vertiefung, die zweite Kraft will die Stabilisierung und die dritte will die Erweiterung. Nach innen, zur Seite und nach vorn. Es fehlt die Architektur der Mitte. Einen gemeinsamen Anker, eine europäische Philosophie oder auch nur eine gemeinsame Vision von Europa, gibt es nicht. Die EU28 drohen in diesem Bermudadreieck zerrissen zu werden. Euroland, die 19 Staaten in der Eurowährung, streben Richtung Vertiefung und Vergemeinschaftung, die 9 „nicht Euro" Staaten treiben die Erweiterung voran, und alle 28 vermeiden die Stabilisierung der Konstruktion EU, weil diese mit mühsamen Anpassungen an die Kräfte der Globalisierung, mit Reformen der Sozialsysteme, mit dem Aufbau wettbewerbsfähiger Wirtschaftssysteme, mit den Anstrengungen einer sparsamen Haushaltsführung und mit einer Abkehr von schuldenfinanzierten Wachstums- und Konjunkturprogrammen verbunden wäre. Von einer gemeinsamen Außen- und Sicherheitspolitik, von einer gemeinsamen Energie- und Umweltpolitik gar nicht zu reden. Der Riss, die Kluft, aber auch die politische Distanz zwischen den 19 und den 9 Staaten, wird immer tiefer. Vertrauen wurde ein seltenes Gut.

Vertiefung:
Weitere Integration, Schuldenunion, Regelwerke, Einheitsstaat.

Stabilisierung:
Reformen, Wettbewerb, Finanzdisziplin, Wachstum.

Erweiterung:
Neue Mitglieder der EU, das große Europa, weite Grenzen.

Neue Sorgenkinder streben in die EU: Serbien, Kosovo und die restlichen Balkanstaaten.

Die Türkei schwankt zwischen reingehen und draußenbleiben. Die Ukraine konnte sich zwischen Russland und der EU nicht entscheiden, neigt jetzt aber eher zur EU. Diesen Annäherungsprozeß will Russland unbedingt verhindern.

Die EU Erweiterung war ein langwieriger, aber gewollter Prozess. In unterschiedlich langen Zwischenphasen vergrößerte sich die EU:

1957 (EU-6)
Belgien, Niederlande, Luxemburg, Deutschland Frankreich, Italien (die ehemalige EWG).

1973 (EU-9)
Großbritannien, Irland, Dänemark.

1981 (EU-10)
Griechenland.
1986 (EU-12)
Spanien, Portugal.

1995 (EU-15)
Österreich, Finnland, Schweden.

2004 (EU-25)
Estland, Lettland, Litauen, Polen, Tschechien, Slowenien, Slowakei, Ungarn, Malta, Zypern.

2007 (EU-27)
Bulgarien, Rumänien.

2013 (EU-28)
Kroatien.

Auf dem Weg zu neuen inneren Grenzen

In einigen EU Ländern zeigen sich Separationstendenzen. Schotten, Südtiroler, Flamen und Katalanen wollen aus ihren Nationen und bisherigen Nationalstaaten austreten. Abgrenzende Nationalismen kehren zurück. Regionale Volksabstimmungen wurden angestrebt. Verschiedene Austrittstermine werden unter den Separatisten gehandelt. Sicher hat vieles mit Frustrationen über die vermeintliche Eurobürokratie und die Rolle der Regionen als Zahlmeister für die Geldverschwendung ihrer Nationalstaaten zu tun. Aber auch mit der allgemeinen Unzufriedenheit über ihre Regierungen. Es sind die wirtschaftlich starken Regionen, die ausbrechen wollen. Ihr BIP pro Kopf liegt jeweils über dem Landesschnitt und weit über anderen Landesregionen. Und jede Region hat für den Austritt ihre historischen Gründe. Sie wollen einfach nicht in den europäischen Einheitsstaat. Sie trauen Brüssel nicht mehr, sie vermissen eine „europäische Erzählung", die ihnen den Sinn des Bleibens erklären müßte. Es fehlt das Wohin. Mit welchem „Narrativ" soll die Jugend Europas für die EU begeistert werden? Viel mehr als allzu trockene Bürokratensprache und unbegreifliche Schuldenberge hat Europa derzeit nicht zu bieten. Ein in sich kreisendes „Institutioneneuropa" ohne klare Zukunftsvorstellungen hat eben wenig Anziehungskraft.

Jugendarbeitslosigkeit

Ein für die EU und Euroland beschämendes Versagen zeigt die hohe Jugendarbeitslosigkeit. Sie ist auch ein für die Abkehr von Europa besonders in den Südländern verantwortliches Motiv. Im Kampf gegen die Arbeitslosigkeit junger Menschen in den Südländern nannten die Herren van Rompuy und Barroso das Treffen der damals noch 27 Staats- und Regierungschefs im Juni 2013 in Brüssel einen „produktiven EU Gipfel". In acht EU Ländern war mindestens ein Viertel der jungen Leute arbeitslos, abgehängt von einem selbst finanzierten Berufsleben. Schaut man genauer hin, sind die Zahlen noch erschreckender. Europa hatte es nicht verstanden, der jungen Generation eine Zukunft zu geben. In der Europäischen Union waren in 2014 nach den Zahlen der Statistikbehörde Eurostat rund 5,6 Millionen oder 23,5% der jungen Menschen unter 25 Jahren[11] ohne Arbeit:

Land	Quote in %
Spanien	53,5
Kroatien	52,0
Griechenland	49,8
Italien	43,9
Portugal	34,5
Frankreich	25,4
Deutschland	7,4

Bis heute hat sich an dieser Situation praktisch nichts verändert. Man muss aber daran erinnern, dass die Jugendarbeitslosigkeit in den Südländern auch schon Ende der 80er und Mitte der 90er Jahre hoch war. Politik und Wirtschaft der Südländer haben seit Jahrzehnten für ihre junge Generation zu wenig getan. Das „duale System" war in den Ländern weitgehend unbekannt oder wurde als typisch deutsche Einrichtung abgelehnt. Jetzt fordern die Länder aber Geld aus den europäischen Fördertöpfen. Zur Bekämpfung der Jugendarbeitslosigkeit sind im EU Haushaltsplan bis 2020 sechs Milliarden Euro vorgesehen, die bereits in 2014 und 2015 ausgegeben werden sollten. Wie und wofür ist nicht klar. Auch sollen nicht verwendete Mittel aus EU Töpfen herangezogen werden, so dass die Gesamtsumme auf acht Milliarden aufgestockt werden kann. Dem hat das EU Parlament zugestimmt. Auch hatte der Brüsseler Gipfel vom Juni 2013 eine Ausbildungs- und Jobgarantie beschlossen, „Jugendgarantie" genannt. Dieses Ziel wurde von Frau Mer-

---

11 Anteil 15-24-jähriger an Erwerbspersonen gleicher Altersklasse

kel „sehr ambitioniert" genannt. Europa konnte Banken mit hunderten Milliarden Euro retten, aber für die Ausbildung und Beschäftigung der Jugend hatte man weder Geld noch Ideen. Man hatte die Jugend in den sieben Jahren der Banken- und Staatsretterei einfach vergessen!

Die EU garantierte in 2013, dass jeder junge Europäer unter 24 Jahren binnen vier Monaten einen Arbeits- oder Ausbildungsplatz oder ein Praktikum bekommt. Daraus wurde auch in 2014 nichts. Wie will man eine derartige Garantie einlösen? Mit welchem und wieviel Druck auf die Unternehmen und Ausbildungsstätten? Man hätte diese Garantie auch Leichtsinn nennen können.

Produktive Arbeitsplätze lassen sich nicht verordnen, auch nicht vom Staat und seinen Behörden. Außerdem ist das Thema „Arbeit" gar keine „Brüsseler" Zuständigkeit. Die liegt bei den Nationalstaaten. Jedes Land ist in seiner Arbeitsmarktpolitik souverän. Was wirklich umgesetzt wird, bleibt abzuwarten.

Die hohe Jugendarbeitslosigkeit ist wohl das dringendste sozial-, bildungs- und arbeitsmarktpolitische Problem der EU. Wir verlieren dadurch fast die Hälfte einer Generation junger Europäer vor allem im Süden der EU und damit das Vertrauen der Jugend in die Zukunftsfähigkeit und Glaubwürdigkeit dieser Europäischen Union.

Weitere Beschlüsse des Gipfels im Juni 2013

Die Regierungschefs der EU beschlossen auch eine engere Abstimmung in der Wirtschaftspolitik. Wie man mit „Abstimmung" Arbeitsplätze schaffen will, blieb noch unklar. In früheren Jahren hieß es in der deutschen Wirtschaft: Arbeitsplätze schafft man durch Arbeit in den Unternehmen – nicht durch „Abstimmung". Die Länder sollten sich nun über konkrete Verträge mit der EU Kommission auf Reformen verpflichten. Das sollte die Verbindlichkeit stärken und es den Regierungschefs schwerer machen, ihren Bürgern unpopuläre Schritte als Diktat aus Brüssel zu verkaufen. Zu diesem Zweck sollten „Indikatoren der Wettbewerbsfähigkeit" formuliert werden. Bis heute gibt es diese Indikatoren nicht. Hier möchte sich die EU-K wohl vor dem Mißlingen ihrer Aktivitäten rückversichern. Wie aus Indikatoren, Abstimmungen und Verträgen der EU-K Arbeitsplätze entstehen sollen, blieb das Geheimnis der Politiker und Eurokraten. Ferner wurde über einen „Solidaritätsfonds" philosophiert, der den Reformwillen belohnen könnte. Zuvor müßten dafür aber die Indikatoren akzeptiert und die Verträge ausgehandelt werden. Spätestens nach diesen Ideen können sich Manager aus der Realwirtschaft und freie Unternehmer nur mit Grausen abwenden. Vielleicht wollte man sich auch nur in die Sommerferien retten. Und noch eine Idee hatte der Gipfel parat: Man will kleinen und mittleren Unternehmen den Zugang zu günstigen Krediten erleichtern und so indirekt die Einstellung Jugendlicher fördern. Der Luxemburger Ministerpräsident Juncker sah schon eine „Sozialkrise". Das Abschlußdokument zur Dimension der sozialen Krise wäre „dürftig" befand Juncker. Damit vermieste er seinen Kollegen das als „produktiv und erfolgreich" hochgelobte Gipfeltreffen. Und noch ein Ergebnis. Der „Bankenrettungsfonds" kommt.

Das Europaparlament läßt von sich hören
Vertrauensverluste

Der ehemalige Präsident des Europaparlaments[12] und Vorsitzer der Konrad Adenauer Stiftung, Hans-Gert Pöttering, ließ in einem Interview am 25. Juni 2013 mit bemerkenswerter Offenheit die Erfahrungen aus seiner Parlamentsarbeit erkennen: „Wir müssen die EU Kommission verkleinern. 15 Kommissare wären ausreichend. Länder, die keinen Kommissar stellen, können etwa Staatssekretäre erhalten. Die

---

12 von 2007 bis 2009

Kommission sollte sich zu einer echten europäischen Regierung entwickeln. Der Kommissionspräsident muss als zukünftiger Regierungschef für die Menschen stärker sichtbar sein."

Pötterings Logik: Vertrauensverluste werden kompensiert, wenn man aus dem Kommissionspräsidenten einen „Regierungschef Europa" macht. Nach neuen Umfragen ist sicher: Es gibt einen dramatischen Vertrauensverlust der Menschen in nationale und europäische Institutionen. Martin Schulz, Präsident des EP: „Da darf man nicht davon träumen, wie die EU in zehn Jahren aussehen soll". Der Problemberg ist gewaltig: Insbesondere die Jugendarbeitslosigkeit in den Südstaaten, die wirtschaftlichen Ungleichgewichte zwischen den Nord- und Südländern der Eurozone, die Schuldenkrise in allen EU Staaten, die Haushaltsfinanzierung, die Steuerflucht, die ungeordnete Zuwanderung in die EU, die Freizügigkeit, Klimaschutz und Umwelt, die unsichere Energieversorgung -alles ungelöste aber drängende Probleme in Europa. Die erkennbar fehlende Problembewältigung schwächt Europa auch in den Augen der EU ferneren Nationen. Das alles führt dazu, dass EU Europa als wichtiger Faktor und ernstzunehmender Gestalter in der Weltpolitik ausfällt. Damit müßte sich die EU beschäftigen- in breiter Kommunikation mit ihren Bürgern.

EU Haushaltsplan 2014 - 2020

Dann gab es doch noch einen Haushaltsplan für die EU: Auf dem Gipfel vom Juni 2013 einigte man sich auf einen Finanzrahmen für die EU von 960 Milliarden Euro für den Zeitraum 2014 bis 2020. Ohne eine Einigung hätte die EU mit jährlichen Notbudgets leben müssen. Die Parlamentsabgeordneten in Straßburg hatten eine Einigung wochenlang blockiert, weil ihnen die ersten Haushaltsansätze zu niedrig erschienen. Sie möchten gerne mehr von dem Geld ausgeben, das die 28 Staaten der Union an Brüssel geben sollen.

Der erste „Sparhaushalt" der Union legt für das Eingehen
von Zahlungsverpflichtungen die Obergrenze auf 960 Milliarden Euro fest. Für die tatsächlich zu leistenden Zahlungen
liegt das Maximum bei 908 Milliarden. Nun will das Europaparlament wenigstens darüber mitbestimmen, wie die knappe Billion Euro in den kommenden sieben Jahren verteilt
werden soll. Besonders betont wurde, dass künftig einzelne
Budgetposten innerhalb des Haushalts und zwischen den
Jahren verschoben werden können. Nicht abgerufene Gelder
bleiben in Brüssel und müssen am Jahresende nicht mehr an
die Mitgliedstaaten zurück überwiesen werden.

Aus der Staatsschuldenkrise in die „Eurokrise"?

Krise ist ein Begriff, den die alten Griechen prägten. Er steht
für eine Entscheidungssituation, eine Zuspitzung, einen
Wendepunkt. In der Medizin ist die Krankheit auf ihrem
Höhepunkt „in der Krise". Es entscheidet sich das Schicksal
des Patienten. In Ökonomie und Gesellschaft geht es in der
Krise auch um Wendepunkte, steht man an Weggabelungen.
Wir können entscheiden: Weiter so, Schritt für Schritt auf
dem eingeschlagenen Weg weitergehen. Wir können in eine
Schockstarre fallen nach dem Prinzip: Wenn du nicht weißt,
was du tun sollst, tue nichts. Oder wir können umkehren,
indem wir erkennen, der bisherige Weg war ein Irrtum. So
ähnlich geht es uns in Euroland, denn wir haben eine Krise,
nur was tun? Und wie der Arzt vor die Therapie die Diag-
nose stellt, sucht auch der Ökonom zuerst nach der Diagno-
se. Haben wir eine Schuldenkrise oder eine Eurokrise? Es
gab zu Beginn des ersten Dezenniums eine sich permanent
verstärkende Kreditblase. Die Banken in aller Welt gaben
nahezu unbegrenzt Kredite an die Projektentwickler in der
Bauwirtschaft, dann auch an die einfachen und finanzschwa-
chen kleinen Immobilienerwerber. Dies geschah vor allem in
den USA und in China, aber auch -getrieben durch das billige
Geld- in Euroland, hier vor allem in Irland und in Spanien.

Diese Immobilien Kreditblase platzte 2007 zuerst in den USA. Daraus entstand eine Immobilienkrise in den USA, dann stürzten die Immobilienmärkte in Irland und in Spanien ab. Die Preise für Immobilien brachen ein. Die Banken hatten diese Immobilienmärkte finanziert, erhielten aber nun ihre Kredite nicht zurückgezahlt, saßen auf nahezu wertlosen Kreditverbriefungen, auf Hypotheken und auf unverkäuflichen Objekten. Sie mussten die Kredite abschreiben und gerieten nun selbst immer weiter in die Verlustzone. Die Bankenkurse fielen. Daraus entstand eine weltweite Bankenkrise, denn die Banken hatten die Immobilien finanziert, dann die Kredite in sogenannten „strukturierten Papieren" gebündelt und diese Kreditpakete mit den darin enthaltenen Risiken weltweit an andere Finanzinstitute verkauft. Auch die Banken in Euroland kauften diese von ihnen kaum verstandenen Papiere in großen Posten, denn sie waren mit guten Noten der Ratingagenturen ausgestattet. Da Banken auch Gläubiger anderer Banken sind, riss der Wertverlust auch andere Banken mit in die Tiefe. Mit dem Platzen dieser weltweiten „Subprime" Kreditblase kam die Krise auch in Euroland an.

Die Staaten wollten nun ihre Banken vor der Pleite retten, denn die Banken waren schließlich ihre Finanziers. Diese Bankenrettung stürzte vor allem die USA, Irland und Spanien in eine extreme zusätzliche Verschuldung. Auch Deutschland musste vor allem seine Landesbanken „retten", die sich an der Zockerei mit den Kreditverbriefungen beteiligt hatten. Aus der Bankenkrise wurde so eine Staatsschuldenkrise. Das Übel steckte in den Banken, nicht in den Staaten. Da sich nun auch in Euroland die Krise in einem schwächeren Außenwert der Währung, des Euro, zeigte, erfand man zur Verschleierung der zugrunde liegenden Übel und zum Schutz der Verursacher den Begriff „Eurokrise". Die wahren Übeltäter waren aber die Banken. Nachdem die Bankenvertreter den Regierungschefs der Eurozone eingeredet hatten, sie müßten die europäische Währungsunion, das Eurosystem und damit vor allem die Banken retten, begann in 2010 die eigentliche Staatsschuldenkrise und die Sammlung der staatlichen Wackelkandidaten Griechenland, Irland, Portugal, Spanien unter den „Rettungsschirmen". Italiens Schulden wanderten mit dem Ankauf von 100 Milliarden italienischer Staatsanleihen auf die Bilanz der EZB. Nur waren in diesem Spiel die fünf Südländer, die sogenannten GIPSI Staaten, neben ihren eigenen Versäumnissen, mit der Schuldenübernahme für die Banken bei weitem überfordert und gerieten in die Nähe des Staatsbankrotts. Mit der Bankenrettung wollten die Staaten aber nicht nur ihre eigenen Finanziers retten, sondern auch die hinter den Banken stehenden Gläubiger. Diese Gläubiger waren aber überwiegend wieder private Finanzinstitute, Banken, Pensionsfonds und Versicherungen, die sonst Geld verloren hätten. Um das zu verhindern, erfand man den Begriff der „Systemrelevanz". Es gelang den Bankenvertretern, den Regierungen klar zu machen, dass mit den Verlusten bei diesen privaten Gläubigern und eventuell daraus folgenden Pleiten das Vertrauen in die Finanzwelt zusammenbrechen würde, mit ungeahnten Folgen. Deswegen sei es nötig, die private Finanzindustrie zu retten und die öffentlichen Haushalte zum Gläubiger zu machen. Da die Staaten aber auch kein Geld hatten, wurden neue Schulden gemacht. Für diese Schulden erfand man als Träger die „Rettungsschirme" EFSF und den späteren ESM mit über 700 Milliarden Haftungskapital. Dahinter stehen in der Endhaftung die Bürger und die Steuerzahler aller Euroländer entsprechend den staatlichen Beteiligungsschlüsseln an diesen Institutionen. Fallen die Problemländer, auch „Programmländer" genannt, wegen eigener Finanzschwäche aus der Haftungsriege heraus, steigen entsprechend die anteiligen Haftungssummen der verbleibenden Staaten. So landeten private Schulden der Finanzindustrie beim Steuerzahler. Oder anders formuliert: Aus privaten Gläubigern wurden öffentliche Gläubiger: Die

EZB, der IWF und die Rettungsschirme EFSF und ESM. Dahinter standen die Staaten, und damit die Euro Staatshaushalte. Danach kommt nur noch der Steuerzahler. Niemand aus der Euro Finanzwelt hat den Regierungen erklärt, man hätte zur Warnung an andere „Global Player" der Finanzindustrie auch die eine oder andere Bank in die Pleite gehen lassen können. Im Gegenteil, es wurde als abschreckendes Beispiel die Pleite von Lehman Brothers zitiert, die aber eine Investmentbank und keine Kreditbank war. Damit war ein Horrorszenario aufgebaut. Der anfängliche Mut, „kein Geld für Griechenlands Banken", vor allem in der deutschen Politik, war schnell verflogen. Jetzt hieß es nur noch, Rettungsschirme müssen gespannt werden. Eine Bankenpleite in Euroland wäre ein Tabubruch. Denn hinter Griechenlands Banken standen als Gläubiger griechischer Anleihen vor allem französische, italienische und deutsche Banken. Das sagte man aber nicht so laut. Mit diesem dramatischen Krisenablauf landete die Haftung für die Schulden der maroden Banken zuerst bei deren Heimatstaaten und danach bei den für diese Schulden bürgenden Euro Staaten. Nur wurden in diesen verschleiernden Prozeduren nicht die Staaten gerettet, sondern zunächst die Banken. Die Staatsschulden stiegen durch die Bankenrettung weiter an. Die überschuldeten Staaten zahlten den Banken aus den Rettungsgeldern die fälligen Staatsanleihen zurück, in denen jene Banken mit hohen Zinsen bei niedrigen Einstiegskursen und 100%-iger Rückzahlung glänzend verdient hatten.

Es gab nie eine Eurokrise

Das Ganze war trickreich gespielt: Die privaten Finanzinstitute waren aus dem Schneider, die GIPSI Staaten saßen auf den Schulden und die Steuerzahler in der Haftung. Es gab nie eine Eurokrise. Die „Eurokrise" ist eine Metapher, ein Schlagwort für verschiedene Krisensymptome in der wirtschaftlich zwischen Nord und Süd gespaltenen Eurozone. Wenn der EZB Präsident Mario Draghi davon spricht, er will den Euro retten, meint er die Rettung der Banken, niedrige Zinssen für die Krisenländer und den Zusammenhalt der Eurostaaten als Währungsgebiet. Euroland soll in der jetzigen Zusammensetzung mit den 19 Euro Ländern unbedingt erhalten bleiben, koste es, was es wolle. Damit das so bleibt, will Draghi vor allem die Banken im Süden Eurolands sanieren und versorgt sie mit Liquidität zu Minimalzinsen und durch Absenkung der Anforderungen an die Werthaltigkeit der für neues Geld einzureichenden Sicherheiten. Damit die Banken mit dem EZB Geld die hoch rentierlichen Schrottanleihen der Schuldnerstaaten kaufen, sicherte er ihnen im Juli 2012 deren Abnahme (Aufkauf) zu. Die Zusicherung genügte. Finanzmärkte und Börsen jubelten. Dieses Spiel nannte man „Eurokrise mit Eurorettung" und klopfte sich kräftig auf die Schultern. Die Banker schlugen sich auf die Schenkel: Vor Lachen! Der Bürger hatte nur noch nicht gemerkt, dass er wieder einmal der Dumme ist, denn er muss für die Schulden zuerst haften und später zahlen. Auch er steht an einer Weggabelung. Es drohen ihm sechs steinige Wege, die er sich nicht einmal aussuchen kann. Er kann sogar auf mehrere parallel laufende Wege geführt werden, die in eine breite Straße münden. Auf allen Wegen wird ihm das Geld abgenommen. Auf allen Wegen wird er straucheln, fallen und leiden:

- Der Staat kann Sozialausgaben kürzen, Wohltaten wieder einsammeln
- Der Staat kann Steuern und Gebühren erhöhen
- Der Staat kann zusehen, wie Sparer, Rentner und Versicherte unter der Niedrigzinspolitik der EZB leiden
- Der Staat kann sich über eine schleichende Inflation langfristig entschulden
- Der Staat kann seinen Bankrott erklären
- Der Staat kann eine Währungsreform machen
- Der Staat kann den Bürger sogar zuerst über die Wege eins bis vier gehen lassen, parallel oder im Gänsemarsch

und spart sich den fünften und sechsten Weg für den Schluß auf.

Das Prinzip: Das Schlimmste kommt zum Schluß. Das Ergebnis ist immer das Gleiche: Ein ärmerer Bürger.

Der „Europäische Stabilitätsmechanismus" (ESM)

Der „Europäische Stabilitätsmechanismus", den es eigentlich nie geben sollte, verfügt über 705 Milliarden Euro Stammkapital und kann bis zu 500 Milliarden Euro Kredite vergeben. Der ESM, gegründet September 2012, hatte Mitte 2013 den Rettungsschirm EFSF sowie die über den EU Hilfstopf EFSM vergebenen Kredite vollständig übernommen und trägt jetzt allein die Kreditfinanzierung der Krisenländer. Der ESM ist als Schattenhaushalt konstruiert, dessen Schulden daher den Mitgliedsländern nicht zugerechnet werden. Damit sind die deutschen Anteile zwar aus dem Bundeshaushalt verschwunden, bedeuten aber bei voller Ausnutzung des ESM Kreditrahmens eine deutsche Haftung von 168 Milliarden Euro.

„Zweck des ESM ist es, Finanzmittel zu mobilisieren und ESM Mitgliedern, die schwerwiegende Finanzierungsprobleme haben oder denen solche Probleme drohen, unter strikten wirtschaftspolitischen Auflagen eine Finanzhilfe bereitzustellen, wenn dies zur Wahrung der Finanzstabilität des Euro Währungsgebietes insgesamt unabdingbar ist"[13]. Finanzhilfen sind Notkredite und Bürgschaften.

Der ESM hat zu prüfen

1. Liegt eine Gefahr für die Finanzstabilität des gesamten Währungsgebietes vor?

2. Ist die Tragbarkeit der Staatsverschuldung des ESM Mitglieds gegeben?

3. Wie hoch ist der tatsächliche Finanzierungsbedarf des ESM Mitglieds?

---

13 Artikel 3 des ESM Vertrags, Artikel 136 AEUV

Bei positiver Bewertung beauftragt der ESM die EU-K, mit dem Mitgliedsland eine Absichtserklärung (MoU[14]) auszuhandeln, in der die wirtschaftspolitischen Bedingungen der Finanzhilfe festgelegt werden. Billigt der ESM die MoU, entscheidet der „Gouverneursrat" des ESM über die Gewährung der Finanzhilfe. Die Bedingungen 1. und 2. sind bei rechtlicher Würdigung für das ESM Mitglied Griechenland kaum gegeben. Es liegt keine Gefahr für die Finanzstabillität des gesamten Währungsgebietes vor. Und es ist auch keine Tragbarkeit der Staatsverschuldung Griechenlands erkennbar. Athen dürfte daher keine Kredite aus dem ESM erhalten. Die EU-K versucht gerade, beide Bedingungen im positiven Sinne zu konstruieren. Diese 500 Milliarden wecken aber Begehrlichkeiten. Auch in Athen.

Und immer wieder Griechenland

„Meine Herren, bedauerlicherweise sind wir bankrott" sagte schon Charilaos Trikoupis, griechischer Ministerpräsident, vor dem Parlament Griechenlands im Jahre 1893.

Heute, 122 Jahre nach dieser fast prophetischen Parlamentsrede, hören wir den gleichen Satz wieder, aber vom griechischen Finanzminister. Am 25. Januar 2015 wurde ein neues Parlament gewählt. Gewinner war das linkspopulistische Parteienbündnis Syriza. Koalitionspartner wurde die rechtsradikale ANEL. Regierungschef wurde Alexis Tsipras, Finanzminister Yanis Varoufakis. Nun steht die siebte Staatspleite ins griechische Haus. Griechenlands „never ending story". Neu ist nur: Man will nicht mehr mit den Geldgebern arbeiten. Die „Troika" soll sofort aus Athen verschwinden, forderte die neue Regierung!

Die „Troika": EU, EZB, IWF

Mit der Troika, die nun „die Institutionen" heißen, wollten die Geldgeber prüfen, was die Griechen mit den Hilfsgeldern

---

14 MoU = Memorandum of Understanding

so alles treiben. Setzt man die getroffenen Vereinbarungen in Athen auch um? Die Troika wurde geboren aus der Not und unter Zeitdruck. Sie ist ein Papier Kompromiß. Als im Mai 2010 die Staatspleite Griechenlands mit viel Geld verhindert wurde, brauchte man eine „vor Ort Kontrolle" der Vereinbarungen. Die Einhaltung beschlossener Sparmaßnahmen und Reformen musste überwacht werden. Bei den vielen Milliarden ja kein unbilliges Verlangen. Aber mit der Kontrolle der konkreten Umsetzung in der Praxis haperte es. Man kontrollierte formal nach den Papiervereinbarungen. Die Troika hat sich zu sehr auf „Erzählungen", auf Absichten, auf Tabellen, auf Exel Arbeitsblätter der abgewählten Regierungen verlassen müssen. Vereinbarungen wurden „auf Papier" abgehakt, aber deren konkrete Umsetzung konnte nicht in der Realität überprüft werden. Mit knapp vier Dutzend Experten für einen weit verzweigten Inselstaat geht das auch nicht. Deutschland wollte den IWF wegen seiner internationalen Expertise für die Kontrollen dabei haben, Frankreich wollte die EZB. Der EU, der für die Prüfungen eigentlich zuständigen Institution, traute man nicht, aber sie durfte dann doch mitspielen. Der IWF wurde durch die beiden Mitstreiter EU und EZB, besser die „Aufpasser" genannt, in seiner Arbeit nur behindert. Überall auf der Welt saniert der IWF die maroden Staaten nach seinem bewährten Verfahren:

1. Eine Analyse der staatlichen Schuldentragfähigkeit

2. Wenn die nicht gegeben ist, dann Schuldenschnitt

3. Harte Strukturreformen, die eine staatliche Effizienz begründen bzw. stärken

4. Ein IWF Kredit mit strengen Auflagen, auch für die Einhaltung der Zins- und Tilgungsbedingungen

5. Fortschritte der Realisierung werden laufend überprüft

Alles das war dem IWF im Falle Hellas verwehrt worden. So machten die „Troikaner" in 2010 ihre ersten Besuche in Athen, „Review Mission" genannt. Die Troika dachte, sie

käme in ein Land halbwegs moderner Verwaltungsabläufe.
Ein grandioser Irrtum. Die Inspekteure prüften den Zustand
der Finanzen und die Organisation der Ministerien – und sie
entdeckten eine unerwartete, in ihren Ausmaßen unvorstell-
bare administrative Misere. Staatsfunktionen in der Hand
korrupter Parteien. Desorganisation als System! Keine Regel
ist auch eine Regel! Die Experten der Troika vertraten nur
die drei Geldgeber. Trotzdem zogen sie den Hass der Griechen auf sich, prüften sie doch die mit Athen vereinbarten
Anstrengungen der griechischen Behörden auf ihre Einhaltung. Das wollte die Bürokratie nicht. Vereinbarte Reformge-
setze wurden im Nachhinein verändert, verschleppt oder gar
nicht ausgeführt. Bevorzugte Günstlinge wurden geschont,
Parteikader geschützt. Der einfache Bürger, der Rentner, der
kleine Angestellte, alle, die sich nicht wehren konnten, wurden dafür stärker belastet. Wurde die Bürokratie bei Trick-
sereien ertappt, war man sehr verärgert. Man läßt sich in
einem selbstbewußten Land nicht gerne kontrollieren. Und
schon gar nicht von den ungeliebten Ausländern. Hauptsa-
che das Geld kommt. Die Aggressionen richteten sich auch
gegen die Nordländer, vor allem gegen Deutschland und
seine Kanzlerin. Sie wird für die wirtschaftliche Misere des
Landes als verantwortliche „Sparkommissarin" attackiert.
Die Retter sind die Schuldigen. Grotesker geht es nicht. Man
will auf gar keinen Fall die „katastrophale" Sparpolitik der
Troika fortführen. Das war der Wahlslogan der linksradika-
len Parteiengruppierung Syriza. Dafür wurde sie gewählt.
Fünf lange Jahre gab es schon Spar- und Reformkonzepte,
die einfach nicht vereinbarungsgemäß umgesetzt wurden.
Nun wollte man sie überhaupt nicht mehr.

Das „Chicken Game"

Das Spiel, auch das „Feiglingspiel" genannt, geht so: Es ra-
sen zwei Autos auf die Klippen zu. Wer zuerst abspringt hat
verloren. Er ist der Feigling. Man kann das Spiel auch „Griechisches Mikado" nennen. Wer sich zuerst bewegt, hat verlo-

ren. Am 11. Februar 2015 saß die Eurogruppe mit dem neuen griechischen Finanzminister Yanis Varoufakis zusammen, um einen Weg aus der Finanzkrise zu finden. Sie spielten das doppelte Spiel. Aber keiner bewegte sich. Lange nach Mitternacht verkündete der sichtlich genervte Vorsitzer Jeroen Dijsselbloem, dass man ergebnislos auseinandergegangen sei und sich am 16. Febrar erneut treffen wolle. Neue Absichten wurden erklärt. Ein brauchbares Papier kam nicht zustande. Die hartleibigen, auf die geschlossenen Verträge pochenden Euro Finanzminister wurden mit Drohungen über die neuen Kreditgeber aus China und Russland konfrontiert. Die Griechen wollten nur einen Schuldenerlaß und keine Reformen mehr. Die Klippen kamen näher. Der Kern des Konflikts: Athen will überhaupt nichts zurückzahlen, oder erst an dem berühmten „Sankt Nimmerleinstag" mit Hilfe sogenannter „Ewigkeitsanleihen", mit entwertetem Papier(-geld). Die Zukunft ist ja noch weit. „Ad calendas graecas"[15] nannten das die Römer: Nie! Vollkasko ohne Selbstbehalt ist das Konzept der neuen Regierungspartei Syriza. Das will man den Geldgebern abpressen. Nun spielte man auf Zeit, nicht mehr das Chicken Game, in der nicht abwegigen Annahme, die Eurostaaten werden schon entnervt einknicken. Bisher gaben sie ja immer nach. Nun wollte man Marathon laufen. Das Bild von dem Chicken Game stammt übrigens aus dem James Dean Film „Denn sie wissen nicht, was sie tun". Der Filmtitel ist hier auch Programm.

Eine Woche Pokerspiel

Der 20. Februar 2015 brachte eine neue „Vereinbarung": Die EU Kommission, der IWF und die Eurogruppe gestanden eine weitere Verlängerung des laufenden Kredithilfsprogramms bis 30. Juni 2015 zu und hofften auf eine Fortsetzung des darin vertraglich vereinbarten Reformkurses. Aus dem Hintergrund stützte die EZB mit Notkrediten (ELA) die

15 Lateinisch und bedeutet: an den griechischen Kalenden, d. h. niemals, denn die Griechen kannten keine Kalenden.

weitere Zahlungsfähigkeit der griechischen Banken. Die Regierung wollte aber nur ein Kreditprogramm verlängern und die längst überfälligen Reformen drastisch zurückfahren oder ganz aussetzen. Sie kündigte einfach die Vereinbarungen. Der Streit in dem andauernden Verhandlungsmarathon ging darum, wieviel muss Athen selbst leisten, um die noch nicht verfügten 7,2 Millarden aus dem laufenden 2. Hilfsprogramm zu bekommen? Und wie hoch muss der künftige „Primärüberschuß" im Haushalt sein. Das ist der Saldo aus staatlichen Einnahmen und Ausgaben vor fälligen Zinszahlungen und Tilgungen. Dabei war die Berechnungsmethode dafür schon willkürlich festgelegt, um überhaupt etwas Positives zeigen zu können. Sie wurde zwischen den Statistikbehörden Eurostat und Elstat separat vereinbart. Mit medialem Lärm drehte sich die Brüsseler „Konsensmaschinerie". 18 Eurostaaten bestanden auf ihrem Prinzip „Kein Geld ohne Gegenleistung". Also müssen die Forderungsinhalte verdünnt werden. Athen forderte, 30% der vereinbarten Reformen zu ändern bzw. ersatzlos zu streichen. Ginge Europa jetzt wieder zu den bekannten faulen Kompromissen, wird das „Projekt Europa" weiter zerredet und nachhaltig beschädigt. Das nennt man Verlängerung der Konkursverschleppung. Aber Europa lebt nur vom Kompromiß. Es kann auch nicht anders. Bei Erfolg der Zermürbungstaktik wären Ministerpräsident Alexis Tsypras und seine Syriza die großen Vorbilder für andere Krisenländer, denn sie hätten gezeigt, wie man mit diesen „knauserigen" Geldgebern umgehen muss. Der europakritischen Podemos in Spanien zur Nachahmung empfohlen! Aber auch die Euro Kritiker in Frankreich und Italien bekämen gute Argumente gegen die unbequeme „Reformeritis", fälschlich auch „Spardiktat" oder „Austerität"[16] genannt.

---

16 Gabler: von lateinisch „austeritas", dt. Strenge, Herbheit und findet im ökonomischen Sinne Verwendung als Bezeichnung für eine strenge Sparpolitik des Staates.

Die restlichen Alternativen

Es gab nach den verlorenen ersten sechs Monaten dieses dramatischen Jahres 2015 nur noch zwei Optionen: Athen müßte gesetzlich abgesicherte Reformen akzeptieren und umsetzen. Es müßte einer verbindlichen Schuldenquote zustimmen und bekäme Geld aus alten oder neuen Zusagen. Das wollten die Griechen aber nicht. Die zweite Alternative ist mangels einer Staats Insolvenzordnung die ungeordnete Staatspleite mit anschließendem Grexit, dem Ausstieg Athens aus dem Euro. Das wollten sie auch nicht. Den damit verbundenen harten Schuldenschnitt wollen aber die öffentlichen Gläubiger nicht. Zur Belohnung für die Einhaltung von Reformversprechen könnten die Euroländer den Griechen das viel diskutierte „3. Hilfsprogramm" anbieten. Wegen des Zusammenhalts der Eurozone.

Alles nur Machtspiele?

Mit diesen „stop and go" Verhandlungen des ersten Halbjahres 2015 wurde auch ein bravouröses Machtspiel inszeniert. Der kleine David (Alexis) gegen den mächtigen Goliath (Troika). Der moderne David hat nur keine Schleuder. Er sitzt sicher auf seinem Schuldturm und wartet auf den Riesen Goliath, dass der ihn bedrohe. Der arme Grieche gegen die knauserigen Geldgeber. Einer gegen Alle. Ein Drama, das weit über eine Gläubiger/Schuldner Kontroverse hinausgeht. Es ist hoch politisch! Mit archaischen Zügen. Nach Samuel 1, Vers 17 gewinnt der biblische David gegen die Philister. Unserem griechischen David geben die heutigen Philister Geld und tragen seinen Schuldturm ab. Stein für Stein. Der Schwache führt die Starken vor. Athen gegen die 18 Eurostaaten. Hellas gegen Brüssel. Tsipras will nicht mehr mit den kleinlichen, lästigen „Institutionen", früher „Troika" genannt, verhandeln, sondern nur noch mit den Großen in Europa, mit den Staatschefs. Nicht in einem antiken Amphittheater läuft das Spiel, sondern auf offener

Europäischer Bühne - vor den staunenden Augen der Welt. Die verstehen das Spiel sowieso nicht mehr. Aber das Ziel ist klar. Athen will den Sieg: Geld ohne Reformen. Es könnte bekommen, was es will. Wenn die Großen wieder Geld geben, damit Athen seine Schulden bezahlen kann. Nur wird der Schuldturm dadurch nicht kleiner. Europa hätte nur die Steine ausgewechselt! Euro für Euro.

Der IWF will endlich Taten sehen

Nach all den ergebnislosen Treffen verliert der IWF die Geduld. Für den IWF ist die Schuldentragfähigkeit eines Landes die entscheidende Größe. Ist die nicht bei einer Schuldenquote von maximal 120% vom BIP gesichert, darf der IWF kein neues Geld geben. Und die Griechen schlafwandeln zur Jahresmitte 2015 in Richtung 180% staatlicher Gesamtverschuldung: Ohne Geld, ohne Reformen, ohne ein Geschäftsmodell, mit einer unfähigen Regierung und einer miserablen Administration. Daher drängt die IWF Chefin Christine Lagarde die Gläubiger zum Schuldenschnitt. Der Trick: Reduziert ein Haircut die Schulden um 60 Prozentpunkte, fällt die Quote auf 120% und erreicht damit das geforderte Maximum der Staatsschulden. Damit wären fast ein Drittel der Staatsschulden gestrichen. Das sind rund 100 Milliarden. Daher will niemand dieses Unwort Haircut hören, und die damit verbundene Untat seinen Wählern verkaufen! Denn dann müßte man endlich zugeben, dass das den Griechen gegebene Geld zum großen Teil bereits weg ist, und der Rest in der fernen Zukunft verschwindet! Das Problem: Die Troika müßte testieren, d.h. den Staatschefs verbindlich versichern, dass die vereinbarten Reformen ausreichen, um die Staatsschulden nach einem Schuldenschnitt auf einem tragfähigen Niveau zu stabilisieren. Das kann und wird sie nicht tun.

Die EZB kann das Spiel beenden

Mit den zum Ultimo Juni auf fast 90 Milliarden gedeckelten ELA Notkrediten hält die EZB die lokalen Banken liquide und damit das Land über Wasser. Mehr als ein Regelbruch, denn die Banken sind nicht mehr solvent. Und Solvenz ist die Bedingung für EZB Notkredite. Also erklärte sie einfach die Banken für solvent, indem sie ihnen das dafür notwendige Geld gab. Handelte die EZB endlich nach einem transparenten Kriterienkatalog, müßte sie die ELA Hilfen wohl einstellen. Ohne diese Hilfen bräche aber das griechische Bankensystem in wenigen Tagen, und anschließend der Staat, zusammen. Die EZB stützt indirekt einen notleidenden Staat und macht damit Fiskalpolitik! Dazu kommt: Je höher die Notkredite, desto höher die EZB Verluste bei der Staatspleite.

Und noch zwei Lehren

1. Die verweigerte Erkenntnis: Ein überschuldetes Land mit einem weitgehend funktionsunfähigen und reformunwilligen Staat kann man von außen nicht „retten". Man kann aus Europa, aus der EU, bei einer Sanierung nur mit Geld und fachlichem Know-how mithelfen. Retten muss sich das Land schon selbst. Dieser Grundsatz wurde bei der bisher vergeblichen Rettung Griechenlands vergessen, genauer, er wurde bewußt mißachtet. Denn der miserable Zustand Griechenlands war allen „Institutionen" von Beginn an bekannt. Stattdessen wurde immer wieder neues Geld versenkt und viel Zeit verloren. Will man Griechenland doch nicht seinem Schicksal überlassen, könnte die Sanierung innerhalb des Euro geschehen, da die Währungsunion auch insolvente Mitgliedstaaten nicht aus dem bestehenden Euro Währungsverbund ausschließen kann. Ein Mitgliedstaat kann zwar aus der EU austreten, aber aus der Währungsunion nur mit einem Antrag auf der rechtlichen Grundlage des Artikel 352 EU Vertrag. Tritt Athen aus der Währungsunion aus, oder stolpert es im „Graccident" ungewollt aus dem Euro, zuerst in den Staatsbankrott und dann in den „Grexit", würden dem Land mit eigener Währung die

härtesten Jahre bevorstehen. Europa müßte ohnehin an seiner Sanierung mitwirken.

2. In Relation zu den Schulden der Eurozone mit 9,74 Billionen sind Athens 321 Milliarden Schulden aus den Rettungskrediten 3,3%. Im Vergleich zur EU mit 12,8 Billionen Staatsschulden liegt Athen nur bei 2,5%. In den großen Eurostaaten Deutschland, Italien und Frankreich leistet sich jede Regierung rund 2,2 Billionen Staatsschulden. In absoluten Zahlen wären die griechischen 2,5% nur ein kleineres Problem. Doch drohen sie Euroland zu zerreißen. Die Schuldenkrise wurde miserabel gemanagt! Der Ruf der EU ist beschädigt.

Die Welt reagiert auf die Unfähigkeit der EU, das griechische Problem zu lösen, mit zunehmender Kritik und wachsendem Unverständnis! Beschäftigen sich die Retter Athens mit einem Randthema? Eurolands Zukunft entscheidet sich in den großen Staaten, deren Wettbewerbsfähigkeit und ihrer Schuldentragfähigkeit!

Flucht aus der Verantwortung

Die Griechen unterschrieben kein „Brüsseler Verhandlungsdiktat", verließen den Verhandlungstisch der Eurogruppe in Brüssel am 27. Juni, und riefen überraschend eine Volksbefragung für den 5. Juli aus. Sie zahlten auch nicht die am 30. Juni fällige Rate an den IWF. Damit war das zweite Rettungsprogramm mit einem noch abrufbaren Restgeld beendet. Zugesagte Kredite des IWF verfallen. Die Regierung verfügte daher, die Banken wegen fehlender Liquidität ab Montag, dem 29. Juni 2015 -mit wenigen Ausnahmen für Rentner und Leute ohne Bankkarte- für mindestens eine Woche zu schließen. Daraus wurden drei Wochen. Die tägliche Abhebung am Geldautomaten wurde auf 60 Euro pro Konto begrenzt. Kontrollen für Auslandsüberweisungen wurden beschlossen. Danach hatten die Griechen nur einen Euro „2.Klasse": Begrenzte Kontoabhebungen und keine Auslandsverfügungen! Der Außenhandel stürzte ab. Sie stürmten Tankstellen, Supermärkte und Geldautomaten. Das Problem: Griechenland ist eine „Bargeldökonomie"! Hellas will darum unbedingt im Euro bleiben - aber nach dem Referendum ohne Reformen und ohne „Spardiktat". Das Land fiel erst einmal in Schockstarre. Die Weltbörsen zuckten kurz, fanden dann aber bald zur Normalität zurück. Kein Crash. Keine Bedrohung der Finanzstabilität des Währungsgebietes. Das regierungsamtliche Europa signalisierte den Griechen „Gesprächsbereitschaft". Die Versorgung der Griechen mit Medikamenten, Nahrungsmitteln und Energie will Europa mit Geld aus dem EU Haushalt in jedem Fall sicherstellen. Man bereitete sich auf den Staatsbankrott mit dann folgendem Grexit vor. Plan B!

Nach diesem absehbaren Ende ist wohl klar, dass die Syriza Regierung nie eine Einigung mit Europa nach dem Modus „Hilfe gegen Auflagen" wollte, sondern einen völlig anderen Plan verfolgte: Man wollte unbedingt die kritische, faktenprüfende Troika loswerden und danach direkt mit dem „Europäischen Stabilitätsmechanismus (ESM)" „politisch" verhandeln. Dort liegt Geld und da hätte man es nur mit dem „Gouverneursrat" und den Regierungschefs der Euroländer zu tun. Mit Politikern also, die vielleicht leichter für die Rettung Athens zu gewinnen wären als die zahlenfixierte Troika. Meinte man. Nur hatten die Athener Genossen wohl übersehen, dass der ESM noch viel schärfere Auflagen und ein sehr viel komplizierteres Kreditverfahren vorsieht. Sie haben den Eurostaaten und deren Regierungen wieder einmal die schweren Konstruktionsfehler der Währungsunion vorgeführt.

Das Referendum

Am 5. Juli war das Volk von der Regierung Tsipras zum Referendum aufgerufen. Nur worüber von 9,8 Millionen wahlberechtigten Griechen abgestimmt werden sollte, war nicht klar: Sie sollten über den „Entwurf einer Vereinbarung" mit den Geldgebern entscheiden, den diese bereits zurückgezogen hatten. Und den Entwurf sollten sie ablehnen. Neben einer langen Liste mit Spar- und Reformvorschlägen ging es darin auch um eine Analyse der Schuldentragfähigkeit. Auf beides bezog sich die Frage nach Nein/Ja. Ein Fakten- und Meinungswirrwarr wurde landesweit verbreitet. Damit waren die Stimmbürger überfordert, sollten sie sich doch mit einem „Nein" für die Regierungspolitik der Reformverweigerung, oder mit einem „Ja" für die Zwischenergebnisse des Brüsseler Verhandlungsmarathons, also für die Vorschläge der Geldgeber, entscheiden. Viele Griechen dachten, sie würden sich für oder gegen Europa, für oder gegen den Euro, für oder gegen den Grexit entscheiden. Tsipras trommelte dafür, mit einem „Nein" seine künftige Verhandlungsposition, seine Macht zu stärken. Er redete viel von Demokratie, Unterdrückung, Erpressung, Stolz und Würde seines Volkes. Das „Nein" bezog sich auf das Gedächtnis an den „Ochi Tag" den 28.Oktober 1940: Der Widerstand gegen das Mussolini Ultimatum. Tsipras versuchte, über die Beschwörung von Nationalismus und Patriotismus von außen verordnete Reformen zu verhindern. Vor dem Referendum beschimpften er und sein Finanzminister Varoufakis die europäischen Verhandlungspartner als „Erpresser", „Lügner" und „Terroristen". Notwendige Kompromiß- und Konsensfähigkeit, sowie zivilisierter Umgang unter dem gemeinsamen europäischen Dach sehen anders aus. Das Land war nach einem kurzen und hitzigen Meinungskampf mehr denn je gespalten. Das Referendum endete mit einem klaren „Nein", einem 61:39 Sieg für Tsipras und die Syriza. Das Volk hatte „Nein" zu Reformen, „Nein" zum Angebot der Europäer gesagt. EU Europa war schockiert. Wieder schaute man auf die Trümmer der Rettungspolitik.

Die Stunde Null

Die von der EZB gekauften fünf Jahre Zeit waren vertan. Brüssel hatte nicht gedrängt und Athen nicht geliefert. Das bittere Spiel „Griechenlands Rettung" geht weiter. Die Tragödie als Komödie. Der europäische Bürger wendet sich ab und verläßt das Theater. Die Dekoration bleibt. Die Darsteller bleiben. Nur der Shooting Star Varoufakis geht. Am 8. Juli beantragt der neue Finanzminister Euklides Tsakalotos ein weiteres Kreditprogramm beim Euro Rettungsschirm ESM mit einer Laufzeit von drei Jahren. Zeitgleich hält Tsipras eine Rede vor dem EP. Tsipras spaltet die EU. Frankreich und die EU-K sind für weitere Finanzhilfen, Italien und Österreich sind noch unentschieden. Die anderen Eurostaaten sind gegen eine Neuauflage. Darüber hinaus fordert Tsipras wieder einen tiefen Schuldenschnitt. Natürlich verstößt der Schuldenschnitt rechtlich gegen das „bail-out" Verbot in Art. 125, AEUV, und kann nicht innerhalb des Euro erfolgen. Finanzökonomisch bringt er nichts, da die bilateralen Kredite aus dem ersten Rettungspaket ohnehin erst ab 2020, die EFSF Kredite aus dem zweiten Rettungspaket erst ab 2023 in kleinen Raten zurückgezahlt werden. Also braucht man derzeit keinen Schuldenschnitt, denn es drohen gar keine Tilgungszahlungen. Die Zinslast ist mit einem mittleren Zinssatz von 1,35% minimal oder für die Folgejahre gänzlich ausgesetzt. Allerdings muss Athen die Tilgungsraten bei der EZB und dem IWF bezahlen.Wird mit Tsipras' Forderungen und der möglichen Nachgiebigkeit der Partner das Regelwerk der Währungsunion weiter zerstört, fällt der Euro! Die Eurogegner im Süden freuen sich schon.

Das „Schwarze Peter Spiel"

Am Donnerstag, dem 9. Juli trifft pünktlich die Liste mit den neuen Reformvorschlägen bei den drei Institutionen, der Troika, in Brüssel ein. Es sind im Wesentlichen die alten, im Referendum bereits abgelehnten Reformen der Europartner aus dem „Juncker Plan", die Tsipras wieder vorlegt. Er fordert 53,3 Milliarden für seinen Plan vom ESM. Es soll jetzt über ein dreijähriges 3. Programm verhandelt werden. Experten schätzen den Finanzbedarf für den Zeitraum realistischer - auf 80 Milliarden. Nachdem die USA, China und Russland Kredithilfen für Athen abgelehnt hatten, bleibt nur Europa. Die Stimmung dreht sich wieder zugunsten Athens. Keiner der Akteure will für den Staatsbankrott und den danach folgenden Grexit verantwortlich sein. Keiner will dafür den „schwarzen Peter" haben. Als erster findet Frankreichs Präsident Hollande den Plan „seriös" und „glaubwürdig" und präjudiziert damit seine Kollegen im ER. Die EZB hatte mit dem Einfrieren der ELA Kredite die Veranwortung für den Grexit schon an die Politik, den ER, zurückgegeben. Der wartet aber erst einmal auf eine Bewertung der Experten der Troika und der Euro Finanzminister. Merkel und die Nordländer wollen auch nicht die Schuldigen an Griechenlands Staatsbankrott sein. Sie sind noch in Deckung. Juncker hatte den Plan schon gelobt und redete seit Tagen gegen den Grexit. Damit ist er und auch die EU-K die Verantwortung los. Bleibt noch der IWF. Der IWF muss den Finanzbedarf prüfen und die Schuldentragfähigkeit feststellen. Mme. Lagarde fordert für die Zustimmung zu einem 3. Rettungspaket den harten Schuldenschnitt, der bisher vom ER verweigert wird. Damit könnte auch der IWF aus der unangenehmen Rolle des bad guy herauskommen und die Verantwortung wieder auf den ER schieben. Senkt der IWF aber den Daumen, wäre der Grexit Folge der Finanzmathematik des IWF. Und alle anderen können sich dahinter verstecken. Am Sonntag, dem 12. Juli, kommen die 19 Staats- und Regierungschefs der Eurozone zusammen. Sie müssen entscheiden. Es wird ernst. Und teuer.

Das große Unverständnis

Die Fehlschläge der Rettungspolitik sind keine Überraschung. Sie beruhen auf Unverständnis. In Griechenland herrscht „Klientelismus". Der Gehalt des Begriffes „Republik", res publica, ist unbekannt. Regierungspartei, Opposition und Behörden sind hoch vernetzte klientelistische Systeme, die durch Geld des Staates, der EU oder der internationalen Geldgeber ausgehalten werden. Verbunden in langer Traditionspflege! Eine knappe Million öffentlich Bediensteter, jeder vierte Arbeitsplatz, Günstlinge von Partei und Staat, dienen der Absicherung dieses Klientelsystems, sichern die Verteilung von Gefälligkeiten[17]. Dazu kommt: Die politische Elite ist mit der Oligarchie in Wirtschaft und Medien aufs Engste verbunden. 800 Familien verfügen über 90% des BIP. Daher: Kein Geld geben!

Keinen weiteren Kredit für einen „failed state"! Auch ein 3. Hilfspaket ist verlorenes Geld, da die Reformauflagen kaum umsetzbar sind. Sie werden weder von der Regierung noch von den Menschen akzeptiert und mitgetragen.

Will man das aber trotz allem in der Hoffnung, damit Hellas in der EU und im Euro zu halten, braucht die EU scharfe Kontrollen vor Ort: Tausende europäische Fachleute müssten in Griechenland helfen, einen neuen Staat aufzubauen: Finanzämter, Steuerprüfungen, Steuerfahndung, Katasterämter, Einrichtung von Sozial- und Gesundheitssystemen, Prozessabläufe in den verfilzten Behörden organisieren, korruptionsfreie Justiz stärken, Software für Behörden implementieren, Kontrolle der Rechnungslegung sicherstellen und ein hartes Budgetcontrolling aufbauen. Das wäre Europas Aufgabe! Verweigert sich Athen, bleibt nur der Grexit.

Zwischen Untergang und Kuratel

Das Brüsseler Konferenz Wochenende vom 11. bis zum 13. Juli 2015 wird wohl später als „historisch" bezeichnet werden. Es ging vordergründig um einen erneuten Rettungsversuch oder den Grexit. Es ging aber auch um Prinzipien: Solidität gegen Solidarität. Erhalt der EU Regeln oder wei-

---

17 „Rousfetia"

tere Vertragsverletzungen. Es ging um die Einheit oder den Bruch der Eurozone. Es ging auch um politisches Wunschdenken oder wirtschaftliche Realität. Man entschied sich wieder für die Rettung unter „Dehnung" des ESM Vertrages und der EU Verträge.

Ohne Halt verhandelten die Finanzminister und Regierungschefs aus Euroland. Der ER verstrickte sich in eine 17-stündige Nachtsitzung. Am Ende stand ein Kompromiß. Wie immer. Montag um 9 Uhr wurde das Ergebnis verkündet: Griechenland bleibt in der Eurozone, muss aber mehr Auflagen und Reformen umsetzen, als im Referendum abgelehnt wurden. Damit war auch der „temporäre 5-Jahres Grexit", das Angebot einer Euro Auszeit, vom Tisch. Es soll kurzfristig neue Verhandlungen über ein bis Juli 2018 laufendes 3. Rettungspaket bis zu 86 Milliarden geben. Die deutsche Bundeskanzlerin will nicht die Verantwortung für den Abschied Athens aus Euroland übernehmen. Daher dieser vielleicht letzte Rettungsversuch. Der Krisenfonds ESM wird Verhandlungspartner und Geldgeber. Aus der Troika wird nun eine Quadriga. Zuzüglich werden wohl noch 25 Milliarden für die Rekapitalisierung der Banken gebraucht. Unter welchen Bedingungen der IWF als internationaler Gläubiger und unabhängiger Prüfer an Bord bleibt, ist noch unklar. Ein Treuhandfonds soll zur Privatisierung von eingebrachtem Staatsvermögen mit einem Volumen von 50 Milliarden eingerichtet werden. Als vertrauensbildende Maßnahme musste das griechische Parlament spätestens am 15. Juli verschiedene Gesetze zur Anhebung der Mehrwertsteuer, zu Reformen des Rentensystems, der Justiz und der europäischen Bankenrichtlinie verabschieden. Es ist nichts mehr vom „großen Nein" des Referendums zu sehen.

Es gibt wegen des „bail-out" Verbots[18] auch keinen Schulden-

18 Die „Nichtbeistands (no-bailout) Klausel", bezeichnet eine fundamentale Klausel der Europäischen Wirtschafts- und Währungsunion (EWWU), die die Haftung der EU sowie aller Mitgliedstaa-

schnitt. Über Schuldenerleichterungen, auch Schulden Restrukturierung genannt, soll erst nach Umsetzung der vereinbarten Maßnahmen gesprochen werden. Vielleicht wird die derzeitige Kreditlaufzeit von rund 32 Jahren auf 50 Jahre gestreckt. Das sind dann „Ewigkeitsanleihen", ein „realer" Schuldenschnitt innerhalb des Euro. Aus verschiedenen EU Strukturfonds soll ein Investitionsprogramm von 35 Milliarden finanziert werden. Diesen Vereinbarungen mussten neben dem griechischen noch weitere neun Parlamente der Eurozone zustimmen.

Eine kurzfristige Brückenfinanzierung mit 7 Milliarden aus dem EU28 Topf EFSM hat die Zahlungen an EZB und IWF abgesichert. Die Banken können öffnen, die Kapitalverkehrskontrollen bleiben.

Es sind wieder die gleichen Rettungsmodelle, die bisher schon an der griechischen Mentalität und dem unfähigen Staat scheiterten. Athen bleibt unter Kuratel und am Tropf der Geldgeber: Eine Transferunion durch die Hintertür. Reichen die Transfers nicht, muss die EZB wieder einspringen, und Haushaltsdefizite finanzieren. Nach den Verträgen ist die Währungsunion keine Transferunion! Im Gegensatz zu Krediten, kommt das Geld bei Transfers nicht mehr zurück. Also wieder Bewegung am Rande der Legalität? Und andere Schwächlinge werden im Ernstfall die gleichen finanziellen Hilfen mit billigen Krediten und darauf folgenden Transfers fordern. Sie werden sich an die Troika wenden und an die Starken klammern. Bis auch die straucheln. Der die EU spaltende Konflikt schwelt weiter: Aus geostrategischen und europapolitischen Gründen muss Griechenland in der EU und in der Währungsunion bleiben. Unter wirtschaftlichen Überlegungen hätte es aus der Eurozone austreten und in eigener Verantwortung das Land und seine Ökonomie in Ordnung bringen müssen. Umfangreiche finanzielle Hilfen braucht

---

ten für Verbindlichkeiten einzelner Mitgliedstaaten ausschließt.

es auf beiden Wegen. Das Entscheidungsdilemma: Ausgang beider Alternativen ungewiß. Ergebnis und Erkenntnis liegen weit in der Zukunft.

Sechs Rettungsversuche

Wie konnte es soweit kommen? Die griechischen Schulden stiegen seit der Pleite in 2010 trotz aller Rettungskredite immer weiter. Bis Ende 2014 auf 177% vom griechischen BIP. Und das trotz des in 2012 durchgeführten, notwendigen, aber viel zu späten und mit rund 107 Milliarden zu niedrigen Schuldenschnitts. Die Hilfskredite stiegen bis Mitte 2015 auf 321 Milliarden.

In der Zeitspanne 2010-2015 erfolgten 6 Rettungsversuche:

Die 1. Rettung
Im Mai 2010 wurde das 1. Hilfsprogramm beschlossen.

Die 2. Rettung
Im März 2012 folgte das 2. Hilfsprogramm.

Die 3. Rettung
Im März 2012 gab es einen Schuldenschnitt von 107 Milliarden. Das Geld haben Privatinvestoren und Banken verloren.

Die 4. Rettung
brachte dann die EZB im Juli 2012 mit einer unbegrenzten Kreditzusage, darin auch schwache Athen Anleihen aufzukaufen. „Whatever it takes. And believe me, it will be enough".[19]

Die 5. Rettung
bestand in den EZB Notkrediten an die kollabierenden Banken (ELA).

Die 6. Rettung
Mit neuem Geld kommt im zweiten Halbjahr 2015 mit dem dreijährigen „3. Programm". Denn Athen hat bis zum Juli 2018 ein bisher nicht finanzierbares „Haushaltsloch", auch Staatsdefizit genannt, von 74 Milliarden.

19 Mario Draghi, Präsident der EZB

Hilfsgelder für Griechenland

Geber	Mrd. €	Programm	Stand	Kommentar
Bilaterale Kredite	52,9	1. Hilfsprogramm	15.6.15	Kredite Eurostaaten
EFSF	130,9	2. Hilfsprogramm	15.6.15	Kredite EFSF Rettungsfond
Griech. Staatsanleihen	17,6	SMP	31.12.14	Ohne 4,3 Milliarden Anteil der griech. Notenbank*
Target Saldo	98,8		30.04.15	
IWF Kredite	21,1		15.06.15	Umrechnung zum Wechselkurs
Hilfskredite per Juli 2015	321,3			+ 4,3 Milliarden Euro Notenbank*

Quelle: EFSF, EZB, IWF, Griechisches Finanzministerium

Nach der ganzen Retterei liegen die Schulden Athens jetzt bei den öffentlichen Institutionen, bei den Rettungsfonds EFSF und ESM, bei der EZB und bei dem Internationalen Währungsfonds (IWF). Ein weiterer Schuldenschnitt wird auch noch kommen müssen, denn Griechenland kann diese Schulden nicht mehr zurückzahlen. Den „Haircut" will man immer noch vermeiden. Mit diesen Krediten wurde nicht nur Zeit für Reformen gekauft, sondern auch die Anleiheschulden des Staates refinanziert, das Leistungsbilanzdefizit verkürzt, und die Kapitalflucht unterstützt. Das ifo Institut schätzt, dass etwa ein Drittel in die Ablösung der Auslandsschulden bei Banken und ein Drittel zur Deckung des Leistungsbilanzdefizits verwendet wurde. Ein weiteres Drittel wanderte als Kapitalflucht ins Ausland oder in private Verstecke. Es trifft also nicht zu, was gerne erzählt wird, dass „bei den Griechen" nur etwa 12% dieser 321 Millarden, also „nur" knapp 40 Milliarden, „angekommen" wären.

Wachsende Haftungssummen

Deutschland haftet für diese Hilfsgelder Mitte des Jahres 2015 mit 89 Milliarden, Frankreich mit 68 Milliarden, Italien mit 59 Milliarden, Spanien mit 41 Milliarden.

Kommt das 3. Rettungsprogramm, steigt Deutschlands Haftung auf über 100 Milliarden. Für IWF Kredite haftet Deutschland mit 5,8%, für die ESM Kredite aus Euroland mit 27%.

Die ICBC Standard Bank hat ausgerechnet, dass seit dem Beitritt Athens 1981 zur EU, also in dem weiteren Zeithorizont von 34 Jahren, neben den späteren Hilfskrediten rund 500 Milliarden Euro in Griechenland „versenkt" wurden: 230 Milliarden Mehrentnahmen aus den EU Fördertöpfen, 150 Milliarden Geldvorteile aus dem Schuldenschnitt von 2012 und 125 Milliarden aus den Zinseffekten der billigen Hilfsgelder, insgesamt rund eine halbe Billion. Das Geld ist bereits weg. Es ist irgendwo an Hellas' Gestaden versandet, verbaut, verspielt, konsumiert. Oder es steckt in den wertvollen Auslandsimmobilien. Dabei hat die ICBC die künftigen Ausfälle aus den noch ausstehenden Hilfsgeldern nicht mit eingerechnet. Mit jedem weiteren Kredit steigt die griechische Verschuldung weiter. Werden mit neuen Krediten nur alte Schulden abgelöst, spielt man wieder in einem rotierenden „Schneeballsystem". Da Athen keine neuen Gelder mehr vom internationalen Kapitalmarkt, also von privaten Gläubigern bekommt, sind staatliche Geldgeber gefragt: Das neue 3. Programm, das ja bereits das sechste ist!

Eine letzte Chance für Euroland?

All' die geleisteten Hilfen hatten in den Augen der Griechen bisher nur zwei Effekte: Dass es ihnen in ihrer eigenen Wahrnehmung heute schlechter geht als je zuvor, und dass sie sich in ein „Spardiktat" gezwungen fühlen. Dass vor allem sie selbst durch grundlegende Reformen die Funktionsfähigkeit ihres Staates verbessern müssten, wurde weder eingesehen noch wirklich angepackt. Und nun? Neues Spiel oder letzte Chance. Für Athen und für Brüssel!? In der Nachtsitzung 13. Juli hat Europa am Abgrund gestanden. Das griechische Parlament hat am 15. Juli den Verhandlungen über das 3. Rettungspaket und den damit verbundenen Auflagen mit großer Mehrheit, dank der Opposition, zugestimmt. Nach Zustimmung der neun Euro Parlamente kann mit den Verhandlungen über das 3. Rettungspaket begonnen werden. Mit einem Partner Tsipras, der vor der Abstimmung erklärte: „Ich übernehme die Verantwortung für einen Text, an den ich nicht glaube." Und die verordnete Arbeitsagenda ist sehr lang. Er hatte immer noch nicht begriffen, dass sein Land auch durch sein Versagen nun noch mehr als „nachhaltig" pleite ist. Ohne Hilfe ist es am Ende. Schlechte Aussichten auch für die Retter. Euroland ist wieder ernüchtert. Trotzdem muss die Eurozone, aber auch die EU, endlich an die Arbeit gehen, und Europa nicht nur wieder einen, sondern vor allem voranbringen. Nach Europa! Es ist die letzte Chance. Sonst wird Euroland vorher zerbrechen. Die EU brauchte Führung, will sie aber nicht ertragen. Und in Euroland gibt es nicht mehr die Souveränität eines einzelnen Staates, sondern jeder Staat hat die Verantwortung von und für 19 Staaten: Geteilte Souveränität aber gemeinsame Verantwortung. Das ist die harte Konsequenz einer Währungsunion. In der EU zwingen nur die Verträge zu gemeinsamer Veranwortung.

Wie geht es den anderen GIPSIZ Staaten?

Mit Hilfe der Rettungsschirme und des IWF haben sich von den fünf „Programmländern" vier aus der Krise heraus gearbeitet: Irland, Portugal, Spanien und Zypern. Durch Reformen, Haushaltskonsolidierung, Verzichte, Leid, Sparsamkeit (Austerität!) und harter Arbeit. Italien war und ist Krisenland, aber kein Programmland. Italien bleibt ein Problem.

Nur der erste und letzte Geldempfänger aus den Rettungstöpfen, das reformunwillige Griechenland, war, ist und bleibt ein chronischer Mißerfolg: „Du kannst so lange in einem Hurrican tanzen, solange du im Auge stehst"[20]. Griechenland lag nicht mehr im Auge des Hurricans, im Zentrum des Interesses. Es hatte sich mit der neuen Regierung selbst ausmanövriert. Nicht einmal der Grexit schreckte noch. Nun kam die Krise in 2015 wieder zurück. Ein Blick auf die anderen Krisenländer:

Irland

Ein Wirtschaftswunderland - zwischen 1995 und 2007. Nach dem BIP pro Kopf das zweitreichste Land in der EU, nach Luxemburg. Alle Welt redete vom "Keltischen Tiger", ohne sich diesen Tiger genauer anzusehen. Steuerdumping, Briefkastenfirmen, Zombiebanken, Billiggeld, Derivatehändler, fehlende Bankenaufsicht, Zockerei der Banken und ein gigantischer schuldenfinanzierter Immobilienboom formten das "irische Wunder". Ende 2006 näherte sich die Kreditblase ihrem Höchststand. Zwischen 2005 und 2007 stieg das kreditgetriebene Wachstum jährlich um knapp 6%. In 2008 platzte dann auch die irische Immobilienblase. Die irischen Banken brachen zusammen und mussten vom Staat gerettet werden. Irland stürzte ab. Im Mai 2010 wurde Irland "Programmland". Es ging zur Abwendung des drohenden Staatsbankrotts unter die Rettungsschirme und erhielt für 68 Milliarden Kredite und harte Reformauflagen. Jetzt geht es wieder aufwärts in Irland. Unter den GIPSIZ Staaten ist Irland der Hoffnungsträger, der beweisen soll, dass die vielen Rettungsmilliarden einen ökonomischen Sinn hatten. Die Regierung hat eisern gespart. Die Menschen haben sich an die Aufräumarbeit gemacht oder sind ausgewandert. Das Land hat eine gut ausgebildete junge Bevölkerung. Die Leistungsbilanz zeigt einen Überschuß. Die Unternehmen haben internationale Wettbewerbsfähigkeit aufgebaut. Die harten Maßnahmen, die Rettungsmillarden, aber auch die Finanztricks, haben Irland geholfen. Irland verließ 2013 den

20 Brandi Carlile, geb. 1. Juni 1981, Ravensdale, Washington

Rettungsschirm ESM. Es hat durch den Zugang zum Kapitalmarkt seine finanzielle Souveränität zurückgewonnen. Das Land ist wieder im Aufstieg. In 2014 holte es sogar den Spitzenplatz in Euroland mit 4,6% BIP Wachstum. Es soll von 185 Milliarden BIP in 2014 auf 196 Milliarden BIP in 2015 wachsen, immerhin um 6%.

Die Gesamtverschuldung des Staates liegt für 2015 bei 107% vom BIP und soll in 2016 auf 104% fallen. Die Neuverschuldung soll von -4,1% in 2014 auf -2,8% in 2015 sinken. Irland kommt aus der Krise.

Portugal

Im Mai 2011 wurde Portugal „Programmland". Es ging zur Abwendung des drohenden Staatsbankrotts unter den Rettungsschirm EFSF. Die Koalition aus den Sozialdemokraten Pedro Passos Coelho's und der Christlich Demokratischen Volkspartei unter Paulo Portas machte sich an die Abarbeitung der Troika Auflagen. Die Wirtschaft stagnierte bereits seit einem Jahrzehnt und rutschte weiter ab. Die Troika kam erst Anfang September 2013 nach Lissabon, um die Erreichung der Sparziele aus dem 78 Milliarden Euro schweren Hilfsprogramm (EFSF, EFSM, IWF) zu überprüfen. Für 21,6 Milliarden Euro lasten portugiesische Staatsanleihen auf der Bilanz der EZB. Geplant war, dass Portugal nach dem Auslaufen des dreijährigen Programms Mitte 2014 wieder an den Kapitalmarkt zurückkehren sollte. Das gelang den Portugiesen. Im Juni 2016 endet die Legislaturperiode der jetzigen Regierung Coelho. Die Realitäten sahen aber doch anders aus: Die Wirtschaft schrumpfte bis 2012 und erholte sich danach langsam. Das BIP steigt von173 Milliarden in 2014 auf 178 Milliarden in 2015, ein Wachstum von knapp 3%. Die Arbeitslosenquote lag über 18%. Die Staatsverschuldung lag 2014 bei 130% vom BIP und soll in 2015 weiter auf 124% zurückgehen. Die Neuverschuldung wurde von 2010 mit -11,2% vom BIP drastisch zurückgefahren, lag aber in 2014 noch bei -4,5%. Tendenz weiter fallend. Erst in 2016 soll das Haushaltsdefizit mit 2,8% unter der Marke von 3% liegen. In 2015 muss Portugal für 35 Milliarden Euro Anleihen refinanzieren. Da das Volumen wohl kaum vom Kapitalmarkt zu holen ist, müßte der ESM die fehlende Summe ausgleichen. Die Jugendarbeitslosigkeit der unter 25jährigen lag in 2014 bei 35%. Die Rezession trieb Firmen und Haushalte in die Insolvenz. In den vergangenen sechs Krisenjahren sind über 9.000 Unternehmen in Konkurs gegangen. Die Kreditausfälle rissen neue Löcher in die ohnehin schon maroden Bankbilanzen. Die Banken hielten ihre Gelder fest und gaben wenig neue Kredite. Das traf wieder die Klein- und Mittelbetriebe, die auch in Portugal mehr als 90% der Arbeitsplätze stellen. Die Portugiesen wollen mehrheitlich nicht wieder in den Escudo zurück. Die anhaltend steigenden Exporte waren der einzige Lichtblick. Zusätzlich soll der Plan helfen, die Körperschaftsteuer für Unternehmen von 25% bis 2018 auf 17% zu senken. Das soll die Wettbewerbsfähigkeit stärken. Schon mit einem Satz von 19% läge man auf dem Niveau der Konkurrenten aus Tschechien und Polen. „Europa muss zum Wachstum zurückfinden, Vertrauen schaffen, um Investitionen und Konsum anzukurbeln" sagte Portugals Wirtschaftsminister Alvaro Santos Pereira. Die Stimmung im Lande hat sich aufgehellt. Das Nationale Statistikamt berichtet von einem besseren Wirtschaftsklima in Industrie, Handel, Touristik und im Dienstleistungssektor. Portugal schafft es!

Spanien

Spanien setzte auf Hoffnung. Wirtschaftsminister Luis de Guindos sah positive Zeichen bei den Exporten, im Tourismus und bei den Strukturreformen. Das siebte Krisenjahr 2014 sollte das letzte sein. Bei 27% Arbeitslosigkeit hält sich der Optimismus aber in Grenzen. Die Jugendarbeitslosigkeit lag in 2014 bei 53,5%. Eine verlorene Generation. Das BIP lag in 2014 mit 1,058 Billionen Euro um 5% unter 2008. Die Staatsverschuldung war im gleichen Zeitraum von 50% auf

108% vom BIP gestiegen, das Haushaltsdefizit fiel von 11% auf 5,8%.

Bis 2016 wird mit einer Gesamtschuldenquote von 103% vom BIP gerechnet. Bis 2018 hat Spanien einen Refinanzierungsbedarf für auszulösende Staatsanleihen von 545 Milliarden Euro. Wer will die Anleihen kaufen?

Die Garantien des Staates für den Bankensektor waren auf 105 Milliarden Euro gestiegen. Das waren 10% der Wirtschaftsleistung. Die Korruptionsskandale reichen bis in höchste Kreise. Das belastet die Regierung. Die Alleinregierung Mariano Rajoy hat eine Reihe von Reformen angestoßen, deren Umsetzung und Wirkung abgewartet werden muss. Für 2015 wird mit einem leichten Wirtschaftswachstum gerechnet. Spanien steckt in einem schmerzhaften Anpassungsprozeß, der vor allem von der Privatwirtschaft getragen wurde. Durch verbesserte Wettbewerbsfähigkeit der Preise und Löhne konnte das Defizit in der Leistungsbilanz in einen Überschuß von 25 Milliarden in 2014 gedreht werden. Die Banken sind in 2015 besser kapitalisiert und durchaus liquide. Die Altlasten aus der Immobilienspekulation wurden zunächst in Bad Banks entsorgt. Die Banken sind heute stabil. Die Bankenlandschaft wurde im Zuge der Konsolidierung recht überschaubar. Der Export kompensiert die schwache Binnennachfrage. Die Exporte tragen rund ein Drittel des BIP, hängen damit aber stark an der Konjunktur in der Eurozone und an der Entwicklung in den derzeit schwachen Schwellenländern. Die Regierung hatte es immer abgelehnt, unter den Rettungsschirm zu gehen und setzte auf eigene Kraft. Man nahm aber das Sonderangebot von 40 Milliarden Euro Nothilfe aus dem ESM zur Rettung der spanischen Banken und Sparkassen an. Eine Bad Bank für die faulen Immobilienkredite in Höhe von 170 Milliarden Euro wurde eingerichtet. Die Investitionen kommen langsam wieder: Volkswagen investiert in das Werk Pamplona

785 Millionen Euro. Ford verlegt die gesamte Mondeo Produktion von Belgien nach Valencia. Renault stellt in seinen spanischen Fabriken zusätzlich 1.300 Mitarbeiter ein. Auch Nissan will neue Arbeiter einstellen. Unternehmen müssen Preise senken, um wettbewerbsfähiger zu werden. Die Regierung muss sparen, um ihre Schulden in den Griff zu bekommen. Kurz vor der Europawahl 2014 proklamierte Spaniens Regierungschef Mariano Rajoy, „alle werden weniger Einkommensteuer zahlen". Ab Januar 2015 gilt für rund 12 Millionen Steuerzahler ein niedrigerer Einkommensteuertarif. Über eine Gegenfinanzierung ist nichts bekannt. Man hofft auf die wachstumssteigernde Wirkung von Steuersenkungen. Der IWF sieht aber für die nächsten fünf Jahre im Durchschnitt nur ein maximales Wirtschaftswachstum von 1%. Die 30%-ige Körperschaftssteuer soll mittelfristig gesenkt, Steuerschlupflöcher und Ausnahmetatbestände dafür abgeschafft werden. Sozialausgaben sollen gekürzt und die Mehrwertsteuer erhöht werden. Von Einsparungen und Strukturreformen wird wenig geredet, denn im Herbst 2015 stehen Parlamentswahlen ins spanische Haus. Aber die Prognose sieht für 2015 ein Wachstum der Wirtschaft von 3%. Spanien wird es schaffen!

Italien

Italien war immer ein Land der Krisen, wurde aber kein „Programmland".

In den zehn Jahren vor Ausbruch der Finanzkrise in 2007 zählte Italien zu den wachstumsschwächsten Ländern der Welt. Seit Ausbruch der Krise dümpelt das Wirtschaftswachstum im achten Jahr immer noch um die oder unterhalb der Null Linie. Die drittgrößte Volkswirtschaft in Euroland bleibt ein Problem.

Die Beschäftigtenzahl in der verarbeitenden Industrie geht seit Krisenbeginn zurück. 12,6% Arbeitslosigkeit belasten die Sozialetats.

Die Jugendarbeitslosigkeit lag Ende 2014 bei 43,9%. Seit Anfang 2012 fällt der Umsatz der Industrieunternehmen. Italiens Anteil an der weltweiten Industrieproduktion ging von 4,5% in 2007 auf unter 3% in 2014 zurück und fällt weiter. Seit 2007 wurden in der Industrie über eine halbe Million Arbeitsplätze verloren. Der Prozeß der Deindustrialisierung Italiens setzt sich fort. Immer größere Teile der Wertschöpfungskette werden im billigeren Ausland, in Asien, in Polen oder in der Türkei, produziert. Italien macht dann nur noch die Endmontage und den Export. Unter dem Euro stiegen die Kosten. Die früher ständig praktizierten Abwertungen der Lira zur Verbilligung der Exporte gab es nicht mehr. Zwischen 2000 und 2012 stiegen die Lohnstückkosten um 34%. Die durchschnittlichen Lohnstückkosten in der Eurozone stiegen im gleichen Zeitraum um 22%. Der Staat schuldet seinen Lieferanten 100 Milliarden Euro, die er nicht bezahlte. Die Banken kürzten den Unternehmen die Kreditlinien, oder sie geben überhaupt keine Kredite mehr. Jede zweite kleinere Firma zahlte ihren Mitarbeitern die Löhne nur noch in Raten. Das BIP von 2014 liegt mit 1,616 Billionen nach sieben Jahren knapp unter dem BIP von 2008 mit 1,633 Billionen. Eine bittere Stagnation. Die Gesamtverschuldung in Relation zum BIP stieg im gleichen Zeitraum von 106% auf 132%. Das Haushaltsdefizit, die Neuverschuldung, fiel in dem Zeitraum von 5% auf 3%. Wenigstens etwas Gutes. Die Ratingagenturen Moody's und S&P haben Italien auf BBB abgewertet. Das sind nur noch zwei Stufen über Ramschniveau. Der Ausblick bleibt „negativ". Dadurch wird auch die Refinanzierung auslaufender italienischer Staatsanleihen teurer. Bis Ende 2017 müssen 970 Milliarden Euro refinanziert werden. Zugesagte Reformen wurden nicht angepackt. Mario Monti, der im November 2011 die Regierung des von Silvio Berlusconi ruinierten Landes übernahm, konnte zwar die Märkte beruhigen, erreichte aber kaum Erfolge in der Restrukturierung Italiens. Es blieb nicht nur bei der drückenden Steuerlast, sie steigt, bei einer unfähigen und überbesetzten Bürokratie, einer ineffizienten Justiz, die Prozesse jahrelang verschleppt, einer miserablen Infrastruktur und einem niedrigen Ausbildungsniveau. Italiens Firmen sind im Schnitt klein und in Familienhand. Es fehlt Investitionskapital. Zu allem Überfluß hatte der seit April 2013 amtierende neue Ministerpräsident Enrico Letta die von Mario Monti begonnenen Reformen unter öffentlichem Druck wieder rückgängig gemacht. So plante sein Kabinett, die Rentenreform abzumildern, Liberalisierungen auf dem Arbeitsmarkt zurückzunehmen, die Mehrwertsteuererhöhung zu verschieben und die Immobiliensteuer wieder abzuschaffen. Die diversen starken Lobbygruppen versuchen weiterhin, jeden Reformversuch von vornherein zu blockieren. Das eigentliche Elend Italiens ist die politische Kaste, „La Casta", von verfeindeten Cliquen dominiert, ideologisch verbohrt, korrupt und unfähig, vernünftige, umsetzbare Kompromisse zu finden. Seit Anfang 2014 ruht alle Hoffnung auf dem neuen Ministerpräsidenten Matteo Renzi. Was nötig wäre, beschreibt der „Spiegel" mit der klaren Forderung „Basta, La Casta". Mit dem neuen Regierungschef Matteo Renzi brach im Februar 2014 das Reformfieber aus. Der 39jährige Premier kündigte für 2014 Steuersenkungen im Volumen von 6,7 Milliarden Euro an. Durch Einschnitte in Verwaltungsausgaben und Deckelung von Gehältern der höheren Chargen im öffentlichen Dienst, sowie einer Erhöhung der Bankensteuer sollen sie gegenfinanziert werden. Auch wird der Arbeitsmarkt flexibilisiert. In 2014 entstanden 130.000 neue Jobs. Die Handelsbilanz zeigt in 2014 einen Überschuß von 50 Milliarden. „Eine Reform pro Monat" hatte Matteo Renzi zu Beginn seiner Amtszeit angekündigt. Daraus wurde ein 1.000 Tage Programm. Bisher halten sich die sichtbaren Erfolge des Kabinett Renzi in bescheidenen Grenzen. Aber für 2015 wird erstmalig wieder ein BIP Wachstum erwartet: 1%! Das wichtigste Projekt ist eine Verfassungs- und Wahlrechtsreform, die den politischen Apparat modernisiert. Man kommt langsam voran. Italien bleibt trotzdem noch ein hartnäckiger Problemfall!

Zypern

Präsident Nikos Anastasiades hatte Anfang Juni 2013 einen Brief an den neuen Eurogruppenchef Jeroen Dijsselbloem geschrieben und weitgehende Änderungen am gemeinsam vereinbarten Hilfsprogramm gefordert. Die Vereinbarung war, 9 Milliarden Euro sollten von der EU und 1 Milliarde vom IWF kommen. 13 Milliarden Euro sollte Zypern selbst aufbringen. Zypern habe sich dem Druck der Troika gebeugt, hatte man doch diese Vereinbarungen schon immer abgelehnt, schrieb der Präsident und forderte einen größeren Liquiditätspuffer für die marode Bank of Cyprus. Weiter verlangte er die Rückabwicklung der Zwangsfusion zwischen der Bank of Cyprus und den stabilen Teilen der bereits abgewickelten Laiki Bank. Zypern versuchte mehrmals, eine nachträgliche Verbesserung des vereinbarten Programms zu fordern und verärgerte damit vor allem die EZB. Die Zyprische Notenbank teilte am 29. Juli 2013 mit, die Zwangsabgabe für die Großsparer bei der Bank of Cyprus werde auf 47,5 % festgesetzt. Damit verloren die Einleger über der geschützten Grenze von 100.000 Euro fast die Hälfte ihrer darüber hinausgehenden Sparguthaben. Sie mussten den verlorenen Teil in praktisch wertlose Bankaktien umtauschen. Da Zypern von der Euro Gruppe zum Vorbild für künftige „Bankenrettungen" erklärt wurde, die jederzeit wieder notwendig werden könnten, ist Wachsamkeit für alle jene geboten, die mehr als 100.000 Euro bei einer Bank halten. Nicht nur auf Zypern! Da alle Einleger Gläubiger der jeweiligen Bank sind, ist das Geld bei einer Bankpleite weg, oder es findet sich im günstigsten Fall in Aktien einer Pleitebank wieder. Zypern hatte kein neues Geschäftsmodell gefunden. Die Wirtschaft stagniert auch in 2015. Die Verschuldung liegt aktuell bei 107%. Zypern bleibt eine Bank für reiche Leute und ein Urlaubsort. Es ist für die EU nur noch ein Miniproblem!

Auch Frankreich müht sich

Auch Frankreich zehrte lange von seiner Vergangenheit und vernachlässigte seine industrielle Kompetenz und internationale Konkurrenzfähigkeit. Der Weltmarktanteil am Export sank von 5,1% in 2000 auf nur noch 3,1% in 2014. Das BIP wächst zwischen 2014 und 2015 nur um 0,7% und hat in den sieben Jahren zwischen 2008 und 2014 nur 7% zugelegt. Das ist zu wenig. Die Staatschuld steigt zwischen 2014 und 2015 von 95% auf 96%. Frankreich braucht dringend Reformen – und eine Haushaltskonsolidierung. Der Etatplan der Franzosen mit einer Sparidee von 50 Milliarden bis 2017, leise dazu gewünscht: wenn die Deutschen dann 50 Milliarden Konjunkturhilfe beisteuern, stößt in Brüssel auf Kritik, verstößt er doch gegen den Stabilitätspakt. Die Franzosen bekommen von der EU-K nach 2013 und 2015 wieder eine zweijährige Fristverlängerung für die Reduzierung ihres Haushaltsdefizits von -4% in 2014 auf unter -3% in 2017. Ein Verstoß gegen den Fiskalpakt. Wieder steht die Glaubwürdigkeit auch der neuen EU Kommission auf der Kippe. In der Rechtsgemeinschaft EU müßten die Staaten eigentlich ihre Verpflichtungen einhalten. Doch „Frankreich sollte respektiert werden. Es ist ein großes Land", sagte der Ministerpräsident Manuel Valls im Oktober 2014. Der neue französische Wirtschaftsminister Emmanuel Macron will gegen die drei französischen Krankheiten vorgehen: Bürokratie, Korporatismus und Vertrauensverlust. Er könnte auch die Deindustrialisierung noch mit dazu nehmen. Frankreich bleibt ein großer, komplizierter Problemfall.

Und die anderen Risiken, Krisen, Konflikte?

Die Weltwirtschaft schwächelt, die EU und die Eurozone stagnierten in 2013 und 2014. Auch 2015 zeigt nur eine schwache Erholung. Es fehlte der Wille, die Kraft und die ordnende Hand. Die USA wollen nicht mehr der Weltpolizist, nicht mehr der Wachstumsmotor der Weltökonomie sein. Die anderen „Global Player" können es auch nicht, weder das eine noch das andere. Auch die EU schafft es nicht. Niemand erklärte sich verantwortlich, die Welt neu einzurichten. Die, die vielleicht wollen, können nicht - und die, die eventuell können, wollen nicht. Das Dilemma bleibt uns auch in 2015 erhalten. Die USA erholen sich langsam, China und Indien werden noch stärker. Und die EU stagniert politisch und wirtschaftlich. Sie ist mit ihren eigenen ungelösten Problemen beschäftigt.

Stärkung der Wettbewerbsfähigkeit in Euroland

Die Notwendigkeit der Reformen in den Euro Krisenstaaten wurde häufig und immer wieder mit der nachhaltigen Stärkung der Wettbewerbsfähigkeit begründet. Ohne Wettbewerbsfähigkeit gäbe es kein Wirtschaftswachstum und keine Zunahme der Beschäftigung. Nicht einmal deren Erhalt. Der Aufbau einer in Euroland vergleichbar robusten Wettbewerbsfähigkeit muss das Leitmotiv der nationalen und der europäischen Wirtschaftspolitik werden! Bisher war das aber nicht zu hören. Schlimmer noch: Mit der Einführung des Euro 1998/2002 geriet dieser entscheidende Faktor „Wettbewerbsfähigkeit" aus dem Blickfeld der Politiker. Wichtig war die Position der Währungsunion nach außen als Symbol europäischer Einheit und Stärke und nach innen als ein Wohlstandsversprechen an kritische Bürger. Ungleichgewichte im Inneren der Eurozone wurden gerne übersehen, denn Währungskrisen wären mit der Einführung des Euro nur noch Geschichte, so glaubte man. Die bisher praktizierten Abwertungen zur Exportförderung gab es unter dem Euro nicht mehr.

Die reale Kostensituatuion der in einer Währung vereinten Unternehmen waren nicht so wichtig und die Lohnstückkosten schon gar nicht. Die Kapitalgeber aus den reichen Nordländern sahen ihre risikolosen Renditen im Süden, die Südländer sahen das Aufholwachstum mit billigem Geld.

Und die dort Beschäftigten freuten sich über höhere Löhne und boomende Immobilienmärkte. Man übersah aber völlig, dass in einem gemeinsamen Binnenmarkt, in einer offenen Wirtschaft mit einer Gemeinschaftswährung, die zurückfallenden, nicht mehr wettbewerbsfähigen Länder kein stetiges Wachstum und keinen stabilen Beschäftigtenstand halten können. Sie hingen am Tropf der Geld- und Zinspolitik.

Wettbewerbsfähigkeit heißt, in einer offenen, international vernetzten Wirtschaft rentabel zu arbeiten und Märkte mit neuen Produkten zu gewinnen, mindestens aber die Märkte mit den eingeführten Produkten zu halten. Der Erfolg wird gemessen am Kosten- und Preisvergleich, also an den Lohnstückkosten und an den effektiven Wechselkursen. Wettbewerbsfähigkeit gehört zur geldlichen (nominalen) Seite der Wirtschaft, die durch wirksame Preisreduzierungen aufgrund von Kosteneinsparungen, oder durch Abwertung des Außenwerts der Währung, also durch billigeren Export, erreicht und gesichert werden kann.

Lohnstückkosten=Lohnsumme pro Beschäftigten/Produktionswert je Beschäftigten

Dagegen gehört die Produktivität zur realen (quantitativen) Seite der Volkswirtschaft. Es ist die wirtschaftliche Leistung je Beschäftigten in der Zeiteinheit und hat nichts mit Preisen oder Kosten, sondern mit dem mengenmäßigen Output je Arbeitseinheit (Stunde) zu tun. Sie beruht auf optimalem Faktoreinsatz:

Arbeitsproduktivität = Produktionsmenge/Arbeitsstunden

Jedes Land kann für sich seine Produktivität erhöhen. Sie geht nicht -wie bei der Verbesserung der Wettbewerbsfähigkeit, zu Lasten eines anderen Landes.

Mit anderen Worten: Die Wettbewerbsfähigkeit zu verbessern bedeutet, die Preis- und Kostenstruktur einer Volkswirtschaft zu verbessern. Produktivität zu erhöhen bedeutet, die Leistungsfähigkeit einer Volkswirtschaft zu steigern. Und beides zusammen gesehen heißt: Die Wettbewerbsfähigkeit verbessert sich, wenn bei konstanter Produktivität die Kosten sinken oder wenn bei konstanten Kosten die Produktivität[21] steigt.

Die Lohnstückkosten gelten allgemein als Maßstab für Wettbewerbsfähigkeit. Nicht berücksichtigt werden bei diesem Maßstab weitere Faktoren wie die Produktqualität, die Kapitalkosten, der Wechselkurs und die internationale Vernetzung der Produktion in ihrer Auswirkung auf die Wettbewerbsfähigkeit. Die Verbesserung der Wettbewerbsfähigkeit erfordert also noch weit mehr Hebel als nur die Senkung der Lohnstückkosten.

Beispiele: Verbesserte Produktqualität stärkt die Preissetzung, kompensiert höhere Lohnstückkosten und verbessert die Wettbewerbsfähigkeit. Höhere Kapitalkosten kompensieren höhere Lohnkosten und stärken ebenfalls die Wettbewerbsfähigkeit.

Die Wechselkurse schwanken oft stärker, als die Löhne sich relativ zueinander verändern. Sinken die Lohnstückkosten, kann ein steigender Euro Kurs den Kostenvorteil wieder aufheben. Kann ein Land sich mit Produktionsvernetzung in internationale oder globale Wertschöpfungsketten einbinden oder in Zukunftsbranchen hinein vernetzen, steigt ebenfalls die Wettbewerbsfähigkeit.

Die Senkung der Lohnstückkosten stärkt zwar die Wettbewerbsfähigkeit. Aber sie sind nicht der alleinige Maßstab für die Verbesserung der Wettbewerbsfähigkeit. Sie können nur ein Maßstab unter anderen sein. Es müssen noch weitere Hebel dazu kommen, die ihren Beitrag zur Steigerung der Wettbewerbsfähigkeit leisten. Die müssen dann wieder in ihrer jeweiligen Wirkung gemessen werden. Es

21 Gabler: Verhältnis von Produktionsergebnis (Output) und an seiner Erstellung beteiligten Faktoren (Input)

bleibt also schwierig. Die Wettbewerbsforschung steht erst am Anfang. Wie steht es nun um die Wettbewerbsfähigkeit in Euroland? Vor Einführung des Euro bewegten sich die Leistungsbilanzen der künftigen Euroländer in einem engeren Schwankungsbereich. Zu große Abweichungen der Leistungsbilanzdefizite oder -Überschüsse wurden bis 1998 durch Abwertungen oder Aufwertungen der jeweiligen Landeswährungen ausgeglichen. Mit dem neuen Dezennium strebten die Leistungsbilanzen weiter auseinander: Immer klarer wurden Defizit- und Überschussländer erkennbar. Ab dem Jahr 2000 rutschten weitere Länder in die Leistungsbilanzdefizite. Es begann mit Griechenland und Portugal, dann folgten Spanien und Irland. Auch in Frankreich und Italien stiegen die Leistungsbilanzdefizite ab 2005. In 2007 lag das durchschnittliche Leistungsbilanzdefizit dieser sechs Länder bei 8% vom BIP. Dagegen stiegen die Leistungsbilanzüberschüsse in Deutschland, Österreich, Finnland, Luxemburg und den Niederlanden bis 2007 auf einen Durchschnitt von 7% vom BIP. Die Produktivität in den Überschußländern stieg im gleichen Zeitraum um 12%. Aber auch in den Defizitländern wuchs die Produktivität. In den zehn Jahren von 1998 bis 2007 um 7%. Das alles geschah noch vor der Finanzkrise. Danach liefen die Daten immer weiter auseinander. Entscheidend für die wachsende Differenz zwischen Produktivität und Wettbewerbsfähigkeit war die Entwicklung der Lohnkosten: In den Überschußländern stieg das Lohnniveau um 20%, also nur um acht Prozentpunkte mehr als die Produktivität. Bei einer Inflationsrate von 2% stagnierte also der Reallohn in den Überschußländern: Reallohnsteigerung Null Prozent! In den Defizitländern dagegen stiegen die Löhne in den zehn Jahren um 37%, also um 30% mehr als die Produktivität von 7%. Setzt man die 30 Punkte in Relation zu den 8 Punkten, sind die Lohnstückkosten in den Defizitländern um 22% mehr gestiegen als in den Überschußländern. Das ist ein relativer Verlust an Wettbewerbsfähigkeit von 22%!

Relativ immer nur zu den konkurrierenden Ländern.

Auf Unternehmensebene gibt es hier beachtliche Unterschiede zwischen den einzelnen nationalen Wettbewerbern in den einzelnen Branchen. Einzelne starke Unternehmen können sich immer anders und besser entwickeln als ihre Branchen und Länder! Da auf dem europäischen Binnenmarkt aber ein vergleichbares und ähnliches „internationales Preisniveau" herrscht, gelten dort auch nur die nominal gezahlten Löhne. Die gehen in die Preisbildung ein! Da diese nominalen Löhne für die Lohnstückkosten maßgeblich sind, kann die Wettbewerbsfähigkeit nur über lokale, also nationale Lohnkürzungen verbessert werden. Das ist dann ein Teil der oft beklagten „inneren Abwertung" in den Defizitländern, die zugleich ja auch die Krisenländer sind. Sinken nun die Lohnstückkosten in den Defizitländern, was zum Teil in einigen Ländern seit 2009 geschieht, verbessert sich die Wettbewerbsfähigkeit der Krisenländer und sie können langsam ihre Leistungsbilanzdefizite zurückführen. Aber das dauert lange. Ein schnellerer Weg, gleichzeitig die Wettbewerbsfähigkeit zu verbessern und die Produktivität zu erhöhen, liegt in den oft geforderten und gern verzögerten Strukturveränderungen. Hierhin gehören alle jene Aufgaben eines Staates, die mit dem Begriff „Reformen" umschrieben werden: Diese reichen vom Öffnen der Arbeitsmärkte über das Bildungs- und Ausbildungsniveau, über bestehende Steuersysteme, Genehmigungswege und Firmengründungen sowie die Innovationsförderung, aber auch von der Infrastruktur und der vorhandenen Verwaltungseffizienz bis zum notwendigen Bürokratieabbau. Ein breites Spektrum. Das nennt man dann die „strukturelle" Wettbewerbsfähigkeit verbessern. Hier kann jeder Staat in Euroland noch sehr viel zur Verbesserung tun. Das Schweizer Weltwirtschaftsforum (WWF) in Davos sieht bei der globalen Wettbewerbsfähigkeit an der Spitze: Singapur, Finnland, Schweden, Schweiz. Dazu gehören sicher auch: Hongkong, Neuseeland und Norwegen. Die

Euroländer rangieren unter „ferner liefen" im unteren Mittelfeld. Wie geht es nun weiter?

Da sich die Produktivität nicht kurzfristig und flexibel erhöhen läßt, denn sie basiert auf den in den Unternehmen bestehenden, kurzfristig nicht änderbaren Produktions- und Leistungsprozessen, bleibt nur die sozialpolitisch schwierige Anpassung über die Reduktion der Löhne und Sozialkosten, also die „innere" Abwertung. Und einen relativen Wettbewerbsnachteil von 22% über Lohn Nullrunden bzw. Lohnkürzungen, über Reduktion der Sozialleistungen und über betriebliche Sparprogramme einzuholen, fordert Zeit. Dann bliebe für die ohnehin schon gebeutelten Krisenländer nur noch Mehrarbeit ohne äquivalenten Lohnausgleich. Das wollen die auch nicht gerne. Richten sich aber alle Länder mit einer Lohnzurückhaltung ein, ist immer noch nichts gewonnen, denn die Kaufkraft im Inland sinkt. Dann bliebe noch der statistische Effekt: Steigende Exporte und sinkende Importe verbessern auch die Leistungsbilanz. Diesen Effekt sehen wir in einigen Krisenländern. Nun gab es noch einen „Verbesserungsvorschlag": Sollen doch die stärksten Länder ihre Löhne erhöhen, damit die schwachen Länder ihre Löhne nicht so kräftig kürzen müssen. So wurde es nicht nur aus den Krisenländern, sondern auch vom IWF gefordert. Und dann schauen alle nach Deutschland: Die deutschen Unternehmen sollen durch extra Lohnsteigerungen mit anschließenden Preiserhöhungen im Wettbewerb schwächer werden. Noch neuere Ideen verlangten, dass Deutschland nicht sparen, sondern mehr konsumieren sollte und dadurch die Preise nach oben treiben. Dann könnten die Südländer mehr und teurere Waren nach Deutschland exportieren. Welch' naive Ideen zur Verbesserung der Wettbewerbsfähigkeit herumgereicht werden: Die Starken sollen schwächer werden, damit die Schwachen stärker werden!?

Der Kampf um die Macht in Europa

Vor der Europawahl im Mai 2014 wurde der Machtkampf in der EU zwischen und in den Institutionen der Europäischen Union noch heftiger ausgetragen, offen oder versteckt, aber mit allen Mitteln. Darüber hinaus ist auch die Machtbalance zwischen den EU Institutionen und den Staaten der EU mit der Finanzkrise aus dem Gleichgewicht geraten. Achtundzwanzig Staaten und sieben Institutionen suchten neue Gleichgewichte in ihren oft gegenläufigen Strategien. Die „Machtspiele" folgten einem Drama mit drei Akteuren: Der EU Kommission, dem Europäischen Rat der Staats- und Regierungchefs und der EZB. Offen bleibt, wer führt, wer hat das neue „Narrativ", die Erzählung, die begeitstert, motiviert, und Europa aus der Lethargie und dem Gezänk der Akteure heraus holt.

Die Schwächung der EU Kommission

Die EU Kommission mit ihren 23.000 Beamten hat wohl den schwersten Stand, denn Frankreich und Deutschland positionieren sich seit längerem strategisch gegen die Kommission. In 2007 unterschrieben die Regierungschefs in Lissabon den neuen EU Grundlagenvertrag. Dort entstand der Posten des permanenten Präsidenten des Europäischen Rats. Seit 2009 saß der Belgier Herman van Rompuy auf diesem Stuhl. Zu welchen Grotesken diese Entscheidung führte, war bei der Annahme des Friedensnobelpreises für die EU zu sehen, als sich drei Präsidenten um die Rolle des zuständigen Empfängers der Auszeichnung stritten: Barroso, van Rompuy und Schulz.

Der Ratspräsident van Rompuy wird von den starken Regierungschefs als ihr Brüsseler Statthalter gesehen, der sich als Gegengewicht gegen den Kommissionspräsidenten Barroso bewähren sollte. Mit dem Ausbruch der Finanzkrise in 2010 wurde die EU Kommission dann vollends deklassiert. Deutschland, Frankreich, die Eurogruppe und die EZB nahmen das Euro Krisenmanagement in die Hände, die Kommission war praktisch ausgebootet.

Auch der 2012 geschlossene Fiskalpakt wurde in einem weiten Bogen um die EU Kommission herum geführt. Der Fiskalpakt ist ein völkerrechtlicher Vertrag, er steht nicht auf EU Recht und gibt der EU Kommission, aber auch dem EuGH, damit keinerlei Rechte. Im Mai 2013 folgte dann der nächste Affront gegenüber der EU Kommission: Deutschland (Merkel) und Frankreich (Hollande) verkündeten, dass die Führung der Euro Gruppe einem hauptamtlichen Vorsitzenden übertragen wird, „der sich auf umfassendere Ressourcen stützen kann". Außerdem würden die Euro Regierungschefs „andere Minister der Eurozone, zum Beispiel die Arbeits- und Sozialminister, die Forschungs- oder Wirtschaftsminister... mit Arbeiten zu spezifischen Themen der Eurozone beauftragen". Das Gremium der EU Arbeits- und Sozialminister hatte bereits im Juni 2013 in Berlin getagt. Die Sorge der EU-K: Die Staaten der Währungsunion könnten mit diesen neuen Gremien ein Eigenleben neben und an der Brüsseler Bürokratie vorbei begründen und weiter entwickeln. Dahinter steht wohl auch die Erkenntnis, dass die Eurozone mit dem als unreformierbar geltenden Lissaboner Vertrag nicht mehr weiter arbeiten kann. Und der viel tiefere Grund dürfte sein, dass eine nun doch notwendige Vereinheitlichung der europäischen Wirtschafts- und Finanzpolitik, die die Eurozone zum Überleben braucht, mit dem Lissabon Vertrag und der bestehenden Brüsseler EU Struktur nicht zu realisieren ist.

Zum Ausgleich ihrer zunehmenden Schwächen hat die EU Kommission jedoch neue Betätigungsfelder entdeckt, auf denen sie nicht immer eine gute Figur macht:

Die Budgetaufsicht wird gelockert

Die EU Kommission entdeckte die „guten" und die „schlechten" Schulden. Die Schuldnerstaaten müssen nur noch begründen, dass höhere Staatsausgaben nötig sind, um einen „positiven, direkten und überprüfbaren Langzeit Effekt auf den Haushalt zu erzielen". Das sind dann die guten Schulden. Das wird den phantasiebegabten Politikern doch wohl gelingen. Sonst helfen Berater und Lobbyisten. Barroso erklärte vor dem Europäischen Parlament in Straßburg, man werde die Budgets für 2014 „im vollen Respekt gegenüber dem Stabilitäts- und Wachstumspakt" begutachten. Da waren wir aber sehr beeindruckt.

Eingebrockt hatte der EU-K diese Forderung nach finanzpolitischer Milde aber das Europaparlament, das Ausnahmen von einer strikten Haushaltsdisziplin gefordert hatte. Ausgaben, die sich als zukunftsfähig, nachhaltig, oder sonst irgendwie als gut und sinnvoll beschreiben lassen, finden eine milde Beurteilung. Diese Ausgaben, die zugleich Schulden sind, werden als „Investitionen" bezeichnet. Das klingt besser, vielversprechender, zukunftsorientierter. Damit können Ausgaben für Forschung und Entwicklung zu „Investitionen" werden, die damit auch noch das BIP erhöhen. Der semantischen Kreativität der Schuldenmacher sind keine Grenzen mehr gezogen. Diese Schulden dürfen gemacht werden, auch wenn damit die Stabilitätskriterien verletzt, weiter aufgeweicht werden.

Die EU Länder dürfen mehr Schulden machen und sie dürfen sich mehr Zeit nehmen, ihre Neuverschuldung unter die Grenze von 3% zu senken. Auf entsprechenden Druck räumte die Kommission den Euro Ländern Spanien und Frankreich zwei Jahre mehr Zeit zum Abbau der Neuverschuldung ein, als bisher vereinbart. Die Rückzahlungsfristen für die Hilfskredite des Euro Rettungsschirms an Irland und Portugal wurden um sieben Jahre verlängert.

Eurobonds prüfen

Auch soll die Kommission einer weiteren Forderung des Europäischen Parlaments nachkommen, die Machbarkeit künftiger gemeinschaftlicher Schuldenaufnahme mittels Eurobonds zu prüfen. Sogleich setzte die Kommission eine entsprechende Expertengruppe ein, versucht sie doch schon seit langem durch Eurobonds die gesamtschuldnerische Haftung in Euroland durchzusetzen.

Produktherkunft ändern

Nach neuen Plänen der Kommission soll die Herkunft von Produkten künftig neu und anders gekennzeichnet werden. Die offizielle Begründung der beiden Kommissare für den Verbraucherschutz und für die Industrie lautet, man wolle den Schutz des Verbrauchers stärken und die Rückverfolgbarkeit gefährlicher Produkte verbessern. Übersehen wird dabei, dass die bisherigen Gesetze zur Produktsicherheit eine lückenlose Rückverfolgung gefährlicher Produkte gewährleisten. So sollen die Konsumenten künftig auf jedem Produkt, ausgenommen Lebensmittel, den Namen des Herkunftslandes finden. Das gibt es aber bisher auch schon. Bisher gilt nach EU Recht das Land als Herkunftsland, in dem die „letzte, wesentliche, wirtschaftlich gerechtfertigte Be- und Verarbeitung" erfolgte. Künftig sollen für die Angaben zum Ursprungsland aber Zollvorschriften entscheidend sein. Die orientieren sich an Warennummern. Unter dem Deckmantel des Verbraucherschutzes soll damit durch die Hintertür das Gütesiegel „Made in Germany" unterlaufen werden. Das Label bliebe zwar formal noch erhalten, es würde aber für viele Produkte nicht mehr gelten. Man merkt die Absicht und findet schnell die Urheber: Die geneigten Wettbewerber.

Hochgeschwindigkeitsstrecke finanzieren

Die Kommission möchte sich mit 50% an den 3 Milliarden Baukosten für eine 120 Kilometer lange Hochgeschwindigkeitsstrecke auf der spanischen Kanareninsel Teneriffa beteiligen. Ausgerechnet auf einer Ferieninsel braucht Europa eine Schnellstrecke. Fahren soll darauf der „Transrapid". Endlich ein zukunftsweisendes Projekt.

Inflation, Arbeitslosigkeit, Wachstum

Als Helmut Schmidt im Sommer 1972 in Dortmund den bekannten Satz „lieber fünf Prozent Inflation als fünf Prozent Arbeitslosigkeit" sprach, ahnte er noch nicht, dass er zum Ende seiner Amtszeit beides haben würde: Inflation und Arbeitslosigkeit. Er bekam die „Stagflation": Wirtschaftliche Stagnation mit Inflation. Mehr Inflation und mehr Arbeitslosigkeit, aber kein Wachstum.

Es war dem damaligen Weltökonomen noch nicht klar, dass die beiden Probleme Inflation und Arbeitslosigkeit kaum etwas miteinander zu tun haben. Heute, 2013, haben wir hohe Arbeitslosigkeit in Euroland, Ausnahme Deutschland, und kaum inflationäre Tendenzen. Hätten wir heute in Euroland nur fünf Prozent Arbeitslosigkeit, würde großer Jubel ob der gelungenen Arbeitsmarktpolitik ausbrechen. Hätten wir aber fünf Prozent Inflation, würden manche schon die zwanziger Jahre des letzten Jahrhunderts heraufziehen sehen. Außerdem stellte Schmidt die beiden Probleme als Alternativen gegenüber, so als könne man sich für das eine oder das andere Übel entscheiden. Dass der Bundeskanzler Helmut Schmidt sich dann auch noch für das aus seiner Sicht kleinere Übel einer bis zu fünf Prozent steuerbaren Inflation aussprach, zeigt das damalige Unverständnis inflatorischer Prozesse.

Heute hat die EZB mit der Sicherung der Preisstabilität in Euroland ein klares Antiinflationsmandat, das sie bisher mit einer Rate um oder unter zwei Prozent selbst definierte und auch einhalten konnte. Mit diesem Mandat wurde dokumentiert, Europa soll eine Niedriginflationsregion werden. Eine Inflation in der Nähe der Null in Europa und ein freier Kapitalverkehr über den europäischen Binnenmarkt hinaus waren der Traum von Maastricht. Ob die verkündete Toleranzgrenze von 2% auch Preisstabilität ist, wurde bestritten.

Selbst der „1 Billion Euro Tender", die „Dicke Berta", den Mario Draghi den Banken der Eurozone um den Jahreswechsel 2011/12 als Zentralbankgeld zur Verfügung stellte, brachte weder Inflation noch Wachstum. Er rettete die Banken, sonst nichts. Etwa die Hälfte dieser Riesensumme parkten die Banken gleich wieder bei der EZB. Der Rest blieb im Bankensektor und sollte dort die Kreditvergabe anregen. Doch die Banken legten auch dieses Geld lieber bei der EZB an. Dort war es sicherer. Die Überschußreserve der Geschäftsbanken bei der EZB stieg auf über 800 Milliarden Euro. Die in den Europäischen Verträgen festgeschriebene Zentralbankautonomie stärkte die EZB gegen die politischen Wünsche nach preis- und schuldentreibenden staatlichen

Konjunkturprogrammen. Aber war die von der EZB beachtete Preisstabilität wachstumsfördernd? War das Ende der Inflation gegen Ende der neunziger Jahre den Preis der chronischen Wachstumsschwäche in Europa wert? Die doppelte Antwort -zumindest für Euroland- lautet: Nein!

Heute ertrinkt Europa in Schulden. Nur ist es noch nirgendwo in der Wirtschaftsgeschichte gelungen, Schulden bei stabilen Preisen zurück zu zahlen. Wenn überhaupt, gelang das nur mit Inflation. Prof. Adam Tooze, Yale University, meint dazu: „Ein robustes Wachstum im nominellen Einkommen, auch wenn ein Großteil in inflationärer Form stattfindet, ist der Schlüssel zur finanziellen Entlastung und zur politischen Stabilität der Schuldnerländer im europäischen Süden." Man kann es auch einfacher sagen: Schulden lassen sich nur mit inflationär entwertetem Geld zurückzahlen. Wachstum kommt auch nur mit inflationärer Stützung. Die Zentralbanken könnten ja höhere Inflationsziele setzen, wie es Japan derzeit tut. In den Notenbanken von Washington, Tokio, London und Frankfurt denkt man mit Sicherheit über das Ausmaß einer gesteuerten Geldentwertung zur Förderung des Wachstums nach. Zwei Prozent Inflation werden ohnehin toleriert und von allen wichtigen Zentralbanken als Preisstabilität definiert. Seit 2010 redet der Chefökonom des IWF, Olivier Blanchard, über eine 4%ige Inflationsrate. Nobelpreisträger Paul Krugman fordert einen weit höheren Prozentsatz. Das nennt man euphemistisch auch „stimulierende Fiskalpolitik". Diese Politik kann zwar ein höheres nominales BIP Wachstum ausweisen, aber keine realen Wachstumsraten erzeugen. Die gleichen Güter sind zwar teurer aber es sind immer noch die gleichen Güter in den gleichen Gütermengen. Reales BIP Wachstum entsteht auf ganz anderem Wege: Über neue Ideen, über effizientere und effektivere Technologien, die in kürzerer Zeit kostengünstiger und hochwertiger Neues produzieren. Das wäre der Weg zu realem Wachstum.

War es nicht die große Illusion der siebziger Jahre des letzten Jahrhunderts, dass man eine Inflation, bewegt sie sich erst, steuern könnte? Nun ist Unbeherrschbarkeit ein Wesensmerkmal jeder Inflation. Kann eine Zentralbank überhaupt „gegenhalten"? Wie lange kann sie gegenhalten? Wer verliert den Verteilungskampf um die Zurechnung der Inflationsverluste? Wer bezahlt die Umverteilung? Die damit verbundenen Konflikte bringen in jedem Fall eine zusätzliche soziale Dynamik. Gewerkschaften, Sparer und Rentner werden auf die Barrikaden gehen. Die Schuldner freuen sich. Meist zu früh.

Die bittere aber wohl realistische Prognose lautet: Wie ein Staat unter Preisstabilität keine Schulden zurückzahlen kann, wird er ohne Inflation auch kein Wachstum erzeugen können. Mit Inflation erzeugt er zwar ein nominales BIP Wachstum aber keine reale Wohlstandserhöhung. Die Geldillusion legt sich als Schleier über die Wirtschaft. Sie verschleiert das fehlende Realwachstum. Wenn der Bürger das merkt, gibt es Konflikte. Auf die dann entstehenden Konflikte muss der Staat sich vorbereiten. Völlig unklar ist die Wirkung des demographischen Wandels auf die Inflation. Wie in geburtenschwachen, alternden und damit schrumpfenden

Gesellschaften Inflation entstehen soll, hat noch niemand erklären können. Eher entsteht dort eine Deflation. Siehe Japan.

Britisches Modell: Entschuldung über Staatsanleihen

Als mit dem Zusammenbruch des Bretton-Woods Abkommens 1973 auch die Bindung an den Goldstandard abgeschafft wurde, begann der Siegeszug der Papiergeldwährungen. Dafür war die Unabhängigkeit der Notenbanken von politischen Einflüssen die entscheidende Voraussetzung. Unabhängigkeit bedeutet, dass Regierungen ihren unendlichen Geldbedarf nicht über den politischen Druck auf die Notenbanken finanzieren dürfen. Braucht der Staat Geld, soll er sich das nur über Steuern und Schulden beschaffen können.

Die korrigierende Unterstellung war: Bei Steuererhöhungen wird sich die Bevölkerung wehren, bei höherer Verschuldung prüft der Markt die Kreditwürdigkeit des Schuldnerstaates und fordert entsprechend hohe Anleihezinsen. Soweit die Theorie, bis die Finanzkrise 2008 auch dieses schöne Modell aus den Angeln hob. Denn es kamen die Vertragsbrüche und die Rettungsmilliarden in der Europäischen Union. Auch wenn die Staaten nun über einige Umwege von ihren Nationalbanken finanziert werden, bleibt die Währung stabil, die Inflation niedrig und das Wachstum bescheiden. Nur die Schulden steigen ungebremst weiter.

Nun gibt es aber noch einen Weg, wie sich ein Staat ohne Inflation kurzfristig entschulden kann, den britischen Weg: Die Finanzierung des Staates über die Notenbank. Die Notenbank kauft seine Anleihen. Die Notenbank sitzt dann so lange auf den Staatsschulden, bis diese zur Ablösung oder Refinanzierung fällig werden. Dann hat der Staat wieder ein Problem, denn er braucht Geld für die Ablösung. Großbritannien probiert gerade diesen Weg. Die Bank of England hält 35% aller Staatsanleihen zum Nominalwert. Damit finanziert die englische Notenbank die Staatsschulden. Der Staat wiederum zahlt für 35% seiner Anleihen Zinsen an die Bank of England, die diese Zinsen aber als Gewinn wieder an den Finanzminister zurückzahlen muss. Eine Gratisfinanzierung für den klammen Staat. Die Rückzahlung kommt dann später. Mit neuen Schulden! Schöne neue Welt: Kauft und hält die Notenbank alle Staatsanleihen Großbritanniens, ist der Staat für einige Jahre schuldenfrei! Aber dann...

Das Bundesverfassungsgericht hat gesprochen

In einer längeren Kette von Urteilen hat sich das Bundesverfassungsgericht (BVG) mit der Europapolitik im Allgemeinen und der Eurorettung im Besonderen auseinander gesetzt, in seinen Wahlrechtsurteilen aber auch mit der Meinungsfreiheit des Bürgers beschäftigt. Hier eine kurze Übersicht:

30. Juni 2009

Das BVG billigt den Vertrag von Lissabon, weist aber darauf hin, dass nur noch ein geringer Spielraum für weitere Kompetenzverlagerung „nach Brüssel" zur Verfügung stehe. Gleichzeitig stärkt es die Rechte von Bundestag und Bundesrat. Auch sollte für die Bildung eines europäischen Bundesstaates vorher das Volk befragt werden.

6. Juli 2010

Das BVG akzeptiert das EuGH Urteil zur Befristung von Arbeitsverträgen in der EU. Das BVG zeigt „konsensuales" Verhalten zur EuGH Rechtsprechung.

7. September 2011

Die Rettungspakete für Griechenland werden bestätigt. Der zeitlich befristete EFSF gebilligt. Die Rechte des Bundestages werden auch mit diesem Urteil gestärkt.

9. November 2011

Die Fünfprozentklausel wird bei Europawahlen für verfassungswidrig erklärt.

19. Juni 2012

Der Bundestag muss frühzeitig über die Europapolitik der Regierung informiert werden und Einfluß auf entsprechende Regierungsentscheidungen nehmen können. Die Informations- und Beteiligungsrechte des Bundestages werden auch mit diesem Urteil gestärkt. Hierbei ging es um den Rettungsschirm ESM.

12. September 2012

In einer Eilentscheidung billigt das BVG Deutschlands Beitritt zum ESM, begrenzte aber den deutschen Kapitalanteil auf 190 Milliarden.

14. Januar 2014

Das BVG bezweifelt, dass die EZB im Rahmen des OMT Programms Staatsanleihen von schwachen Eurostaaten unbegrenzt kaufen könne. Das BVG ist überzeugt, dass die EZB mit ihrem OMT Beschluß vom 6.09.2012 ihr Mandat überschritten und damit europäisches Recht verletzt hat. Es legt dem EuGH das Problem zur Vorabklärung vor, besteht aber auf der Letztentscheidung, dem „letzten Wort“. Das ist ein europafreundliches Novum in der Rechtsprechung des BVG. Denn es war das erste Mal, dass das BVG dem EuGH eine Rechtsfrage zur Vorabentscheidung vorlegte. Dieser Schritt begründet sich aber darin, dass für die Auslegung des Europarechts ausschließlich der EuGH zuständig ist.

26. Februar 2014

Die Dreiprozentklausel bei Europawahlen wird für verfassungswidrig erklärt. Das Verbot politischer Meinungsvielfalt ist ein derartig drastischer Eingriff in die Meinungsfreiheit, dass ein Verbot der obersten Bundesebene vorbehalten bleibt und nicht durch Verwaltungsakte unterlaufen werden darf. Diese Dreiprozentklausel hatten Bundestag und Bundesrat kurz vor der Sommerpause 2013 beschlossen. Man ließ es in Berlin bewußt auf einen erneuten Streit vor dem BVG ankommen.

Die Konsequenzen der Rechtsprechung des BVG

Obwohl das BVG in ständiger Rechtsprechung die Rechte von Bundestag und Bundesrat gestärkt hat, breitet sich in jüngster Zeit die Kritik an der Rechtsprechung des BVG zu Europafragen aus. So meinte der Bundestagspräsident Norbert Lammert, beim BVG einen gewissen „Europa Skeptizismus" feststellen zu müssen. Und der Präsident des Europäischen Parlaments (EP), Martin Schulz, der Spitzenkandidat der Sozialdemokraten für die Europawahl, steigerte sich noch in der Kritik mit der Feststellung: "Ich glaube, das BVG hat nicht verstanden, wie die Demokratie auf europäischer Ebene funktioniert." Das ist eine mehr als massive Gerichtsschelte!

Möchte Herr Schulz doch andererseits und in steter Wiederholung mehr Rechte für das EP und nicht unbedingt mehr Rechte für den Deutschen Bundestag.

Vielleicht ist der Präsident des BVG, Prof. Andreas Voßkuhle, hier aber doch schon weiter, als Herr Schulz unterstellt, sagte Voßkuhle doch kürzlich, „ich ...finde die Idee eines europäischen Bundesstaates als Fernziel nach wie vor sinnvoll".

Auch wird dem BVG vorgehalten, dass es sich mit „ausbrechenden Rechtsakten" zu weit in den „politischen Raum" hineinbegebe. Hatte das BVG in seinem Lissabon Urteil doch angemerkt, dass nur noch wenig Spielraum für die weitere Übertragung von Kompetenzen „nach Europa" verbliebe. Wer denn einen europäischen Bundesstaat wolle, müsse zuvor das Volk befragen, so der Tenor des Urteils. In den Wahlrechts Urteilen zu den Prozentklauseln bei der Europawahl läßt sich auch ein deutlicher Hang des BVG feststellen, die Rechte des Bürgers, neben den Rechten des Parlaments, zu stärken. Es ging um Wahlrechtsgleichheit der Bürgerstimmen und Chancengleichheit der Parteien. Jede Partei sollte auch die Gelegenheit haben, sich vor dem Wähler zu blamieren. Es ging auch um das Problem der „verlorenen Stimme" des Minderheitenwählers. Hier sieht sich das Gericht deutlich auf der Seite des Bürgers, dessen Stimme auch in einer Minderheitenposition bei der Wahl zur Geltung kommen müsse. Immerhin blieben in der Bundestagswahl 2013 wegen der Fünfprozentklausel die Stimmen von rund sieben Millionen Wählern, gleich 16% der wahlberechtigten Bürger, unberücksichtigt.

86% der Deutschen haben großes Vertrauen in ihr oberstes Gericht, stellte das Meinungsforschungsinstitut Allensbach fest.

Auch ist zu bedenken, dass es in Deutschland für die Europawahl eine Art versteckte Sperrklausel gibt, denn 130.000 Stimmen sind erforderlich um überhaupt einen der 96 deutschen Sitze im Europaparlament (EP) besetzen zu können. Einen gemeinsamen europäischen Rechtsakt für die Europawahl gibt es bisher nicht. Jeder der 28 Staaten der EU wählt die Abgeordneten zum EP nach seinem Wahlrecht.

Nicht nur die Politik in Gestalt des Unionsfraktionsvorsitzenden Volker Kauder und der Rechtsausschuß Vorsitzenden Renate Künast (Die Grünen) hat das BVG attackiert, fürchtet sie doch um die Einschränkung ihrer Macht durch Kleinparteien im Bundestag. Kauder verlangte sogar „mehr richterliche Selbstbeschränkung“. Nun hat es Konflikte zwischen Politikern und dem BVG schon immer gegeben. Was die Regierung im Gesetzgebungsverfahren beschließt, kann vom Verfassungsgericht kassiert werden. Das BVG kontrolliert die Macht der Legislative und der Exekutive. Das ist seine grundgesetzlich festgeschriebene Aufgabe.

Doch auch renommierte Juristen griffen die Wahlrechtsurteile des BVG heftig an. So hat der Staatsrechtler Prof. Josef Isensee dem BVG vorgehalten, es habe nicht nur in den beiden Entscheidungen zum Europawahlrecht, sondern auch in den beiden Entscheidungen zum Bundestagswahlrecht seine Zuständigkeiten „deutlich überschritten“. Isensee meint, das

BVG habe „ohne Not in das gewachsene, sicher auch in vieler Hinsicht politisch kritikwürdige System eingegriffen“ und bringt dann zur Begründung eine politische Bewertung ein, die da lautet: „Die Einbuße an Gleichheit des Erfolgswertes der Wählerstimme, die durch die Sperrklausel bewirkt wird, ist gerechtfertigt, um der Funktionsfähigkeit des Bundestages willen“. Auch der frühere Verfassungsgerichtspräsident Hans-Jürgen Papier kritisierte die BVG Mehrheitsentscheidung zur „Drei Prozent Hürde“ bei der Europawahl.

„Wie man die „Fünf Prozent Hürde“ bei Bundestagswahlen für zulässig erachten kann, die „Drei Prozent Hürde“ bei Europawahlen aber nicht, leuchtet mir nicht ein“, so Prof. Papier. Das sah das BVG eben anders. Es hatte eine andere Bewertung. Es blickte auf den Bürger.

Arbeiten an der „EU Roadmap“

Auf dem Gipfeltreffen am 28. Juni 2012 hatten die europäischen Staats- und Regierungschefs eine „Roadmap“ beschlossen und neue Arbeit für die Herren Draghi, Barroso, Juncker und van Rompuy verteilt.

Es sollten Pläne für eine Bankenunion, für eine Fiskalunion, für eine politische Union sowie für Strukturreformen entwickelt werden. Ein bißchen viel „Union“ auf einmal schrieb ich in meinem Buch „Euroland“.

Mit Ausnahme der Bankenunion ist aus den anderen „Unionen“ auch nichts geworden. Aber erst mit den milliardenschweren Rettungsaktionen der irischen Großbanken und der spanischen Sparkassen stiegen die Staatschulden der Länder in ungeahnte Höhen. Wir sahen im Mai 2010 die Staatsschuldenkrise. Die Finanzinstitute, die diese Krise auslösten, kamen nun erst recht ins Visier der Staatenlenker. Ursache waren die wie siamesische Zwillinge aneinander geketteten Banken und Staaten: Die Staaten verloren ihre Bonität, weil sie ihre Banken mit viel Geld „retteten“, die Banken verloren ihre Bonität, weil sie als Käufer der Staatsanleihen ihre Staaten finanzierten. Aber erst im Juni 2012 rafften sich die Regierungschefs zur Tat auf: Die Roadmap entstand.

Mit der Zusage Mario Draghi's im Juli 2012, den Banken ihre maroden Staatsanleihen abzukaufen, „whatever it takes", was auch immer es kostet, schuf die EZB dann das Zeitfenster, um mit Bilanzprüfungen und Stresstests in den 128 größten Banken Eurolands die Bankenaufsicht vorzubereiten.

Man war sich einig:

Die Bankenunion muss kommen

Bankenunion heißt, das Bankwesen in den Ländern der Eurozone, die damit verbundenen Verantwortlichkeiten und die Eingriffsmöglichkeiten von der nationalen auf die internationale, überstaatliche, europäische Ebene zu heben. Damit will man verhindern, dass zuerst die Nationalstaaten von ihren Banken in den Ruin getrieben werden, und anschließend die Banken von ihren Pleitestaaten ruiniert werden. Die Sanierung der Vielzahl europäischer Banken kam kaum voran, weil die Rekapitalisierung der aufgeblasenen Bankbilanzen sehr teuer ist. Erste Ideen für eine „Bankenunion" erblickten schon 2010 das Licht der Welt. Aber erst im Juni 2012 wurde dieses Arbeitspaket im Rahmen der „EU Roadmap" dem EZB Präsidenten Mario Draghi zugeteilt. Der packte es auch couragiert an.

Die Bankenunion ist das größte europäische Integrationsprojekt nach der Einführung des Euro. Doch handelt es sich nicht wie beim Euro um ein langfristiges Projekt, sondern um einen gewaltigen politischen Kraftakt in Folge der Staatsschuldenkrise. Träger des ersten Bausteins war die EZB: Die Einführung der europäischen Bankenaufsicht. Seit Mitte 2012 auf der Agenda, wurde die Bankenaufsicht zum 1. November 2014 realisiert.

Dieses Mammutprojekt „Bankenunion" ist ein Drei Säulen Modell gegen die drei verschiedenen Gefahren der Finanzkrise 2007 - 2012:

1. Bankenaufsicht: Soll eine Wiederholung der Finanzkrise (07/09) verhindern.
2. Bankenabwicklung: Instrument gegen Abhängigkeit Banken/Staaten (10/12).
3. Europäische Einlagensicherung: Soll den „run" auf dieBanken verhindern.

Inzwischen steht die erste Säule Bankenaufsicht. Die Bankenabwicklung wird 2016 eingeführt. Die „Einlagensicherung" läßt noch auf sich warten.

Die „Master im Desaster"

Die so selbstsicheren, selbsternannten „Masters of the Universe", die Herren der (Finanz)Welt, stecken im Jahre sieben nach dem Finanzcrash gleichzeitig in mehreren Problemen der geplanten europäischen Bankenunion. Eigentlich wollten sie die Haftung für die Krisenbanken in der EU wieder den Steuerzahlern zuschieben. Doch daraus wird wohl nichts. Über den Umweg des Europäischen Stabilitätsmechanismus (ESM) erhalten auch die Pleitebanken künftig Geld. „Die Bankenunion ist eine Haftungsunion" (Hans-Werner Sinn). Die Haftungsregeln für Banken (künftig „Bankenunion" genannt), sollen für Deutschland bereits ab dem 1. Januar 2015 in Kraft treten, für den Rest der EU erst ein Jahr später.

Die „Haftungskaskade" für marode Banken in der Abfolge des Eintretens der Haftenden sieht nun so aus:

1. Eigentümer der Bank, die Aktionäre,
2. Gläubiger der Bank, die Inhaber von Schuldverschreibungen der Bank,
3. Großsparer mit ungesicherten Einlagen über 100.000 Euro,

4. Nationaler Abwicklungsfonds, soweit vorhanden,

5. Betroffener Mitgliedsstaat der Krisenbank, sofern zahlungsfähig,

6. ESM, der Steuerzahler.

Damit haftet Deutschland nicht nur für seine eigenen Banken, sondern für sämtliche Krisenbanken in der gesamten EU.

Der geplante Einlagensicherungsfonds mit 55 Milliarden Haftungskapital, einzuzahlen stufenweise bis 2024, wird in Finanzkrisen nicht ausreichen. Eine Finanzkrise trifft ja nicht nur eine Bank, sondern viele Institute. Und wie wollen Banken sich gegenseitig retten, wenn sie pleite sind? 17 Milliarden Euro sollen allein die deutschen Banken in den Fonds einzahlen. Spanien hat schon mal, rückwirkend ab 1. Januar 2014, alle Sparguthaben unbegrenzt und ab dem ersten Euro mit einer Sparersteuer von 0,03 % belegt. Die Bundesbank empfahl in ihrem Monatsbericht im Januar 2014 die Belastung privater Ersparnisse als Alternative zur Staatsinsolvenz. Der IWF schlug im Mai 2014 in die gleiche Kerbe und forderte Schuldenanpassungen und Schuldenschnitte. Das bedeutet für Staatsanleihen Zwangsumtausch, Zinssenkung und Laufzeitverlängerung. Die Anfänge sind gemacht. Andere Staaten werden angeregt zu folgen.

Und zur Erinnerung: Über Rettungsschirme und Garantien wurden bereits die Staatsschulden der Krisenländer „abgesichert". Die Bankenunion will nun auch die Bankschulden der südlichen Krisenländer absichern, die dreimal so hoch sind wie deren Staatsschulden. Nimmt man die Staats- und die Bankschulden der fünf GIPSI Länder zusammen, sprechen wir von 12 Billionen Euro. Wer wollte diese Unsummen in einer Bankenunion als Haftungsunion absichern? Eine Ausfallquote von 20% entspricht mit 2,4 Billionen Euro Verlust dem deutschen BIP des Jahres 2014!

Allein in Deutschland belaufen sich die Bankschulden auf rund 8 Billionen Euro, zuzüglich der „expliziten" Staatsschulden sind es mehr als 10 Billionen Euro. Dazu käme noch die „implizite" Staatsschuld für künftig fällige staatliche Versprechen aus Ansprüchen in der Rentenversicherung, Krankenversicherung und der Pflegeversicherung von 206% des BIP, also noch einmal 4,9 Billionen Euro nicht finanzierte Staatsschulden[22]. Ohne die private Verschuldung der 82 Millionen steht den Deutschen Mitte 2015 also schon eine Gesamtschuld von rund 15 Billionen Euro ins Haus.

Die Politiker müßten eigentlich erkennen, dass die gleichzeitige Erhaltung der bestehenden Eurozone und das Weiterwälzen der Schulden in die Zukunft sowohl die Wirtschaft im Euroland als auch der EU für lange Jahre zur wirtschaftlichen Stagnation verdammt. Die derzeit vor allem von den Südländern geforderten „Wachstumsimpulse" über neue schuldenfinanzierte Konjunkturprogramme werden nur konjunkturelle Strohfeuer und neue Schulden bringen. An schmerzhaften Strukturreformen zur Verbesserung der Wettbewerbsfähigkeit und zur Erhöhung der ökonomischen Produktivität führt kein Weg vorbei!

Gespenster gehen um: Deflation oder Inflation

Deflation

Nun will die EZB mit ihren Programmen ab Januar 2015 unbedingt die in Euroland drohende Deflation bekämpfen

Was heißt das? Das Gegenteil der Inflation, eine Deflation, wäre noch viel gründlicher und nachhaltiger demokratiezerstörend als die Inflation, sagt man, sagen vor allem Politiker. Sagt nun auch die EZB.

Aber was geschieht in einer Deflation?

In der Deflation erwartet man eine breite Abwärtsspirale der Preise. Zunächst fallen viele Preise, dann fallen über längere

22 Prof. Raffelhüschen, Uni Freiburg

Zeit alle Preise. Güter und Dienstleistungen werden immer billiger. In der Deflation steigt damit auch der Wert des Geldes. Die Konsumenten horten das Geld und warten. Jeder wartet, dass die Güter noch billiger werden, bis sie am Ende „nichts mehr kosten". Eine Demokratie kann in der Deflation kaum überleben, da die Wirtschaft zusammenbricht. Zwischen Pest und Cholera wählen Demokratien dann doch lieber die Inflation.

Ende Februar 2014 erklärte die EZB, „zum gegenwärtigen Zeitpunkt haben wir keinen Beweis dafür, dass die Konsumenten geplante Ausgaben verschieben, was man in einem deflationären Umfeld beobachten könnte". Damit versuchte Mario Draghi, eine Deflation erst einmal wegzureden.

Aber stimmt die Theorie überhaupt, dass Konsumenten bei sinkenden Preisen weniger kaufen? Trotz laufend fallender Preise für Computer und Mobiltelefone, boomt der Markt für Elektronik aller Arten. Gleiches gilt für modische Konsumartikel. Und was sollte eigentlich so ärgerlich sein an fallenden Preisen, freut sich doch zunächst ein jeder „wenn es billiger wird"! Bekommt man doch mehr für sein Geld. Die Schnäppchenjäger freut es ganz besonders. Es ist etwas ganz anderes zu beobachten: In einer „echten" Deflationsphase sinken auch die Einkommen, zumindest stagnieren sie. Käufe werden wegen geringerer Einkommen verschoben, nicht wegen sinkender Preise. Sind die Wirtschaftsteilnehmer hoch verschuldet, wie in der Eurozone, wird in einer Deflationsphase die Schuldenlast immer drückender. Man spart, um seine Schulden abzubauen. Sinken in einem Land Preise und Löhne bleiben die Schulden doch in alter Höhe bestehen. Zinszahlungen und Tilgungen werden immer schwieriger. Das ist die bedrohliche Situation in den Krisenländern. Die Nachfrage nach Gütern und Krediten sinkt und Preise fallen. Pleiten und Kreditausfälle nehmen zu. Rechnen die Verbraucher mit sinkenden Einkommen, ändern sie ihr Kaufverhalten.

Die Einkommenserwartungen sind also entscheidend für das Entstehen einer Deflation, nicht die Preise. Sinkende Preise als Folge technischen Fortschritts und steigender Produktivität können auch ein Zeichen ökonomischer Stärke sein.

Werden dagegen die Löhne massiv angehoben, wie es derzeit zumindest in Deutschland der Fall ist, treten eher wieder inflationäre Tendenzen auf.

Für schwache Länder ist das Gegenteil erkennbar. Sinkende Löhne können den Firmen helfen, kostengünstiger zu produzieren, ihre Exporte zu erhöhen. Negative Inflationsraten zwischen -0,2% und -1,3% sahen wir im März 2014 in Spanien, Griechenland und Zypern. Krisenstaaten müssen ihre fehlende Wettbewerbsfähigkeit wieder gewinnen. Das geschieht, wenn die Preise fallen und die Realeinkommen sinken. Hier sieht man Deflation, aber auch langsames Wachstum. Diesen hoch verschuldeten Eurostaaten droht aber noch eine andere Gefahr: Die „Schuldendeflation". Dieser Begriff wurde von Irving Fisher in den dreißiger Jahren für die USA geprägt: Bei einem breiten Preisverfall (Deflation) steigt der Realwert der Schulden und macht es verschuldeten Unternehmen und Staaten immer schwerer, die Schulden fristgerecht zu bedienen. Die Folge ist eine Serie von Pleiten.

Oft werden die „verlorenen Jahrzehnte" Japans als Periode einer hartnäckigen, abschreckenden Deflation genannt. Aber: Der Konsum in Japan stieg zwischen 1995 und 2013 im Schnitt jährlich um 0,8% bei einer geringen Deflationsrate von minus 0,1%. In der gleichen Periode stieg der reale Konsum in Deutschland mit einer vergleichbaren Rate von 0,9% und einer durchschnittlichen Inflationsrate von 1,5%. Bei etwa gleicher Konsumentwicklung sieht man in den beiden Industriestaaten gleichzeitig Deflation und Inflation. Es kann also nicht am Konsumverhalten liegen, in welche Richtung sich das Preisniveau bewegt. Seit Oktober 2013 liegt die Inflationsrate in Euroland unter 1%. Die noch

geringere Inflation im März 2014 mit 0,5% in der Eurozone
– seit fünf Jahren der niedrigste Stand – hatte die Furcht vor
einem Abgleiten in die Deflation verstärkt. Tendenz weiter
fallend. Am 3. April 2014 äußerte sich die EZB: „Im EZB Rat
herrscht Einstimmigkeit, dass gegebenenfalls auch weitere
unkonventionelle Maßnahmen eingesetzt werden können,
wenn die Inflation zu lange sehr niedrig bleibt", sagte Mario
Draghi und tat zunächst - nichts.

Das nennt man „verbale Intervention".

Draghi betonte, dass zu den diskutierten Maßnahmen auch
„Quantitative Easing" (QE) zähle, also der Kauf staatlicher
oder privater Anleihen mit gedrucktem Geld. Nicht nur bei
Deflation, sondern auch bei anhaltend niedrigen Inflationsraten könnte QE eingesetzt werden. Die Notenbanken der
USA, Japans und Großbritanniens praktizieren QE seit Jahren. Nach einem bestimmten Schlüssel kaufen die Notenbanken beim QE Programm Bonds (Anleihen) ihrer – aber auch
anderer – Länder auf und erhöhen damit die verfügbare Liquidität. Sie hoffen dabei auf eine wachsende Wirtschaft, auf
steigende Preise und damit auf eine leichte Inflation.

Wie wir wissen, kann eine Notenbank unbegrenzt „Geld drucken". Sie kann aber die Wirtschaftssubjekte nicht zwingen,
Kredite aufzunehmen. Im Januar 2015 lag die jährliche Inflationsrate der Eurozone bei -0,6%, stieg dann im Februar
2015 auf -0,3%. Der Leitzins der EZB war zwischenzeitlich
auf das Rekordtief von 0,05% reduziert. Nach 0% kommt für
Bankeinlagen bei der EZB nur noch der Strafzins.

Aber die EZB hatte vorgewarnt: Die unkonventionellen Maßnahmen kamen dann Anfang 2015 mit dem Kauf von monatlich 60 Millarden Euro Staatsanleihen - ein QE Programm
bis zu 1,14 Billionen Euro.

Inflation

Will Draghi die Verschuldung in der Eurozone senken, braucht er eine leichte Inflation. Ohne Inflation können unsere westeuropäischen Demokratien nicht überleben, denn nur durch Inflation können sich Staaten von ihren gigantischen Schuldenbergen, die sie zur Finanzierung des Wohlfahrtsstaates aufgetürmt haben, längerfristig entschulden. Inflation ist auch ein geräuschloses Enteignungsinstrument, da die Menschen bei schleichender Inflation zunächst nicht allzu viel davon merken, insbesondere wenn Preissteigerungsraten durch steigende Löhne ausgeglichen werden, also die Löhne und Gehälter parallel mit inflationieren.

In der Inflation fällt der Wert des Geldes. Zunächst braucht man immer mehr Geld für die gleiche Gütermenge, dann braucht man immer mehr Geld für immer weniger Gütermenge, bis man am Ende, siehe 1923, für viel Geld überhaupt nichts mehr bekommt.

Maximal zwei Prozent Preissteigerung ist bei der EZB noch Preisstabilität.

Offiziell heißt es „bis knapp unter 2%" besteht Preisstabilität! Akzeptiert die EZB aber eine Inflationsrate von über 2% und hebt sie nicht gleichzeitig die Zinsen an, kann sich der Staat in der zeitlichen Lücke zwischen dem Leitzins von etwa 1% und einer späteren Zinserhöhung weiter entschulden. Also sollte man in der Euro Staatsschuldenkrise auch nicht so viel über Inflation reden, meint die EZB.

Nur muss man bedenken: Der offiziell ausgewiesene Preissteigerungsindex zeigt nur etwa die Hälfte der tatsächlich „gefühlten" Inflationsrate, da die Warenkörbe, die den Index formen, nicht die Erfahrung und auch nicht die Lebenswirklichkeit des Konsumenten abbilden. Sein Kaufkraftverlust ist höher.

Von 2002 bis 2010 hat sich die Kaufkraft des Euro für den konsumnahen Warenkorb halbiert. Die höheren Preise führen zu steigenden Steuereinnahmen, und zwar über die Verbraucherpreise zu höheren Umsatzsteuereinnahmen, über Lohnerhöhungen zu steigenden Lohn- und Einkommensteuern und über steigende Nominalgewinne der Betriebe zu höheren Ertragsteuern. Mit den verteuerten staatlichen Leistungen steigen dann auch noch die Gebühren und Abgaben und damit die entsprechenden Staatseinnahmen. Selbst ohne eine reale Wohlstandsmehrung erzielt der Staat auf diese Weise ständig höhere inflationäre Einnahmen, mit denen er sich gegen die niedriger zu Buche stehenden Altschulden schneller entschulden kann. Bei steigenden Preisen werden auch die Gewerkschaften nicht lange stillhalten. Sie werden Lohnerhöhungen fordern, und die werden sie unter Einsatz von Streiks auch bekommen. So wie in Deutschland in 2014 und 2015 praktiziert. Dann beginnt die Phase der Lohninflation, die zu weiteren Preissteigerungen führt.

Die Wissenschaft sagt: Bei einer offiziellen Geldentwertung zwischen zwei und vier Prozent ohne entsprechende Zinserhöhungen kann die EZB den verschuldeten Sozialstaat am Leben erhalten, denn der Staat kann die stets neu gemachten Schulden mit entwertetem Geld leichter zurückzahlen. Dieses Spiel läuft solange wie die Geldeinheit „Euro" (oder Dollar oder Pfund) bleibt. Denn man sieht ja dem Geld seinen Inflationsgehalt und damit seinen zunehmenden Wertverlust nicht an! Euro ist Euro! Euro ist aber auch „Teuro". Der Bürger sieht nur, dass seine Lebenshaltungskosten und seine Steuer- und Abgabenlasten laufend steigen. Das nennt man auch „lautlose Enteignung". Die EZB wird Zinserhöhungen weiter verzögern und erfüllt damit ihre Entschuldungsaufgabe für den Staat, nicht aber für den Bürger.

Nur reicht das alles nicht!

Ein Wirtschaftswachstum von 8% wäre in Deutschland nötig, um eine wirksame Schuldentilgung zu ermöglichen. Da ein derartiges Wachstum absolut unrealistisch ist, bleibt dem Staat nur die Inflation oder eine später folgende Währungsreform - in dieser Reihenfolge. Also muss erst einmal die Inflation wieder her! Von der Inflation gestützt, stolpert es sich leichter voran.

Das ist der klare EZB Kurs. Draghi, übernehmen Sie!

III.   Wohin stolpert Europa?

Die „Politische Union"

Noch immer vermissen wir eine Beschreibung, eine Definition, was denn eine künftige „Politische Union" sein soll. Mit dieser Definitionsaufgabe wurden im Juni 2012 die Herren Barroso, Draghi, Juncker und van Rompuy beauftragt. Sie haben nach einem ersten Versuch bisher nichts Klärendes, kein neues Einigungsprojekt, keinen Fahrplan vorgelegt. Es sollte die in die Zukunft führende „Roadmap" werden. Es gibt dazu nicht einmal ein Papier.

Also versuchen wir es noch einmal:

„Politische Union" heißt immer auch „mehr Europa", mehr Brüssel, mehr Zentralisierung, mehr Vereinheitlichung, mehr Vergemeinschaftung, mehr Schuldenunion, mehr Haftungsunion, mehr Kompetenzübertragung, mehr Bürokratie auf europäischer Ebene. Das hieße auch „Eurobonds".

Politiker bringen das Ganze auch gerne auf die Formel „mehr Solidarität" mit den Schwächeren. Das klingt sozialer. Deutschland ist dabei irgendwie „eingekeilt". Es sitzt in einer Falle. Erwartet die Bundesregierung von ihren Schuldnern, dass gewährte Hilfen auch zurückgezahlt werden, wird den Deutschen ein „Diktat" unterstellt, wird die Kanzlerin beschimpft, wird deutschen Politikern Angriff auf Kultur und Lebensart südeuropäischer Länder unterstellt.

Gibt die Regierung dagegen den hilfsbereiten Zahlmeister, übernimmt sie Garantien für die Schulden anderer Länder, verstößt sie gegen den klaren Verfassungsauftrag, Schaden vom deutschen Volk abzuwenden. Auch könnte es sein, dass Deutschland mit der sentimentalen Sucht nach „mehr Europa" relativ allein in europäischen Landen steht. Denn Souveränitätsverzicht gehört nicht unbedingt zu den Tugenden der stolzeren Nationalstaaten in Europa.

Die Deutschen wollen schon gerne, dass gespart wird, dass flexibilisiert und reformiert wird, nur nicht gerade in Deutschland. Auch die Schuldenunion ist hierzulande nicht sehr beliebt und der Ausstieg aus dem Euro schon gar nicht.

Eigentlich möchte man sich die ganze Schuldenkrise vom Leib halten, auch nicht allzu viel darüber reden, denn das ist ja das Problem der anderen, der Südländer, der Peripheriestaaten. Die sollen sparen und reformieren und ihre schwache Wettbewerbsfähigkeit erhöhen. Deutschland geht es ja gut und macht es richtig. Nur leider ist es nicht so. Denn nach der Bundestagswahl am 22. September 2013 konnten sich die Probleme Europas mit voller Wucht zurück melden, liegen die ungelösten Fragen wieder auf dem Tisch. Geht es wieder um „mehr Europa", um neue Hilfen, um wachsende Schulden und fehlende Konzepte.

Europa hat keine Architektur, nur sieben konkurrierende Institutionen. Die EU Kommission und das EU Parlament wollen beide mehr Rechte, mehr Durchgriffs- und wirksamere Entscheidungsmöglichkeiten. Die EU-K möchte gerne die Europäische Regierung werden. Das Europäische Parlament möchte die parlamentarische Kontrolle eben dieser Regierung übernehmen. Die Regierungschefs könnten dann eine Art „zweiter Kammer" werden, dem Deutschen Bundesrat vergleichbar. Die Staaten sollen sich dann um die Umsetzung der in Brüssel und Straßburg beschlossenen Gesetze kümmern. Europäische Staatsregierungen werden dann eine

Art „Nationaler Landtag", die Bundesländer eine Art „gehobener Kreistag". So sieht wohl die bisher unveröffentlichte „Blaupause EU" in den Amtsstuben der Eurokraten aus. Das Machtstreben der Institutionen wird unter dem Etikett „mehr demokratische Legitimation" versteckt. Die Staatschefs der EU Länder werden versuchen, das zu verhindern.

Der Bürger spielt bei alledem keine Rolle. Er will von dem Streit auch nichts mehr hören. Er hat im Mai 2014 ein neues EU Parlament gewählt. Ihm wurde aber nicht gesagt, was er und warum wählen sollte, sondern nur, wen er wählen soll: einen neuen Europaabgeordneten für das EP. Was der dann tut, weiß der Bürger nicht. Er wird ja auch nicht gefragt, denn er könnte vielleicht eine ganz andere Meinung von Europa haben.

Am Ende einer Vision von „mehr Europa" in einer politischen Union kann als Rechtsrahmen doch nur der „Europäische Bundesstaat" stehen, denn auch eine politische Union braucht eine staatsrechtliche „Verfaßtheit", braucht eine Verfassung, braucht neue Verträge, braucht die Zustimmung der Völker, braucht Volksabstimmungen. Sie braucht eine Rechtspersönlichkeit mit allen Attributen eines demokratischen Rechtsstaats.

All das wird nicht gesagt. Und so stochern wir weiter im Nebel. Es gibt aus der Geschichte kein Beispiel, dass eine Währungsunion längere Zeit überlebt hat. Und eine Währungsunion ohne einen Staat schon gar nicht. Dabei sollte doch gerade der Euro das Projekt Politische Union voranbringen, die Eurozone sich in der EU vollenden! Es folgte bei früheren Versuchen entweder der Zusammenbruch der Währungsunion oder der Übergang in eine politische Union. Die drei einzigen vorzeigbaren Erfolgsmodelle einer Währungsunion sind die USA, die Schweiz und Großbritannien. Aber alle drei funktionieren nur als Staaten. Das heißt „europatauglich" formuliert: Diese drei Staaten funktionieren nur als Politische Union mit einer Verfassung, mit einer Fiskalunion und mit einer Einheitswährung in einem Nationalstaat.

Aus diesen historischen Fakten ergeben sich für das Euroland drei Alternativen:

1) Entweder mit Hilfe der EZB „Weiterwursteln" wie bisher
2) Zerfall der Eurozone
3) Die Politische Union Europas in einem Europäischen Bundesstaat

Zu Alternative 1

Hier kann Euroland sich innerhalb der EU mit Hilfe der geldpolitischen Maßnahmen der EZB bis zur nächsten Finanzkrise weiter durchlavieren. Die Krisenstaaten können sich hinter ihren Zusagen von Reformen und Verbesserungen ihrer Wettbewerbspositionen verstecken, können ihre Schulden auf der EZB Bilanz abladen und mit Hilfe neuer Kredite und weiterer Haftung der Geberländer sowie des ESM die Entwicklung abwarten.

Zu Alternative 2

Hier gäbe es zwei Varianten: Innerhalb der EU folgt eine Verkleinerung der Eurozone durch Austritt der kleineren Krisenstaaten aus dem Euro, Übergang zu eigenen Währungen, aber mit einem Verbleib in der EU. Oder es gäbe eine geordnete Abwicklung der Eurozone zu Nationalstaaten mit eigener Währung. Das will die europäische Politik mit allen Mitteln verhindern. Denn dann müßten die Regierungen der Euroländer und die Staatschefs der EU zugeben, dass die Konstruktion der Währungsunion ein katastrophaler Fehler war.

Zu Alternative 3

Für eine Politische Union als einer europäischen Haftungsgemeinschaft müßten sich die Euroländer zu einem Europäischen Bundesstaat mit einheitlicher Währung zusammenschließen. Das fordert nach bisherigem Informationsstand außerhalb Deutschlands kein anderes Land. Und in Deutschlands gibt es dazu immer weniger Zustimmung.

Ein Anfang: Euroland als „Eurostaat"?

Wie wäre es mit einem Neustart? Schwankend zwischen einem vielleicht erstrebenswerten „Europäischen Staatenbund" unabhängiger Nationalstaaten und einem vielleicht kommenden „Europäischen Bundesstaat" leben wir auch im Jahre 2015 noch in einem Schwebezustand, in einem „Euroland der EU19", der neunzehn Länder, „deren Währung der Euro ist", verbunden über die europäischen Verträge mit einem Länderblock der neun EU Staaten mit eigenen Währungen.

Neunzehn Länder haben den Kern ihrer staatlichen Souveränität, den Träger ihrer nationalen Identität, nämlich ihre eigenen Währungen aufgegeben und die Steuerung der Euro Währung auf die EZB übertragen. Neun Länder haben ihre Währung behalten. Sie sind in ihrer Geldpolitik noch souverän.

Das „Euroland" der 19 Staaten wird geführt von der EZB und in ihrem Status erhalten durch die Macht der EZB, unbegrenzt billiges Geld zu schaffen. Würde sich die EZB nicht der Rettung des Euro und dem Erhalt der Eurozone verschrieben haben, zerfiele dieses „Euroland" in seine verschiedenen Bestandteile. 2012 stand es kurz davor. In den Ländern, deren Währung der Euro ist, auch „Eurozone" genannt, galt „in den alten Zeiten" vor 2003 noch der Maastricht Vertrag mit seinen Stabilitätskriterien und der „no-bail-out" Klausel, in der jedes Euroland nur für seine eigenen Schulden haftete und die beiden Obergrenzen der staatlichen Verschuldungen einzuhalten hatte. Das ist vorbei. In 2003 wurden die Maastricht Kriterien durch die Interventionen Frankreichs und Deutschlands außer Kraft gesetzt. Den Kampf im Euroland zwischen den stabilitätsorientierten, von der Philosophie der Deutschen Bundesbank geprägten Nordländern und den Lateineuropäern, hat der Norden verloren.

Schon vor Einführung des Euro, bei der Gestaltung der europäischen Zentralbank, ging es um ein völlig gegensätzliches Verständnis in der Gestaltung der EZB und damit der europäischen Währungspolitik. Kurz gefaßt: Hartwährung gegen Weichwährung.

Soll eine Euro Währungspolitik nur der Preisstabilität verpflichtet und unbeeinflußbar durch die Politik sein, oder darf die dann verantwortliche Europäische Zentralbank entsprechend den Vorstellungen der Lateineuropäer, zu denen die Italiener, Spanier, Griechen, Portugiesen und auch die Franzosen zählen, die von der Politik gewollte Wirtschafts- und Finanzpolitik unterstützen? Damit dürfte die EZB dann auch notleidenden Regierungen finanziell zu Hilfe eilen, eine Niedrigzinspolitik „für alle" betreiben und die Währung als Instrument der Euro Abwertung einsetzen, also ähnlich der Konstruktion der US Notenbank Fed, der Wirtschaft auch finanzpolitisch gestützte Wachstumsimpulse verschaffen.

Selbst die verbotene Staatsfinanzierung durch eine Zentralbank findet bei den Lateineuropäern viel Verständnis. Es wurde den Nordländern auch immer erzählt, dass eine Vergemeinschaftung der Schulden durch das Verbot des „Herauskaufens" von Schuldnerstaaten, also durch die „no-bail-out" Klausel im Vertrag, verboten ist. Auch diese Klausel wurde im Zuge der Euro Rettung aufgehoben. Da die Hartwährungsländer in der EZB in der Minderheit sind, hatte auch Deutschland keine Chance, diesen Vertragsbruch des Herauskaufens von Krisenländern zu verhindern.

Da die Vergemeinschaftung unauffällig über die Bilanzen des EZB Systems, des EFSF und des ESM läuft, konnten die Regierungen den ahnungslosen Nordeuropäern vormachen, dass es keine Gemeinschaftshaftung gibt, denn welcher Bundesbürger liest schon die Bilanz der EZB, oder gar des ESM. Und die Vergemeinschaftung der Schulden, die nicht auf der

EZB Bilanz erscheint, steht in den Büchern der beiden Rettungsfonds. In diesem Euroland gibt es nur durchlöcherte Verträge ohne Verfassung, ohne Staatlichkeit.

Euroland ist ein „Eurostaat" ohne Staatlichkeit.

Schwaches Wachstum bei niedrigen Zinsen

Seit den 90er Jahren schwimmt die Welt auf einer gigantischen Überliquidität, ohne dass nennenswertes Wachstum entsteht, weder in den Industrieländern noch in den Schwellenländern. Und in Euroland schon gar nicht. Im Gegenteil die Zuwachsraten in den bisherigen Wachstumstreibern, den Schwellenländern, gehen zurück, die Wechselkurse der Valuten bröckeln.

Das weltweite Produktivitätswachstum der Industrieländer geht seit 1970 kontinuierlich zurück. Heute stagniert es um die Nulllinie. Das Zwischenhoch der Schwellenländer von 1980 bis Mitte des ersten neuen Jahrzehnts nähert sich ebenfalls der Nulllinie. Auch die Eurozone dümpelt vor sich hin. Ein bescheidenes Wachstum von vielleicht einem knappen Prozent in den zwei kommenden Jahren wird schon hoch gelobt. Nach den zwei Jahren BIP Schrumpfung ist das ein relativer Fortschritt, zumindest eine Trendwende. Auch die Arbeitslosigkeit wird in den Krisenländern der Eurozone nur sehr langsam sinken. Die Schwellenländer fallen als Impulsgeber aus. Es wird weltweit zu wenig investiert. Investitionen in neue Produktbereiche sind zeitintensiv und risikoreich. Ersatzinvestitionen in bestehende Anlagen werden mangels verläßlicher Produktnachfrage zurückgestellt. Das viel billige Geld wandert spekulativ in die Vermögensklassen Aktien, Immobilien, Rohstoffe, Anleihen, Kunst und Ackerflächen. Große Konzerne sitzen auf hohen Bargeldbeständen, kaufen Aktien zurück oder übernehmen zu günstigen Konditionen bestehende, aussichtsreiche Konkurrenzfirmen. Damit verschwindet Innovationsdynamik. Geld schafft kein Unternehmertum, Umverteilung schafft kein Wachstum.

Nicht nur die Eurozone hat mehr als ein Problem. Der Ruf nach „mehr Europa" beflügelt auch nicht die Investitionsbereitschaft. Nur zweierlei wächst weltweit: Bürokratien und Staatsapparate. Nun sucht die EU nach neuen Horizonten, neuem Wachstum, in den USA, in Kanada und in Asien.

Der „Europaartikel" 23 des Grundgesetzes

„Zur Verwirklichung eines vereinten Europas wirkt die Bundesrepublik Deutschland bei der Entwicklung der Europäischen Union mit, die demokratischen, rechtsstaatlichen, sozialen und föderativen Grundsätzen und dem Grundsatz der Subsidiarität verpflichtet ist und einen diesem Grundgesetz (GG) im wesentlichen vergleichbaren Grundrechtsschutz gewährleistet. Der Bund kann hierzu durch Gesetz mit Zustimmung des Bundesrates Hoheitsrechte übertragen". So steht es im Artikel 23, Abs. 1, GG.

Das sind schon beachtliche Aussagen zur Gestalt eines „Vereinten Europas". Diese auch in Artikel 20 GG niedergelegten vier Strukturprinzipien und die damit verbundene Verfassungsidentität sind der Disposition des Gesetzgebers entzogen. Entsprechend darf auch Artikel 23 wegen der sogenannten „Ewigkeitsklausel" des Artikels 79, Absatz 3 GG nicht umformuliert werden.

Ob Artikel 23 mit qualifizierter Mehrheit des Deutschen Bundestages geändert werden kann, ist unter Staatsrechtlern umstritten. Die vier Grundsätze, welche die Bundesrepublik Deutschland konstituieren (Artikel 23 GG) sind wohl auch einer qualifizierten Mehrheit des Bundestages entzogen. Daher können wir davon ausgehen: Das Demokratieprinzip, das Rechtsstaatsprinzip, das Sozialstaatsprinzip und das Bundesstaatsprinzip sind nicht änderbar. Man kann sie nur schleichend aufweichen. Wollte Deutschland seine nationale Souveränität als Gliedstaat in einen Europäischen Bundesstaat einbringen, erforderte das ein neues Verfassungsgesetz. Das bedingt eine Volksabstimmung. So entschied das BVG im Jahr 2009 in seinem Lissabon Urteil. Die europäische Realität zeigt aber etwas anderes: Die gegenwärtig praktizierten Entscheidungsstrukturen der EU verletzen in Teilen die vier vorgegebenen Verfassungsgrundsätze:

„Demokratisch"

Die EU „verfaßt" kein Volk, das sie legitimieren könnte. Es gibt kein europäisches Volk. Es gibt nur Völker in Europa. Die Institutionen der EU sind nicht demokratisch gewählt, nicht einmal das Europäische Parlament erfüllt den hohen demokratischen Anspruch, denn dessen Wahlmodus verletzt das Prinzip der Egalität.

„Rechtsstaatlich"

Die EU kennt keine Gewaltenteilung. Exekutive und Legislative sind in den Organen der EU nicht eindeutig und durchgängig getrennt. Verträge können sanktionslos mißachtet werden.

„Sozial"

Der stark regulierte Binnenmarkt und die Einheitswährung Euro haben für einige Staaten und viele Unternehmen die Wettbewerbsfähigkeit eingeschränkt und in den südeuropäischen Ländern Armut und Arbeitslosigkeit verursacht. Wut und Widerstand sind die Folge. Die einerseits unterbewertete Einheitswährung Euro verschafft den starken Ländern Wettbewerbsvorteile und schwächt -als für die Krisenländer überbewertete Währung- nachhaltig deren Wettbewerbsfähigkeit. Der Zahlungsbilanzausgleich in der Währungsunion funktioniert daher nicht mehr. Das führt zu gefährlichen Neidreaktionen der Peripheriestaaten hinsichtlich der deutschen Leistungsbilanzüberschüsse. Diese Überschüsse bringen die EU-K auf die abstruse Idee, Deutschland müsse teurer werden, Löhne erhöhen, auf Exporte verzichten und mehr konsumieren. Die Idee: Die Starken müssen schwächer werden, damit die Schwachen stärker werden. Dass die

Schwachen aus eigener Kraft stärker werden müssen, hat der zuständige EU Währungskommissar Pierre Moscovici noch nicht gefordert. Auf dem Label steht: Mehr „Soziale Gerechtigkeit"! Schulden werden durch Rettungsmaßnahmen sozialisiert, d.h. sie werden vergemeinschaftet.

„Föderativ"

Die Zentralisierungstendenzen der EU widersprechen den föderalen Grundsätzen. Das Prinzip der Subsidiarität wird nicht genügend beachtet. Im Gegenteil, es werden, verstärkt auch durch die Rechtsprechung des bürgerfernen EuGH zum europäischen Gemeinschaftsrecht, ständig mehr Kompetenzen „nach Brüssel" gezogen. Der EuGH hat sich als überwiegend „europafreundlich" und „EU Institutionen nahe" in seinen verschiedenen Urteilen geäußert.

Ursache und Folge

Aus der impliziten Verletzung dieser vier Verfassungsgrundsätze in der „EU Realität" kann eine Tendenz zum zwar noch regionalisierten aber zunehmend reglementierten Einheitsstaat abgeleitet werden, der die verantwortlichen Nationalstaaten schleichend auflöst. Das Unionsinteresse hat Vorrang. In der EU wird überwiegend mit Mehrheiten entschieden, die entweder von nationalen Interessen oder von Vorstellungen zur großstaatlichen Erweiterung und zentralstaatlichen Vertiefung der Union geleitet sind. Vergessen wird auch allzu schnell, dass nur Souveränität und Subsidiarität die Freiheit der Bürger sichert, die in einem Superstaat verloren gehen.

Auch der Volksaufstand in der DDR und die Wende 1989 zeigten, dass die Deutschen als ein Volk in einem Staat mit einer Währung leben wollten. Das nennt man einen Nationalstaat. Wenn er dann demokratisch, rechtsstaatlich, sozial und föderativ verfaßt ist, erreicht man den Rechtsstaat. Man muss den „Demos" nur frei entscheiden lassen. Dann überwindet er auch Ideologien.

Zum Rechtsstaat in einem gemeinsamen Europa gehört natürlich auch, dass ethnischen, nationalen und religiösen Minderheiten der volle Schutz des Rechtsstaates zugesichert wird. Dass damals die Kritiker aus den neuen Bundesländern beklagten, sie wollten Gerechtigkeit und bekamen den Rechtsstaat, deutet nur auf ein Mißverständnis über Begriff und Inhalt der Gerechtigkeit hin, ist aber kein Argument gegen den Rechtsstaat, denn nur er kann ein sozial vertretbares Maß an Gerechtigkeit herstellen. Schaut man hinter den Begriff der Gerechtigkeit in seiner sozialpolitischen Anwendung, ist meistens Gleichheit gemeint. Gerechtigkeit bewährt sich aber nur in der „Einzelfallgerechtigkeit".

Am Anfang aller Staatlichkeit standen immer Leute, die es verstanden, auch ihre Sonderinteressen durchzusetzen, indem sie Besonderes in Allgemeines verwandelten. Aus dem Grundsatz „jedem das Seine" (suum cuique) machten sie dann „Gleiches für Alle". Wir finden dieses überkommene Denken heute noch in den diversen Rechtsakten verschiedenster Bürokratien auf allen staatlichen, zwischenstaatlichen und überstaatlichen Ebenen, die den Bürger bevormunden wollen – und sollen. Die Zukunft Europas liegt aber in einem Europa der modernen, föderalen, demokratischen Nationen, in einer Republik der Republiken, getragen von den Völkern Europas in ihren unterschiedlichen Kulturen, Historien, Mentalitäten und Sprachen. Ein vereintes Europa, wenn denn ein solches entstehen sollte, muss sich auf Verträge in einer Gemeinschaft des Rechts gründen.

Europa vor der „Europawahl 2014"

Es gab einmal eine Zeit der großen Europäer. Adenauer und Kohl zählen mit Sicherheit dazu. Es gab viele „Atlantiker" auf beiden Seiten des Atlantischen Ozeans. Die sahen den Anker deutscher Sicherheit und des europäischen Gleichgewichts in den USA. Bündnisfähigkeit und Verläßlichkeit waren der Kern nicht nur deutscher Staatsräson. Die Europäer mussten für die „Pax Americana" mit ihrer Souveränität zahlen. Heute zahlt Europa für den europäischen Frieden mit der Übertragung staatlicher Souveränität an die Europäische Union. Nur kann die Union das „Friedenswerk" leisten?

Was ist die ultima ratio der EU fragen wir: Ziel der EU ist, „eine dauerhafte Konvergenz der Wirtschaftsleistungen der Mitgliedstaaten zu gewährleisten". So sagt es Artikel 121 des AEUV, des Vertrags über die Arbeitsweise der Europäischen Union. Dieses Ziel soll durch einen ungehinderten finanzwirtschaftlichen Integrationsprozess in der EU erreicht werden.

Den Fortschritt auf diesem Weg zeigt ein von Renate Ohr und Jörg König entwickelter „Integrationsindex" für die EU25 (ohne Bulgarien, Rumänien, Kroatien). Dieser Index mißt 25 Indikatoren. Diese Indikatoren zeigen, wie weit jedes Land der EU25 mit den jeweils anderen EU Staaten wirtschaftlich verbunden ist. Die Ergebnisse:

1. Die politisch ökonomische Integration hat in den vergangenen Jahren trotz aller Streitigkeiten stetig zugenommen.

2. Aber die Unterschiede zwischen den einzelnen Staaten hinsichtlich der Integrationsbereitschaft und der Integrationsfähigkeit sind weiterhin erheblich, obwohl sich das Integrationsniveau insgesamt erhöht hat. Die Abstände sind geblieben. Die Streuung zwischen dem am stärksten in Europa integrierten Land Belgien (Index: 75,30) und dem am schwächsten integrierten Staat Griechenland (Index: 46,80) sind gravierend. Zur Spitzengruppe der stark integrierten Mitgliedstaaten zählen Belgien, Irland, Österreich, Deutschland und Frankreich. Zu den Schlußlichtern gehören Griechenland, Polen, Lettland, Ungarn, Litauen und Schweden. Auch Großbritannien rangiert nur im unteren Drittel.

3. Ein wichtiger Indikator der Autoren ist der Binnen-
   marktindex. Er zeigt, dass eine funktionierende Bin-
   nenmarktintegration nicht unbedingt eine gemeinsame
   Währung braucht. Wie wir gesehen haben, hat der Euro
   mehr zur Spaltung nicht nur der EU, sondern auch Eurolands beigetragen. Der Binnenmarkt hätte als Motor der
   Integration auf dem wirtschaftspolitischen Feld genügt.
   Der Binnenmarkt treibt die Konvergenz, nicht der Euro.

4. Erst am Ende eines mühsamen Prozesses mit dem Ziel
   ähnlicher wirtschaftlicher Produktivität und vergleichbar robuster Wettbewerbsstrukturen in allen Ländern
   der EU hätte sich Europa den Euro leisten können.

5. Das Ergebnis der Autoren: Ein „Mehr an Europa" bedeutet nicht zwangsläufig ein „Mehr an Konvergenz" der
   Wirtschaftsleistungen, bestätigt unsere These.

Offen blieben vor der Europawahl vor allem die bisher unge-
stellten Fragen: Wird aus der jetzigen Europäischen Union
ein Zentralstaat, als Europäischer Bundesstaat umschrieben? Soll es ein zentralistischer oder föderaler Europäischer
Bundesstaat werden? Oder ein undefinierter Superstaat? Ein
„Föderalismus freier Staaten"? Sollen weitere Kompetenzen
nach Brüssel übertragen werden, oder werden sie im Sinne
der Subsidiarität wieder in die Länder rückübertragen? Und
wenn ja, welche Kompetenzen? Zu all diesen Fragen war vor
der Europawahl von den Verantwortungsträgern nichts zu
hören.

Oder kommt doch das bisher undefinierte „mehr Europa",
mehr „Brüssel" mit einer dann notwendigen drastischen
Übertragung von Kompetenzen der Einzelstaaten an die Union? Auf leisen Sohlen, aber Schritt für Schritt. Das könnte
zur weiteren Einschränkung der bisherigen Staatlichkeit, am
Ende bis zur Selbstaufgabe der die Union tragenden Staaten
führen. Immer mehr politische Entscheidungen übergehen
dann den Souverän, das Volk. Das wird nicht ohne drama-

tische Konflikte ablaufen. Wie klang doch der Geist der Europäischen Verträge so schön und unverbindlich: „Das Ziel liegt in einer immer engeren Union der Völker Europas".

Wir erinnern uns noch einmal:

Auf dem Gipfeltreffen am 28. Juni 2012 hatten die europäischen Staats- und Regierungschefs eine „Roadmap" beschlossen und neue Arbeit für die Herren Draghi, Barroso, Juncker und van Rompuy verteilt. Die vier Präsidenten unterschiedlicher Institutionen sollten nicht nur Pläne für eine Bankenunion entwickeln, sondern auch ein Konzept für die politische Union erarbeiten.

Der Kommissionspräsident Barroso sah die Zeit gekommen, „Visionen für eine politische Union zu entwickeln und einen konkreten Weg zu zeigen, diese auch zu verwirklichen." Auf sieben Seiten hatten die vier Chefs ihre Vorstellungen von einer weiteren Vertiefung der Union beschrieben: Engere Verzahnung der Wirtschaftspolitik, stärkere Rolle der EU Kommission, eine gemeinsame Fiskalpolitik und mehr Integration. Daraus sollte sich die Kommission als europäische Regierung, dem Europaparlament verantwortlich, entwickeln, und der Europäische Rat als zweite Kammer eingeführt werden. Dazu dienen sollten ein neuer EU Vertrag, eine europaweite Diskussion über das künftige gemeinsame Zusammenleben in Europa. Und ganz am Ende sollte eine neue europäische Verfassung stehen. Doch so viel Vision konnte Europa nicht vertragen. Das Papier verschwand in den tiefen Schubladen der Akteure.

Da gehörte es auch hin, denn das Papier übte sich nur in „Strukturfragen", nicht an den entscheidenden Aufgaben: Was ist Europas Stärke? Auf welchen Feldern will Europa in der Welt künftig mit einer Stimme sprechen. Was kann Europa der Welt bieten, was andere nicht auch oder besser können? Wie soll Europas Zukunft aussehen? Und immer müßte dieses „Europa" einen Mehrwert gegenüber den einzelnen

Nationalstaaten bieten, einen „value added“. Damit hätten sich nicht nur die Eurokraten, sondern auch und vor allem die zur Gestaltung Europas gewählten Regierungschefs und Minister, aber auch das Europäische Parlament beschäftigen sollen!

Die europäischen Regierungschefs wollten aber die Macht nicht aus den Händen geben. Schon gar nicht an die EU Kommission. Die geballte Tatkraft der vier Präsidenten erschöpfte sich in der ungeliebten Europäischen Bankenunion. Mehr gibt es nicht. Aber die kommt!

Ansonsten weiter wie bisher : Durchwursteln!

Mehr Integration ist nicht gewollt, nicht von den Regierenden und auch nicht von den Regierten. Die Zukunft Europas war für die Bürger Europas kein Thema. Sie wurden dafür auch nicht motiviert. Das Theater mit den Griechen, der Reformunwille der Italiener und Franzosen ließen den europäischen Elan schnell ermüden. Skepsis auf allen Ebenen. Zurück zum „Maastricht Rahmen“!? Europa bliebe dann ein Verbund von Nationalstaaten. Die sollen sich selbst helfen, sie sollen für sich haften und sie können pleitegehen. Das war Maastricht. Mehr nicht. Und doch sitzen wieder alle in einem Boot und haften für einander, wenn der Bürger das auch nicht so gemerkt hat. Es ist so.

Das war die Situation vor der Wahl zum Europäischen Parlament in 2014.

Im Herbst 2013 hatte der EU Kommissionspräsident Barroso versprochen, seine Behörde werde sich nicht mehr in Probleme einmischen, die genau so gut oder besser auf nationaler Ebene gelöst werden können. „Die EU soll groß in großen und klein in kleinen Dingen sein.“ Sagte Barroso. Klingt gut. Nur der Brüsseler Apparat machte weiter wie bisher.

Mitte März 2014 legte der Binnenmarktkommissar Michel Barnier einen Gesetzentwurf vor, mit dem er die Probleme der Betriebsrentenkassen auf europäischer Ebene lösen wollte. Dabei gibt es kaum grenzüberschreitende betriebliche Pensionsfonds. Außerdem darf die EU Kommission rein nationale Unternehmen überhaupt nicht regulieren. Es gibt eben auch unnötige Rechtsakte. Das Brüsseler „Bürokratiemonster" lebt, ungehindert in seiner Aktivität. Was heißt schon Subsidiarität?

Die lockerste Zustandsbeschreibung der EU kommt kurz vor der Europawahl aus der CDU: „Europa ist heute ein freiwilliges Miteinander von 28 Mitgliedstaaten". Der Ex Außenminister Hans-Dietrich Genscher (FDP) verstieg sich gar zu der Behauptung „Europa ist eine Art Zukunftswerkstatt für eine neue Weltordnung". Europa in der Hand der Klempner und Monteure!? Der routinierte Europäer Jean-Claude Juncker beschrieb die Situation sehr treffend: Europa ist ein „Sammelsurium unterschiedlicher nationaler Befindlichkeiten". Nur Großbritannien hat sich bisher klar geäußert: „Weniger Europa..."

Sicher war bisher nur, dass vor der europäischen Wirtschaftsgemeinschaft zuerst die „Friedensgemeinschaft Europa" steht. Die ist Europas ultima ratio. Der tiefere Sinn der Europäischen Union. Auch der Friedensgemeinschaft haben die künftigen Strukturen zu dienen. Es gibt viele Alternativen für Europas Zukunft. Der Wahlbürger hat dazu bisher keine Antworten gehört - aber er soll wählen?

Selbst vor einer Europawahl werden die Fragen nach den Alternativen nicht gestellt, also brauchen sie von den Europaparteien und ihren politischen Vertretern auch nicht beantwortet zu werden. Aus den Wahlprogrammen der Parteien für die Europawahl ist kaum Konkretes zu entnehmen. Die EU soll nur noch das regeln, was „Wettbewerb, Wachstum und Innovation" dient, sagt die CDU. Das ist reine Ökonomie. Dazu sollte die Kommission weiterhin gemeinsame Märkte für Schienen- und Luftverkehr, für Energieversorgung sowie für den elektronischen Handel schaffen und für eine Beschleunigung und Standardisierung der Telekommunikation sorgen. Auch von einer „Regulierungsbremse" ist die Rede. Die anderen Parteien sagen Ähnliches. Über das „Wie" wird in keinem Programm konkret Umsetzbares gesagt. Zu den wichtigen Zukunftsfragen hört man nichts. Rund 380 Millionen wahlberechtigte Menschen wählen alle fünf Jahre in freier und geheimer Wahl 751 Abgeordnete für das Europäische Parlament (EP). Es gibt für die weitere europäische Integration keinen Bauplan, keine Blaupause, es gibt auch kein historisches Vorbild. Es gibt kein Ziel, keine „Finalität". Es gibt nichts.

EU Europa ist „work in progress"
Duschköpfe und Staubsauger

Die Parteiprogramme zur Wahl nahmen die Stimmung der Bürger auf: Keine Regulierungen mehr für Glühbirnen, Staubsauger, Traktorensitze, Ölkännchen, wassersparende Toiletten, Duschköpfe und Haarföhne. Dafür gibt es aber die „Öko Siegel" der EU. Das ist schon etwas! Der Effizienzehrgeiz der EU findet immer neue Objekte: Nun sollen Kaffeemaschinen nach fünf Minuten vom Netz gehen. Die neue „Öko Designrichtlinie" macht es möglich. Sie stammt aus den 90er Jahren des vorigen Jahrhunderts, nur hatte sie niemand so richtig ernst genommen. Bis die EU Kommission auf den Plan trat. Strom sparen ist wieder angesagt! Die EU Kommission will in den kommenden beiden Jahren für dreißig technische Produkte Vorgaben für den Stromverbrauch machen.

Dass die Kommission massive Kritik für ihren übertriebenen Regulierungsfuror einstecken musste, liegt an ihrer miserablen Kommunikation: Die Vorschriften zur maximalen Gurkenkrümmung wurden von der starken Großhandelslobbby und den europäischen Transportunternehmen durchgesetzt, die nur gerade Gurken transportieren wollten. Das Glühbirnenverbot entstand aus der Sucht nach Energieeffizienz und wurde vor allem von der deutschen Regierung vorangetrieben. Die Industrie- und Verbraucherverbände steckten hinter der Initiative zur automatischen Abschaltung der Warmhaltefunktion von Haushaltsmaschinen. Denn mit einer entsprechenden Regulierung kann man wieder neue Produkte verkaufen - mit automatischer Abschaltfunktion! Die Initiativen der Staaten für neue Vorschriften werden dann gerne „Brüssel" angehängt. Wenn die Kommission sich nicht dagegen wehrt, braucht sie sich auch nicht zu beschweren. Sie dürfte aus diesen Kommunikationspannen aber nur wenig gelernt haben. Am 1. September 2014 trat eine neue Vorgabe in Kraft: Nur noch Staubsauger mit einer Leistung unter 1600 Watt dürfen verkauft werden. Ab 2017 nur noch unter 900 Watt. Dann folgen Wäschetrockner und Warmhalteplatten von Kaffeemaschinen. Ein kleiner, zweifelhafter Schritt für das Klima, aber ein großer sicherer Schritt für die Entfernung der EU von ihren Bürgern.

Die EU nach der Europawahl 2014

Der „europäische Patient" hatte sich entschieden. Er hat gewählt.

Die nach Indien zahlenmäßig zweitgrößte Wahl in der demokratischen Welt mit rund 380 Millionen Stimmberechtigten in der EU endete am Sonntag, dem 25.Mai 2014. Nur gut 43% der Wahlberechtigten „Europäer" haben ihre Stimme abgegeben. Das sind rund 160 Millionen Stimmen. Von den 507 Millionen Einwohnern der EU ist das ein knappes Drittel, das sich überhaupt zur EU äußern wollte. 751 Sitze waren insgesamt zu vergeben. Sieben „Fraktionen" haben sich formiert, in denen 177 nationale Parteien vertreten sind. Die Fraktionen nennen sich auch „Parteienfamilien", da sie grenzüberschreitend ähnliche politische Konzepte verbreiten. Seit der Europawahl 2009 muss eine Fraktion mindestens 25 Mitglieder aus sieben Mitgliedstaaten zählen. Daneben gibt es noch „Fraktionslose".

Die Fraktion der christdemokratischen Europäischen Volkspartei (EVP) hat die Wahl knapp vor der Fraktion der Sozialdemokraten (S&D) gewonnen. Die EVP hat Sitze verloren, die S&D hat Sitze dazu gewonnen. Unabhängig von ihrer jeweiligen Zuordnung zu den verschiedenen bereits formierten Parteienfamilien haben die Euro Gegner und EU Skeptiker mit rund 20% der abgegebenen Stimmen 150 Sitze im Europaparlament (EP) erreicht. Eine beachtliche Präsenz.

In 20 EU Ländern haben sich zur Europäischen Union kritische Parteien etabliert, Kandidaten aufgestellt und entsprechend ihrer Stärke im jeweiligen Land Sitze für das EP gewonnen. Die Sitzverteilung zeigt folgendes Bild:

Fraktionen Europaparlament „Parteienfamilien"

Sitze	Anteile %	Fraktion *	Parteien	Richtungen **
219	29,43	EVP	Europäische Volkspartei, Christdemokraten, Konservative	Konservativ CDU, CSU EU freundlich
190	25,43	S&D	Progressive Allianz der Sozialdemokraten im EP	Sozialdemokratisch, Sozialistisch
69	8,92	ALDE	Allianz der Liberalen und Demokraten für Europa	Liberal Zentristen
50	6,66	G/EFA	Die Grünen, Europäische Freie Allianz	Grün
72	9,32	ECR	Europäische Konservative und Reformisten	Rechtskonservative Europaskeptiker

Sitze	Anteile %	Fraktion *	Parteien	Richtungen **
52	6,92	GUE-NGL	Vereinte Europäische Linke, Nordische Grüne Linke	Linke Europaskeptiker
47	6,39	EFD	Europa der Freiheit & der direkten Demokratie	Europaskeptiker, Rechtspopulisten
52	6,93	Fraktionslose	FN,FPÖ,PVV,N-R,O+G, Lega Nord, Vlaams Belang, usw.	Rechtspopulisten, Rechtsradikale
751	100			

Quelle: Europäisches Parlament

Erläuterungen

* Zur Fraktionsbildung sind mind. 25 Abgeordnete aus sieben Ländern erforderlich

** Noch schwer einschätzbar

Deutschland schickt 96 Abgeordnete in das EP. Sie vertreten 14 verschiedene deutsche Parteien. Insgesamt traten 24 Parteien in Deutschland zur Europawahl an, davon erreichten 10 Parteien nicht das notwendige Quorum.

Die Wahlbeteiligung schwankte stark in den einzelnen EU Staaten. So gingen nur 13% der Wahlberechtigten in der Slowakei zur Wahl. In Luxemburg und Belgien lag die Wahlbeteiligung bei 90%. Deutschland lag mit einer Wahlbeteiligung von 48,1% über dem EU Durchschnitt von 43,1%.

Den „Wahlkreis" Deutschland hat die Union (CDU/ CSU) mit 35,3% gegen 27,3% der SPD gewonnen.

Eine übergreifende „Meta Agenda" im EP?

Schaut man sich die Wahlprogramme der konservativen EVP ausgehend von der CDU/CSU an, finden sich ähnliche

Ansprüche in allen Programmen der christlichen Volksparteien:

Widerstand gegen die Bodenschutzrahmenrichtlinie, Widerstand gegen überzogene Gleichstellungsideologie, Widerstand gegen einen „EU Superstaat", Widerstand gegen Aufweichung der Kriterien von Maastricht, Widerstand gegen Schuldenvergemeinschaftung, Widerstand gegen Eurobonds, mehr Subsidiarität, höhere Förderung des Mittelstandes, Schutz der Sparkassen und Volksbanken, Schutz der deutschen Meisterbriefe, Erhaltung des „Made in Germany", mehr EU Kompetenz gegen Banken und Schuldensünder, eine gründliche Gesetzesfolgenabschätzung mit EU Normenkontrollrat, eine EU Erweiterungspause, Aufnahme der Türkei in die EU ist kein politisches Ziel.

Ähnliche Schwerpunkte finden sich auch in den Wahlprogrammen anderer zur Mitte zählenden EP Fraktionen.

Da die EVP mit den Sozialdemokraten eine Art großer Koalition praktiziert, werden sich auch die noch unterschiedlichen ideologiebasierten Standpunkte der beiden größten Parteienfamilien annähern. Alles in Allem kein ambitioniertes Programm, keine Vision für ein stärkeres Europa, keine Konzentration auf die übernationalen europäischen Aufgaben, kein Gedanke an eine „Politische Union". Kein bewegendes „Narrativ".

Auf dem „Europäischen Basar": Der Spitzenkandidat

Im „abgeleiteten" Wettbewerb um das Amt des künftigen Präsidenten der EU Kommission lag der konservative Kandidat der EVP, Jean-Claude Juncker, vor dem Kandidaten der Allianz der Sozialdemokraten (S&D), Martin Schulz, und begründet damit seinen Anspruch auf das Amt. Theoretisch, machtpolitisch und wahlarithmetisch.

Dem ER war die Idee mit dem Spitzenkandidaten ohnehin

und von Anfang an mehr als suspekt. Die Erfinder des in den EU Verträgen nicht existenten „Spitzenkandidaten" hatten den EU Vertrag weder vor noch nach der Wahl richtig gelesen. Sie haben die Verträge nur „gedehnt". Damit waren der Krach im Hause Europa und das Gezerre um die Postenverteilung vorprogrammiert.

Nach dem EU Vertrag hat nur der ER das Recht, einen Kandidaten für das Amt des EU Kommissionspräsidenten „im Lichte" der Ergebnisse der Europawahl vorzuschlagen. Nur der ER kann „unter Berücksichtigung" des Wahlergebnisses einen Kandidaten vorschlagen, nicht das EP. Das EP kann dann dem Vorschlag zustimmen oder ihn ablehnen.

Am Dienstag, dem 27. Mai 2014 erklärte die Fraktion der Sozialdemokraten im EP (S&D) offiziell, dass sie Juncker's Kandidatur unterstützen. Damit konnte er sich auf die breite Mehrheit einer „EP internen großen Koalition" berufen. Ihre Fraktionsvorsitzenden hatten ein Zusatzprotokoll, die 11. Erklärung zum Lissabon Vertrag, herangezogen, in dem gesagt wird, dass „Vertreter des EP und des ER die erforderlichen Konsultationen führen". Danach wären beide EU Organe im Such- und Ernennungsverfahren für den Kommissionspräsidenten gleichberechtigte Verhandlungspartner. Meinte die „Groko". Der ER beanspruchte für sich aber das alleinige Vorschlagsrecht und wird darin durch den EU Vertrag gestützt. Es ging außerdem ja noch um weitere wichtige Personalentscheidungen für die kommende Fünfjahresperiode in der EU. Da auch die Posten des EU Ratspräsidenten, des/der EU Außenbeauftragten, des EU Parlamentspräsidenten und des hauptamtlichen Vorsitzenden der Euro Gruppe frei bzw. gesucht wurden, sagte Kanzlerin Merkel: „Wir brauchen ein europäisches Personalpaket". Ein Kommissionspräsident, der das EP und die Wählermehrheit in der EU hinter sich weiß, wird ein starker Präsident. Das war und ist die versteckte Sorge im ER: Der Rat wird schwächer, das EP und die Kommission werden stärker.

Es blieb schwierig: Noch wurde der „Wahlsieger" Juncker nicht von allen im ER offiziell anerkannt. Und er verträte als stetige Problemlösung die ungeliebte Position „Mehr Europa". Meinte David Cameron. Für eine neue Balance zwischen den europäischen Fliehkräften stünde Juncker nicht. Weniger Brüssel, mehr Subsidiarität war bisher nicht Juncker's Europaprogramm. Auf dem Höhepunkt der Finanzkrise meinte Juncker als Chef der Eurogruppe, „wenn es ernst wird, muss man lügen". Nur war es während der Eurokrise immer „ernst". Und auch seine Beschreibung der Politik der Europäischen Union aus dem Jahre 1999 war nicht vergessen: „Wir beschließen etwas, stellen das dann in den Raum und warten einige Zeit ab, was passiert. Wenn es dann kein großes Geschrei gibt und keine Aufstände, weil die meisten gar nicht begreifen, was da beschlossen wurde, dann machen wir weiter - Schritt für Schritt, bis es kein Zurück mehr gibt." Eine klare Arbeitsbeschreibung der Brüsseler Institutionen?

Beide Kandidaten, in ihren Wahlaussagen fast austauschbar, wollen nun das Gleiche: Durch Übertragung von Kompetenzen mehr Macht für das EP, mehr Macht auch für die Kommission, mehr Geld für anzuhebende Sozialstandards, den Griff in die Gemeinschaftskasse mittels Eurobonds, mehr „Solidarität" mit den schwachen Staaten der Eurozone. Natürlich auch mehr Regulierung. Mit einem Wort „Mehr Europa".

Wer oder Was stand zur Wahl?

Noch einmal den Blick zurück: Was und wer wurden in der Europawahl eigentlich gewählt? Es wurden Abgeordnete ihrer Parteien und indirekt Parteienfamilien gewählt, die von sich aus ungefragt „Spitzenkandidaten" nominiert hatten. In Deutschland wurde von der SPD Martin Schulz plakatiert, von der CDU prangte Angela Merkel auf den Wahlplakaten, die überhaupt nicht zur Wahl stand. Die beiden von ihren

Parteienfamilien herausgestellten Spitzenkandidaten standen nur indirekt zur Wahl, denn es gab gar keine direkte Wahl eines Spitzenkandidaten. In etlichen Ländern wurden sie überhaupt nicht plakatiert, in anderen Ländern waren sie völlig unbekannt. Beide großen Parteienfamilien hatten Spitzenkandidaten ausgelobt, die gar nicht für das EP, sondern für den Vorsitz der neuen EU Kommission gewählt werden sollten. Die EU Kommission stand aber auch nicht zur Wahl. Man suchte auch keinen Parlamentschef, sondern wollte trickreich und auf indirektem Wege einen „Regierungschef" küren, hatte man doch die versteckte Meinung, dass aus der EU Kommission die künftige Regierung Europas erwachsen könnte. Das war wohl der Plan, nur sehen das die europäischen Verträge gar nicht vor. Und die Staatschefs wollten diesen „Umgehungstrick" ihrer Zuständigkeit auch nicht akzeptieren. Das EP ist eben kein normales Parlament, das mit wechselnden Mehrheiten europäische Regierungen wählen könnte. Und die Kommission ist keine Regierung, sondern bisher nur eine europäische Behörde, die das erledigen soll, worauf sich die Regierungschefs der EU Mitgliedstaaten, also der Europäische Rat und der Ministerrat, geeinigt haben. Die beiden Spitzenkandidaten trugen im Wahlkampf parteipolitische Ideen vor, die sie -vielleicht- als neuer Kommissionspräsident hätten verwirklichen wollen, nur nach bestehender Rechtslage nicht dürfen und gegen den ER und die 28 Kommissare der Mitgliedsländer auch nicht durchsetzen können. Hinzu kommt: Keiner der beiden Kandidaten hat einen Anspruch auf den Kommissionsvorsitz[23]. Der Versuch des EP, über die Nominierung selbst ernannter Spitzenkandidaten die Regeln des Lissabon Vertrages auszuhebeln, nach denen das Vorschlagsrecht für den EU Kommissionspräsidenten eindeutig beim ER liegt, ist ein Beispiel dafür, Macht an sich zu ziehen, die dem EP nach den EU Verträgen nicht zusteht.

---

23 EU Vertrag, Artikel 17, Ziff. 7

„Brexit" nach der EP Wahl?

David Cameron hatte den britischen Wählern spätestens für das Jahr 2017 ein Referendum über den Verbleib Großbritanniens (UK) in der EU versprochen. Das hat er während des EP Wahlkampfs wiederholt. Für das britische Königreich und für Europa wäre der Austritt Britanniens, der Brexit (British exit) ein mehrjährig quälendes Desaster. Ohne das liberale, weltoffene, wirtschaftspolitische Gewicht Großbritanniens und ohne die Präsenz und Erfahrung britischer Außenpolitik auf der internationalen Bühne wie auch der finanziellen Kompetenz der City of London verlöre die EU einen wichtigen Verbündeten. Die Niederlande, Irland und Zypern gehören dann zu den wirtschaftlichen Verlierern. Auch Deutschland wäre ein politischer Verlierer, denn es vermißt seinen Gegenpartner zu Frankreich. Europa verliert mit einem Brexit politisches Gewicht und globale Bedeutung. Mit dem Referendum zwingt Großbritannien der EU die längst überfällige Diskussion auf: Stärkeren Wettbewerb der Staaten oder mehr Regulierung, weitergehende Integration oder mehr Subsidiarität, härtere Konsolidierung oder höhere Neuverschuldung? London stellt Brüssel vor Grundsatzfragen, deren Klärung bisher immer vermieden wurde. Sicher brauchen die Briten den europäischen Binnenmarkt für ihre wachsende Wirtschaft. Aber das United Kingdom hat sich auch klar gegen den europäischen „Wohlfahrtstourismus", gegen den Regulierungsfuror und gegen die Präambel zu den Römischen Verträgen von einer „immer engeren Union" positioniert. In der Wahl am 7. Mai 2015 gewannen David Cameron und seine Tories, die regierenden Konservativen, die absolute Mehrheit (331 Sitze) der 650 Sitze im britischen Unterhaus. Sie brauchen keine Koalition. Sie stehen für das Prinzip One Nation. „England mag keine Koalitionen", sagte schon Benjamin Disraeli. Zweitstärkste Partei (232 Sitze) wurde die Labourparty, die dramatisch verlor. Die Scottish National Party (SNP, 56 Sitze), die nur in Schottland antrat, im übrigen Königreich aber gar nicht zur Wahl stand, stieg auf den dritten Platz. Die Antieuropäer der Ukip haben nur noch einen Sitz in Westminster - aber 24 Sitze im EP! Nach dem „ungerechten" britischen Direktwahlsystem spielen die kleineren Parteien keine Rolle mehr. Labour und die SNP gelten als EU freundlich, die Position der Tories wird im Referendum 2017 abgeklärt. Nicht einmal 20 % der jetzt gewählten Tory Abgeordneten sind als „europaskeptisch" bekannt. Träte Großbritannien aus der EU aus, wäre die Spaltung des United Kingdom perfekt, denn Schottland will in der EU bleiben. Der befürchtete Brexit ist doch eher unwahrscheinlich. Er ist Drohpotential gegen die EU, nicht mehr. Und Hebel für Verhandlungen über die Europäischen Verträge. Ein fairer Deal zwischen der EU und dem UK wird kommen, ein bißchen vertragliches window dressing wird nicht reichen. Vielleicht wird ja aus dem Deal sogar ein „New Deal" für Europa. Es gibt in dem bizarren Gebälk der EU eine Menge zu restaurieren. Gibt es dann ein vernünftiges Ergebnis, wird Cameron sich bei den EU Gegnern für den Verbleib Großbritanniens in der EU einsetzen. 2017 finden auch in Frankreich und Deutschland die entscheidenden Wahlen statt. Dazu ein Referendum im UK. Geurteilt wird 2017 auch über die Performance der EU.

Wo liegt die Macht nach der Europawahl?

Beim Parlament (EP) oder beim Europäischen Rat (ER)? Oder doch bei der EZB? Neben der politischen Entscheidung über den EU-K Präsidenten wäre ein weiterer Prüfstein für die künftige Machtverteilung die finanz- und wirtschaftspolitische Einstellung zur europäischen Stabilitätspolitik und zu deren Durchsetzung.

Auch nach der Wahl stehen sich zwei Konzepte diametral gegenüber: Stabilität, Haushaltskonsolidierung und Reformen einerseits, schuldenfinanziertes Wachstum und lockere Geldpolitik andererseits.

Das EP hat sich hier nicht klar positioniert, die Parteipolitik überwiegt. Je nach Parteienfamilie dominierte die eine oder andere Richtung.

Im ER sind die Fronten klarer. Hier entscheiden die Regierungschefs für ihre Staaten. Sie sind gewählte Vertreter ihrer Länder und für diese stehen sie in der Verantwortung. 15 Staaten der EU stehen für einen Stabilitätskurs. Sie stellen 54% der 28 EU Länder und 51% der EU Bevölkerung.

Die hier nach ihrer Bevölkerungszahl fünf größten Länder sind Deutschland, Großbritannien, Polen, Niederlande, Belgien. 13 Staaten lehnen eine strenge Stabilitätspolitik ab oder stehen ihr skeptisch gegenüber. Sie stellen 46% der 28 EU Staaten und 49% der EU Bevölkerung. Die fünf größten Länder dort sind Frankreich, Italien, Spanien, Rumänien, Griechenland.

Ab 1. November 2014 wurde für Entscheidungen im ER schrittweise das Prinzip der doppelten Mehrheit eingeführt. Danach müssen zur Annahme von Beschlüssen im ER mindestens 55% der EU Staaten zustimmen, die zusammen mindestens 65% der EU Bevölkerung vertreten. Die Vertreter einer europäischen Sparpolitik hatten Mitte 2014 noch eine knappe Mehrheit, erfüllen aber nicht die Bedingungen der doppelten Mehrheit. Damit ist die Fortsetzung des Stabilitätskurses in der EU mehr als gefährdet. Das erklärt auch, warum die deutsche Bundeskanzlerin um den Verbleib Großbritanniens in der EU kämpft, denn verläßt Großbritannien die EU, ist eine mögliche Mehrheit der stabilitätsorientierten Staaten in weite Ferne gerückt. In unklaren Situationen wächst die Macht der EZB zur unangefochtenen Dominanz. Die EZB übernimmt dann wieder unter dem Mandat der Geldpolitik die finanzpolitische Führung in der EU.

Die Position der Stabilitätspolitiker verschlechtert sich rapide. EU Präsident Juncker, einige EU Kommissare, EP Präsident Schulz und große Teile des EP, sowie die südlichen

Problemländer wollen den Stabilitätspakt aufweichen, soweit er nicht schon Makulatur ist. Mit neuen Schulden soll das Wachstum in der EU „angekurbelt" werden. Das hieße dann kreditfinanziertes Wachstum. Um diesen Eindruck zu vermeiden, werden private Investoren gesucht. Die deutsche Kanzlerin kommt in die Minderheitenposition. Juncker hat die Unterstützung von Schulz: „Juncker ist mein politischer Partner". Schulz soll Mehrheiten beschaffen und dafür sorgen, dass Juncker's Ideen im EP eine Mehrheit finden. EVP und Sozialdemokraten sollen entsprechend diszipliniert werden.

Der Ypern Gipfel 2014

„Erst gedenken, dann streiten", war das verschwiegene Motto des Sommergipfels der EU Staats- und Regierungschefs am 26. Juni 2014 nahe den Schlachtfeldern des ersten Weltkriegs.

Nach dem Gedenken folgte der Streit und dann die Entscheidung: „Der Europäische Rat nominiert Jean-Claude Juncker als Präsidenten der nächsten EU Kommission", teilte Van Rompuy per Twitter den wartenden Europäern mit. Frau Merkel ergänzte in der anschließenden Pressekonferenz am 27. Juni in Brüssel: „...mit qualifizierter Mehrheit".

Gewählt wurde Juncker vom EP mit breiter Mehrheit am 16. Juli 2014.

Der ER hatte gegen Großbritannien und Ungarn entschieden. David Cameron hatte die Abstimmung verlangt. Er wollte klare Fronten. Cameron, der britische Premierminister, fasste seine Enttäuschung mit den Sätzen zusammen:

„Das ist ein schlechter Tag für Europa. Die Entscheidung riskiert, die Position der nationalen Regierungen zu untergraben. Der Prozess war falsch, die Herangehensweise war falsch, die Person war falsch. Es ist natürlich einfacher, mit dem Strom zu schwimmen als aufzustehen und für das einzutreten, was man für richtig hält." So weit David Cameron für die Interessen Großbritanniens.

Nach der Gipfelentscheidung ist eines klar: Es wird zu einer breiten Zusammenarbeit zwischen EP und EU Kommission, zwischen Juncker und Schulz und zwischen EVP und S&D, also den Konservativen und Sozialisten, kommen. Das unausgesprochene Ziel ist, die radikaleren und europakritischen Kräfte auf Abstand zu halten. Der Europäische Rat der Regierungschefs ist nach dem verlorenen Kräftemessen mit dem EP geschwächt.

Ein Assoziierungsabkommen über eine enge politische und wirtschaftliche Zusammenarbeit mit der Ukraine, Georgien und Moldawien wurde auf diesem Gipfel unterzeichnet. Damit können die drei Länder ohne Zölle und andere Einschränkungen mit der EU frei handeln. Für EU Exporte in die drei Länder sind Übergangsfristen vorgesehen. Für die Autoindustrie in der Ukraine gilt ein 15jähriger Zollschutz. Mit Unterzeichnung der Abkommen wird ein langfristiger EU Beitritt der drei Staaten eingeleitet. Das heißt auch mehr „EU Erweiterung". Dass die EU sich mit diesen drei Staaten neue, schwierige wirtschaftliche und politische Probleme im Konflikt mit Russland aufhalst, wurde nicht thematisiert. Die Staaten erhielten eine europäische Perspektive.

Die „Juncker Kommission"

Am 14. Juli 2014 wählte das EP den „Spitzenkandidaten" Jean-Claude Juncker zum neuen Präsidenten der EU Kommission. Es wird die 14. Kommission seit 1964. „Ich will eine politischere EU Kommission", sagte Juncker in seiner Bewerbungsrede vor der Wahl. „Der Europäische Rat hat zwar das Nominierungsrecht, aber das macht aus dem Kommissionspräsidenten nicht den Sekretär des Rates. EP Präsident Schulz wird mein engster Gesprächspartner sein", fügte er hinzu. Damit dürfte jeder der beiden Präsidenten der verlängerte Arm des anderen werden. Juncker präsentierte sich als ein „Mann des Parlaments", obwohl er für das Parlament gar nicht kandidiert hatte. Eine neue Achse Parlament – Kommission, speziell zwischen Schulz und Juncker, wurde begründet. Der ER wird Macht verlieren. Es liegt in der Logik des Prozesses: „Mehr Macht nach Brüssel".

Von den 751 Abgeordneten des EP stimmten in geheimer Wahl 422 für Juncker, 250 stimmten gegen ihn, 47 enthielten sich und 10 Stimmen waren ungültig. 22 Abgeordnete fehlten. Die Zustimmung kam aus den beiden großen Fraktionen EVP und S&D sowie von den Liberalen und den Grünen. Jeder der Unterstützer forderte darauf von Juncker seinen Preis für die Wahl. „Interessenkompatible Gegengeschäfte" nennt man so etwas. Aber wenn Juncker Eines in seinen langen Jahren auf europäischer Bühne gelernt hat, dann ist es gewieftes Taktieren und Manövrieren. Die Bürger werden sein Tun und Lassen weiter beobachten.

Am 1. November 2014 sollte Juncker sein Amt antreten. Bis dahin waren die 28 Kommissare zu suchen und die Arbeitsprogramme aufzustellen und abzugrenzen. 28 gegensätzliche staatliche Befindlichkeiten, unzählige Proporzwünsche und Eitelkeiten mussten bedacht und berücksichtigt werden. Der „Europabasar" war wieder geöffnet. Aber so funktioniert europäische Demokratie. Juncker's Arbeitsprogramm kann nur ein Gemischtwarenladen sein, denn er muss die teils recht konträren Wünsche der Christdemokraten, der Sozialisten, der Grünen und der Liberalen erfüllen. So fanden sich in seiner Bewerbungsrede schon allerlei Wohlfühlpunkte für die kommende Agenda: Strukturreformen, keine Konjunkturprogramme, Stärkung des Wachstums, Einhaltung des Stabilitätspakts, Konzentration auf europäische Aufgaben, Subsidiarität, Außenpolitik mit einer Stimme, Einhaltung der fiskalpolitischen Regeln, die EU als attraktiven Standort für Unternehmen entwickeln.

Für die Sozialisten gab es auch etwas: Verstärkt auf Flexibilität achten, ein 300 Milliarden schweres Investitionsprogramm gegen Arbeitslosigkeit und für soziale Gerechtigkeit ausarbeiten. Es soll innerhalb von drei Jahren die „Reindustrialisierung" Europas fördern. Profitgier dürfe nicht vor soziale Errungenschaften gehen. Die „Jugendgarantie" soll ausgeweitet werden.

Zur Klarstellung meinte Juncker: „Ich will ein Kommissionspräsident des sozialen Dialogs sein!" Was das ist, wollte er uns aber noch nicht verraten.

Neue Kommissare in neuer Kommission

Juncker jonglierte mit 27 Bällen. Etliche Bälle fielen ihm aus der Hand. Namen wurden ihm zugerufen. Namen, von denen die EU Bürger noch nichts gehört hatten. Über Auswahl und Einsatz seiner 27 Kommissare muss er selbst entscheiden. Und sich dann vom EP seine Wahl absegnen lassen. Das EP musste zuerst die benannten Kandidaten anhören und dann über das Kollegium als Ganzes abstimmen.

Für die Personalentscheidungen war der Parteienproporz ebenso wichtig wie der Regionalproporz zwischen Ost und West, die Nationalität und das Geschlecht. Es war wieder „Europäischer Basar" angesagt. Dutzende von Namen wurden hinter verschlossenen Türen bewegt, bedacht und sortiert.

Ein Mann aus dem Osten, Pole und konservativ, als bewährter Politiker seines Landes bekannt. Eine Frau aus dem Süden, Italienerin und sozialdemokratisch, als außenpolitische Vertreterin ihres Landes unbekannt. Der Proporz stimmt.

Am 1. November 2014 sollte die Kommission ihre Arbeit aufnehmen. Am 29. August 2014 fielen die ersten Entscheidungen für das künftige Brüsseler Gefüge auf einem ad hoc einberufenen EU Sondergipfel: Der polnische Ministerpräsident Donald Tusk, 57, wurde in Brüssel zum neuen EU Ratspräsidenten bestimmt. Tusk reiste auf dem EVP Ticket. Er legt künftig die Agenda für die EU Regierungschefs fest und leitet die EU Ratssitzungen.

Die erst seit sechs Monaten amtierende italienische Außenministerin Frederica Mogherini, 41, wurde neue EU Außenbeauftragte. Sie stand auf dem Wunschzettel der Sozialisten des Europaparlaments. Sie hat statt Catherine Ashton die europäische Außenpolitik in der Welt zu vertreten.

Am 10. September stellte Jean-Claude Juncker „seine" Kommission vor.

Die Überraschung: Es gab neben dem Präsidenten noch 7 Vizepräsidenten. Dazu die 20 Kommissare. Auch die Rolle eines „1. Vizepräsidenten" ist neu, der damit in eine quasi Stellvertreterposition für Juncker gesetzt wurde.

Für Euroland sind die Herren Dombrovskis, Moscovici und Hill in besonderer Verantwortung. Aber auch die Bedeutung der dänischen Kommissarin für Wettbewerb, Vestager, ist nicht zu unterschätzen. Sie wird sich vor allem mit den von ihrem Vorgänger, dem ausgeschiedenen Binnenmarktkommissar Almunia, begonnenen Untersuchungen in den Steueroasen der EU beschäftigen müssen. Zu seinem Personaltableau sagte Juncker: „Man kann von einer Revolution sprechen. Das soll eine Kommission aus einem Guss werden, ein Gewinnerteam. Die EU muss im Großen groß sein und im Kleinen bescheiden. Auch müssen wir die EU den Bürgern besser erklären."

Das Team aus acht Damen und zwanzig Herren werde sich wieder auf politische Themen konzentrieren, meinte Juncker: Außenpolitik, Wirtschaftswachstum, Investitionen und Bürokratieabbau sollen die Prioritäten werden.

Name	Land	Position	Ressort	
Juncker Jean-Claude	Luxem-burg	Präsident		
Timmermans Frans	Holland	1. Vizepräsident	Regulierung, Rechtsetzung, EU Grund-rechtecharta	
Mogherini Federica	Italien	Vizepräsidentin	EU Außenbeauf-tragte	
Sefkowic Maros	Slowakei	Vizepräsident	Energieunion	
Dombrovskis Valdis	Lettland	Vizepräsident	Währungsunion, Euro, Sozialer Dialog	
Ansip Andrus	Estland	Vizepräsident	Digitaler Bin-nenmarkt	
Georgieva Kristalina	Bulgarien	Vizepräsidentin	Haushalt, Per-sonal	
Kateinen Jyrki	Finnland	Vizepräsident	Arbeitsplätze, Wachstum, Investitionen, Wettbewerbsfä-higkeit	
Moscovici Pierre	Frankreich	Kommissar	Wirtschaft, Währung, Steu-ern, Zollunion	
Bulc Violeta	Slowenien	Kommissarin	Verkehrspolitik, Transport, Weltraum	
Hill Jonathan	GB	Kommissar	Finanzstabilität, Finanzdienst-leistungen, Ka-pitalmarktunion, Finanzmärkte	*
Bienkowska Elzbieta	Polen	Kommissarin	Binnenmarkt, Industrie, Unternehmen	

Name	Land	Position	Ressort	
Malmström Cecilia	Schweden	Kommissarin	Handel, TTIP	
Oettinger Günther	Deutsch-land	Kommissar	Digitale Wirt-schaft und Gesellschaft	
Vestager Margrethe	Dänemark	Kommissarin	Wettbewerb, Digitale Märkte	
Canete Miguel Arias	Spanien	Kommissar	Klimapolitik, Energie	*
Thyssen Marianne	Belgien	Kommissarin	Beschäftigung, Soziales, Mobilität	
Hogan Phil	Irland	Kommissar	Landwirtschaft, Ländliche Entwicklung	
Vella Karmenu	Malta	Kommissar	Umweltschutz, Meerespolitik, Fischerei	
Avramopoulos Dimitris	Griechen-land	Kommissar	Migration, Inneres, Staats-bürgerschaft	
Moedas Carlos	Portugal	Kommissar	Forschung, Wissenschaft, Innovation	
Andriukaitis Vitenis	Litauen	Kommisssar	Gesundheit, Lebensmittelsi-cherheit	
Jourova Vera	Tschechien	Kommissar	Justiz, Ver-braucherschutz, Gleichstellung	
Navracsics Tibor	Ungarn	Kommissar	Bildung, Kultur, Jugend	*
Hahn **Johannes**	Austria	Kommissar	uropäische Nachbarschaft, Erweiterung	

Name	Land	Position	Ressort	
Mimica Neven	Kroatien	Kommissar	Internat. Zusammenarbeit, Entwicklung	
Cretu Corina	Rumänien	Kommissarin	Regionalpolitik	
Stylianides Christos	Zypern	Kommissar	Humanitäre Hilfe, Krisenmanagement	

Erläuterung:

* Hinsichtlich der Eignung hielten die Fachausschüsse des EP bei diesen Kandidaten eine besonders kritische Befragung für angemessen. Bis auf eine Benennung hatte man aber alle Kandidaten durchgewinkt. Schließlich funktioniert das EP wie eine große Koalition aus EVP und Sozialisten (S&D). Man will sich gegenseitig keine zusätzlichen Probleme bereiten. Davon profitierten der Spanier Canete (EVP) und der Franzose Moscovici (S&D). Hätte die S&D Canete abgelehnt, hätte die EVP wohl Moscovici durchfallen lassen. So läuft das politische Geschäft!

Die Vizepräsidenten haben in der neuen EU Kommission das Recht, die Tagesordnung der Kommissionssitzungen zu bestimmen und damit Prioritäten festzulegen. Einige waren Regierungschefs ihrer Länder und sind darin erfahren, als wichtig erkannte Leitlinien auch durchzusetzen. Die „einfachen" Kommissare haben zwar einen eigenen Beamtenapparat, die jeweils zuarbeitende „Generaldirektion", aber sie müssen sich mit den ihren Ressorts nun übergeordneten Vizepräsidenten abstimmen. Über die Vizepräsidenten kann Juncker die Kommission steuern. So müssen sich zum Beispiel die Herren Moscovici und Oettinger mit den „zuständigen" Vizepräsidenten Dombrovskis bzw. Ansip über ihre beabsichtigten Initiativen vorher einigen, wollen sie ein bestimmtes Vorhaben durchbringen.

Die kleineren Staaten wurden in der EU-K Organisationsstruktur bevorzugt behandelt, stellen diese Länder doch, mit Ausnahme der Außenbeauftragten Mogherini aus Italien, sechs von sieben Vizepräsidenten. Vier der sieben Vizepräsidenten kommen aus Osteuropa. Juncker hat sich die kleineren Staaten zu Verbündeten gemacht. Gegen die Großen, wie Deutschland, Frankreich, Italien, Großbritannien? Hinsichtlich der Bedeutung der Ressorts für die Europäische Union und besonders für die Währungsunion, sind Frankreich und Großbritannien die klaren Gewinner. Das von Deutschland erhoffte Portfolio für Außenhandel oder für Wettbewerbspolitik ging an die Damen aus Schweden und Dänemark. Die Kommissare Moscovici und Hill sind zumindest in Deutschland umstritten. War doch Moscovici als französischer Finanzminister auch für die steigenden Haushaltsdefizite und damit für die Verletzung der 3% Defizit Grenze verantwortlich. Frankreich musste sich im Herbst 2014 einem verschärften Verfahren der EU wegen der mehrfachen Überschreitung der Grenzen für die Neuverschuldung stellen. Das fällt auf Pierre Moscovici zurück. Inzwischen erhielt Frankreich eine zweijährige Verlängerung zur Einhaltung der 3% Grenze!

Am 21.Oktober bestätigt das EP die neue Kommission. Alle Namen und Ressorts „gingen durch". Juncker's Personaltableau wurde akzeptiert. Denn am 1. November sollte die neue Kommission ihren ersten Arbeitstag haben. Darum musste dann auch alles sehr schnell gehen. Die große Koalition aus EVP und S&D hat jetzt „ihren" Kommissionspräsidenten und der soll nun auch zügig das versprochene Investitionspaket von 300 Milliarden auf den Weg bringen, auf das die Krisenstaaten warten.

Am 29. Oktober 2014, dem letzten Sitzungstag der alten EU Kommission, stand die Bewertung der Haushaltsansätze der EU Mitgliedstaaten auf der Agenda der scheidenden Barroso Kommission. Die EU-K hat das Recht, die Budgetpläne

der Mitgliedstaaten zur Nachbesserung zurück zu schicken.
Bereits zweimal hatte Frankreich mehr Zeit bekommen, die
Neuverschuldung unter die 3% Grenze zu senken. Vergeblich. Nun wird die Frist bis 2017 verlängert. In 2014 hat man
im Staatshaushalt 4,4% Neuverschuldung, für 2015 noch
4,3% eingeplant. Der größere Einfluß im Ressort „Wirtschaft, Währung und Finanzen" wird künftig wohl beim let-
tischen Vizepräsidenten Valdis Dombrovskis liegen. Und der
finnische Vizepräsident Jyrki Katainen redet hier auch noch
mit. Immerhin sind beide strenge Sparpolitiker, wie in ihren
Ländern bewiesen.

In Juncker's Selbstverständnis ist diese 14. EU Kommission
der neue Ansatz zu einer europäischen Regierung. Im Brüsseler Machtdreieck aus Kommission, Parlament und dem
Rat der Regierungschefs verschieben sich die Kräfteverhält-
nisse. Führten während der Krisenjahre die 28 Staats- und
Regierungschefs, der „Rat", die Europäische Union, so soll
die Macht künftig in einer Allianz zwischen Kommission und
Parlament austariert werden, zwischen Juncker und Schulz.
Die Kommission wird sich um das „Wichtige", die „großen
Themen" kümmern, das „Klein Klein" will sie den ungeliebten, in ihren Augen stets quertreibenden Länder Regierungen überlassen. Das EP wird dabei mithelfen. Gestärkt in
einer großen Koalition zwischen der konservativen EVP und
der sozialdemokratischen S&D wollen sie eng zusammenar-
beiten. Man strebt „stabile und belastbare Absprachen" zwischen den beiden größten Fraktionen an, vor allem bei den
wichtigsten Vorhaben der kommenden fünf Jahre:

- Ein „Paket" zur Wachstumsförderung in den Mitgliedstaaten

- Eine Energieunion

- Die EU Datenschutzverordnung

- Reform der Einwanderungspolitik

- Strengere Kontrolle der Banken

In der letzten Legislaturperiode des EP stimmte man mit wechselnden Mehrheiten ab. Künftig geht das nicht mehr, weil eine gestaltende Mehrheit wegen der Parteienzersplitterung (177 Parteien im EP!) nur durch die Zusammenarbeit der beiden großen Fraktionen möglich ist. Man wird wohl - wie im Deutschen Bundestag - einen Koalitionsausschuß bilden müssen, dem die Partei- und Fraktionsspitzen aus EVP und S&D angehören werden. Juncker hatte dem EP bei seiner Bewerbungsrede ja schon ein „Regierungsprogramm" vorgelegt. Er hätte dann für sein Programm eine „Parlamentarische Mehrheit" hinter sich. Macht und Autorität des EU Kommissionspräsidenten sind gewachsen. Man wird abwarten müssen, wie er damit gegenüber dem „Europäischen Rat" umgeht: Im Juncker/Schulz Schulterschluß. Das ist Juncker's Ansage an die Regierungchefs. So ist die neue EU-K geschnitten. Da die Kommission das alleinige Vorschlagsrecht in der Gesetzgebung hat, und das EP in erster und zweiter Lesung sich hinter die Vorhaben stellen kann, ist die Linie festgelegt. Juncker gibt die Richtung vor und Schulz organisiert die notwendigen Mehrheiten. Der Europäische Rat der Regierungschefs (ER) kann dann nur mühsam dagenhalten. Er verliert seine bisher gewohnte Machtfülle und das letzte Wort.

Woher 300 Milliarden holen?

Juncker hatte in seiner Bewerbungsrede vor dem EP ein Konjunkturprogramm von 300 Milliarden Euro verkündet, das noch vor dem Jahreswechsel 2014/15 sichtbar sein sollte, um Europas Wirtschaft auf Wachstumskurs zu bringen. Ein großes Projekt musste her! Nun sucht man dafür das Geld, das man nicht hat. Doch unser neuer und kreativer Kommissionschef sieht ruhendes Geld im Stabilitätsmechanismus ESM herumliegen: 700 Milliarden Stammkapital, davon 620 Milliarden abrufbares Kapital, 80 Milliarden eingezahltes Kapital. Um den Euro zu stabilisieren darf der ESM bis zu 500 Milliarden Euro Kredite vergeben. Eigentlich wollte man die Gelder gar nicht einsetzen. Will man das aber, müßte man die Gelder „umwidmen“, den ESM Vertrag ändern. Aber sicher nicht für Schulen, Brücken und Autobahnen im Süden der EU! Nicht einmal sinnvolle Projekte für ein 300 Milliarden Konjunkturprogramm wurden zunächst benannt. Aber der ESM ist da! Aus diesem Topf wurden bisher nur Kredite in Höhe von 40,1 Milliarden an Spanien und 9 Milliarden an Zypern zur jeweiligen Bankenrettung vergeben. Also 10%. Rund 90% liegen noch dort. Dass der ESM nur zum Schutz der Euro Währung aufgespannt wurde, nicht aber für Wachstumsprogramme, interessierte nur noch am Rande. Die Krisenstaaten, voran Italien und Frankreich, rufen nach staatlichen Konjunkturprogrammen! Juncker sucht das Geld. Der Zugang zum ESM wurde ihm verweigert. Er hätte es wissen müssen. Nun will man mit europäischen Geldern private Investitionen unterstützen. Der Weg dazu wird noch gesucht. Es soll jedenfalls nicht nach der Methode Barroso laufen, nämlich bereits im EU Haushalt beschlossene Ausgaben zu einem neuen Wachstumspaket umzuwidmen. Vereint mit Juncker spricht EP Schulz: „Wir müssen Geld mobilisieren, und der ESM verfügt über ungenutzte Mittel“! Aber an das ESM Kapital darf man wegen der Zweckbindung des Kapitals nicht ran. Außerdem kollidieren staatliche Zuschüsse für private Investitionen mit dem EU Beihilferecht. Nun gilt: „Frisches Geld“ muss her!

Ein neuer, leerer „Topf“: Das „315 Milliarden Programm“

Der Kommissionspräsident hat seine im EP Wahlkampf zugesagte umfängliche „Investitionsoffensive“ am 26.11.2014 dem EP vorgestellt. Interessant ist der neue Schulterschluß: Er ging zur Vorstellung seines 3 Jahres Programms zum EP, nicht zum ER, zu den europäischen Regierungschefs. Vor dem EP verkündete Juncker das Programm als „Invest in Europe“.

Diese geplanten 315 Milliarden sind aber kein „frisches Geld", sondern ein erhoffter, und in Milliarden ausgedrückter „Investitionseffekt", den die Investitions Offensive erst auslösen soll. Zum Vergleich für 2015: Diese 315 Milliarden Euro sind mehr als der Deutsche Bundeshaushalt und entsprechen dem zweifachen EU Jahreshaushalt.

Wir erinnern uns noch an das von der EU im Jahre 2012 verabschiedete „Wachstumsprogramm" von 120 Milliarden Euro, das nichts zustande gebracht hat. Damals sollten Strukturfonds gebündelt, Projektanleihen ins Leben gerufen und die Jugendarbeitslosigkeit bekämpft werden. Das Programm feiert nun fröhliche Urständ, nur eben viel größer. Juncker erläuterte vor dem EP seinen geplanten „EFSI Investitionsfonds". Hinter dem Kürzel EFSI steckt der „Europäische Fonds für strategische Investitionen". Er enthält aber nur 21 Milliarden. Mit diesem bereits aufgeblasenen Kapitalstock will Juncker innerhalb von drei Jahren 315 Milliarden Euro Investitionen für Infrastrukturprojekte, Forschungsvorhaben und Innovationen „hebeln". Er nennt es „mobilisieren". Hebeln kennen wir aus der Bankersprache: Aus wenig viel machen - mittels mehrerer „Hebel". Das soll nach dem bekannten Prinzip aller Hebel funktionieren. Man gibt ein bißchen Geld und hofft, dass dieses wenige Geld dann viel zusätzliches Geld anzieht.

Das geht so: man will 21 Milliarden vorzeigen, setzt froh und unverzagt einen Hebel von 15 an und kommt dann durch einfache Multiplikation auf ein Volumen von 315 Milliarden Euro. Frisch erklärt der EU Vizepräsident Jyrki Katainen, „Wir mobilisieren 15 Mal so viel Geld, wie wir einlegen". Man behauptet also, dass die 21 Milliarden ein Investitionsvolumen in der Realwirtschaft von 315 Milliarden auslösen. Da ein Hebel von 15 dann doch zu unrealistsich aussieht, setzt man zunächst einen Hebel von 3 an, hofft damit auf eine Finanzierungskapazität von 63 Milliarden, und will die weitere

Hebelung den neuen Investoren überlasssen. Die Kommission unterlegt das virtuelle 21 Milliarden Kapital des Fonds mit einer „Ausfallbürgschaft" von 16 Milliarden, die nur mit einer finanziellen Reserve von 8 Milliarden durch Umwidmung bereits verfügter aber noch nicht abgerufener Gelder aus den Strukturfonds im EU Haushalt „abgesichert" ist.

Nun kommt die EIB ins Spiel. Die EIB (Europäische Investitionsbank) stellt zusätzlich 5 Milliarden echtes Kapital bereit. So kommt man auf die Zahl 21. Dass hinter den 21 Milliarden nur 13 Milliarden echtes Geld, nämlich die 8 Milliarden und die 5 Milliarden Euro stehen, wird nicht so deutlich gesagt. Die EIB ist die Bank der EU, gehört den EU Staaten und finanziert die Politik der EU. Sie ist eine Förderbank, ein großer Anleiheemittent und ein Darlehensgeber für Projekte der EU. Die 13 Milliarden sind dann auch das einzige und echte „Geld im Topf". Der große Rest ist die aus der Finanzkrise bekannte „wundersame Geldvermehrung" durch Hebelung, auch als „leveragen" bekannt. Da die Aufnahme neuer Schulden vermieden werden soll, greift der Fonds mit einem Trick auf bereits im EU Haushalt verplantes sowie neues über die EIB verfügbares Kapital zurück. Die neue EU Kommission begeisterte sich an ihrer ersten großen Initiative: Dieses Programm soll das BIP der EU in den drei Jahren um bis zu 1% steigern und 1,3 Millionen neue Arbeitsplätze schaffen. Kleiner geht's eben nicht. Und frisch behauptet, ist halb bewiesen. Auch wenn Europa schon mit Investitionsruinen übersät ist, muss trotz allem ein neues Investitionsprogramm her. Brüssel will Initiative zeigen. Der besondere Anreiz: Überschreitet ein Euro Staat durch seine finanzielle Beteiligung am Fonds das Haushaltsdefizit von 3%, soll die zusätzliche Verschuldung nicht angerechnet werden. Damit sind wieder „gute Defizite" gefunden. Der Köder ist ausgelegt.

Da das Investitionsvolumen in der EU seit 2007 bis ins Jahr 2014 vor allem in den Südländern, aber auch in Frankreich und Großbritannien, um mehr als 430 Milliarden gesunken war, soll die entstandene Investitionslücke nun wieder gefüllt werden. Da aber die Investitionen nicht wegen Geldmangel, sondern wegen fehlender Renditen, ausbleibender Projekte und sinkenden Vertrauens zurückfielen, ging privates Investitionskapital kaum noch ins Risiko. Dafür soll nun das Ersatzprogramm einspringen. Da staatliches Geld aber ohne neue Schulden nicht mehr verfügbar ist, musste ein Umweg gefunden werden. Juncker fand diesen Umweg. Er bietet nun künftigen privaten Investoren eine „substanzielle Risikoabsicherung", eine „First Loss Bürgschaft", an und will sich mit verschiedenen Instrumenten an einer entsprechenden Finanzierung beteiligen. Damit geht der Fonds als erster in die Verluste. Erst danach folgt der Investor. Auch Staats- und Hedgefonds können sich am Fonds beteiligen und Gesellschafter werden. Die Investoren sollen wirtschaftlich sinnvolle Projekte finden und der Kommission vorlegen. Dazu gehören Projekte der Digital-, Energie-, Telekommunikations- und Verkehrswirtschaft. Auch „ökologisch nachhaltige", die Beschäftigung fördernde Projekte, die Finanzierung von Klein- und Mittelbetrieben sowie erfolgversprechender Jungunternehmen, „Start ups" genannt, kommen in den Fokus des EFSI.

Man fragt sich schon: Wenn die im billigen, anlagesuchenden EZB Geld schwimmenden Banken nicht bereit sind, private Investitionen zu finanzieren, warum muss dann die ständig nach neuem Steuergeld rufende EU Kommission sich mit Garantien und Übernahme der ersten Verluste, hinter denen wieder der europäische Steuerzahler steht, vordrängeln? Will sie ihr Brüsseler Image verbessern? Seht, wir tun doch was! Oder will sie den Investoren nur das unternehmerische Risiko abnehmen? Das ist aber nicht ihre Aufgabe!

Wichtiger wäre gewesen, dass sich die neue EU Kommission darum kümmert, die 28 nationalen Kapital-, Digital- und

---

Energiemärkte zu einem gemeinsamen europäischen Binnenmarkt zusammen zu fügen. Hier fehlen die Initiative und der einheitliche Rechtsrahmen.

Steueroptimierung, -vermeidung, -gestaltung

Wo liegt das gesuchte Geld? Im Oktober 2014 platzte die Bombe: Das Geld liegt in den Steueroasen! Es liegt in Luxemburg, in Irland, in den Niederlanden! Zumindest war es da. Nun ist es wieder in den Bilanzen der internationalen Konzerne gelandet, als Gewinnerhöhung durch kreative Steuervermeidung.

Oasen und Paradiese-oder: Wo ist das Geld?

Wo könnten die Finanzminister die ihnen entgangenen Steuereinnahmen suchen? Nur in den Oasen! Aber die Steuerfahnder stoßen an die nationalen Grenzen. Es geht um Steuervermeidung, Steuergestaltung, auch Steuerflucht, um freien Kapitalverkehr oder fiskalische Optimierung. Die Grenzen sind fließend, von legal über legitim zu illegal. Das ist die schiefe Ebene, auf der Steuervermeider, Unternehmen und Staaten ins Rutschen kommen. Und die Moral rutscht mit in die Tiefe. Das Geldvolumen, das von der beratenden, globalen „Steuervermeidungsindustrie" den Finanzministern der EU28 entzogen wird, schätzen die Experten der EU auf jährlich rund 1 Billion Euro.

Ein gigantischer Betrag. Nicht erst seit der Diskussion über „Zypern", aber so richtig geht das alte Thema neu dokumentiert erst seit den Enthüllungen über die Luxemburg Leaks" (Leaks = Löcher, Lücken) durch die Polit-, Finanz- und Steuerwelt. Es wurde ein richtiger „Aufreger", zwar bekannt, beklagt, aber nie verfolgt, immer nur verdrängt. Luxemburg! Mindestens sechzig andere Steueroasen weltweit schädigen die Staaten und ihre Finanzminister. Professionelle, steueroptimierende Energien lassen Steueroasen und Anlegerparadiese rund um den Globus wachsen und gedeihen. Krokodilstränen weinen die geschädigten Finanzminister um das schöne in die Oasen abgewanderte und damit verlorene Geld. Sie haben zwar gejammert, aber nichts getan, obwohl sie die vielen Übeltäter kannten. Diese bauten darauf ihre florierenden Geschäftsmodelle: durch Gesetzesvorschläge. Vor allem aber durch „Rulings". Das sind Steuervereinbarungen mit Unternehmen unter amtlicher Mithilfe der Finanzämter. Das Grundmuster ist fast überall das Gleiche: Hohe Zins-, und Lizenzzahlungen an Tochtergesellschaften in den Oasen kürzen den Gewinn in den Hochsteuerländern und entziehen ihnen damit die Steuereinnahmen. In den Oasen werden diese Erlöse nur gering oder gar nicht versteuert und können erneut als Hochzinskredite vergeben werden. Aber es gibt auch noch die „Gewinn Durchreiche Tricks" und die Kredittricks und vieles mehr. Seit Ende der 1990er Jahre gab es Überlegungen, die Steuerpraktiken in der EU anzugleichen, transparent zu machen und die Gewinne dort zu versteuern, wo der Umsatz gemacht wird. Erreicht wurde nichts, im Gegenteil. Die Egoismen der Oasen Staaten in der EU waren zu groß. Die Konzerne zogen vor allem nach Irland, Luxemburg und in die Niederlande. Sie hatten dort ihre Steuerdrehscheiben. Oder sie gingen auf die „Off Shore"-Inseln Großbritanniens. Das Ergebnis: Die Konzerne zahlten kaum Steuern. Für normale Steuerbürger blieb die Steuerschraube dagegen stramm angezogen, denn die können nicht flüchten.

Die Zukunft der „Steueroasen"

Es wird nicht leicht werden, die Oasen trocken zu legen, denn dann müßten sich zum Beispiel die Schweiz, Luxemburg, Holland und auch Großbritannien mit ihren vielen Steueroasen fernab von Britannien, aus ihren diversen ertragreichen Konstruktionen in den Steuerparadiesen verabschieden, und es blieben für die global tätigen Unternehmen, Banken und „Steuergestalter" nur noch Staaten wie USA, China, Russland, Japan und vielleicht Deutschland übrig, die sich kreative Finanzdienstleister und kompetente Steuerkanzleien leisten könnten. Das werden aber viele kleinere Länder, die von

ihren Banken, der Phantasie ihrer Finanzminister und den
sprudelnden Steuereinnahmen gut leben, einfach nicht akzeptieren und dagegen die Gerichte mobilisieren. Ein kleines
Land will darum große Banken. Man ist ja schließlich kein
Industrieland, das von seinen Exporten leben kann, man hat
nur einen kleinen Heimatmarkt. Die Schweiz, Luxemburg
und Irland sind dafür treffende Beispiele. Die realistische
Erkenntnis nach der Finanzkrise ist, dass die Finanzdienstleister und kreativen Steuergestalter in den kleinen Ländern
weiter wachsen, wenn nicht durch Regulierung auf EU Ebene neue Grenzen gezogen werden.

Steuerermittlungsverfahren der EU Kommission

Die neue EU Wettbewerbskommissarin, Margrethe Vestager, wird gegen die als „Lux Leaks" bekannt gewordenen
Steuervorteile für Unternehmen in der EU vorgehen und
neue Ermittlungsverfahren wegen unerlaubter steuerlicher
Beihilfen einleiten. Neben den bereits eröffneten Verfahren
gegen Luxemburg, Holland und Irland wurden auch Belgien,
Großbritannien, Zypern und Malta um steuerlich relevante
Auskünfte ersucht. Bei Kooperation aller beteiligten Akteure
könnte Mitte 2015 mit ersten Ergebnissen gerechnet werden. Bisher liegt noch nichts vor. Für Luxemburg wird eine
Auflistung aller „Tax Rulings" und der davon begünstigten
Unternehmen erwartet. Liefert Luxemburg nicht, wird eine
Klage vor dem EuGH erwartet. Als „Marktwächterin" für den
europäischen Binnenmarkt kann die EU Kommissarin Vestager Staatsbeihilfen verbieten, unerlaubte Vorteile einfor-
dern, Kartellstrafen aussprechen und einziehen, sowie Fusi-
onen untersagen. Im Falle Luxemburg geht es auch um die
Gleichbehandlung von Unternehmen in vergleichbarer Lage.
Hier sind zunächst nur Amazon und Fiat wegen Ungleich-
behandlung unter Verdacht der EU-K. Weitere Ermittlungsverfahren laufen gegen Apple in Irland und Starbucks in den
Niederlanden.

Stabilitäts- und Wachstumspakt aufweichen?

Nach der Sitzung des Zypern/EU Gipfels im Juni 2014 brach der alte Streit über die Auslegung des Euro Stabilitätspakts wieder auf. Der Streit hat eine lange Geschichte. Auf dem vergessenen Gipfel vom 14. 12. 1996 verabschiedete der Europäische Rat den Stabilitäts- und Wachstumspakt (Kurz: „Euro Stabilitätspakt"). Er enthält Sanktionen für „Haushaltssünder". Er verlängert und verschärft die Einhaltung der Stabilitätskriterien aus dem Maastricht Vertrag. Die Schuldenobergrenze von 3% Neuschulden pro Jahr und 60% Gesamtverschuldung bezogen auf das BIP, die jährliche Wirtschaftsleistung eines Landes, wurden noch einmal festgeschrieben. Sehr viel später kamen die ersten Änderungen: Die im sogenannten „Sixpack"[24] am 28.09.2011 vom Europaparlament beschlossenen sechs Verschärfungen des bestehenden Stabilitätspakts waren ein wichtiger folgender Schritt. Steigende Defizite und wachsende Schulden dürfen künftig nicht mehr sanktionslos bleiben oder verhandelbar sein. Darüber hinaus sollten erstmalig alle Euroländer in ihre Verfassungen sogenannte „Schuldenbremsen", also Obergrenzen der Verschuldung aufnehmen müssen, deren Einhaltung von unabhängigen Experten auf nationaler Ebene überwacht, und von der EU Kommission auf europäischer Ebene geprüft und sogar zurückgewiesen werden kann. Die Grenzen dafür sind in den Maastricht Kriterien festgelegt. Nur kann die Kommission einen Schuldenstaat nicht daran hindern, eine höhere Neuverschuldung einzugehen. Auch das sollte geändert und durch Kontrollen verschärft werden. So war es gedacht. Doch die Realitäten sehen -wie immer- anders aus. Nach der Europawahl begannen die Krisenländer unter der Führung Frankreichs und Italiens den Stabilitätspakt in Frage zustellen und forderten seine Aufweichung. Man nannte das „den richtigen Weg aus der europäischen Schuldenkrise". Von Flexibilisierung und Anpassung wurde

---

24 Economic Governance Pact

geredet. Damit will man mehr Wachstum erreichen. Auf einer Klausurtagung der EVP im portugiesischen Albufeira erklärten Herman van Rompuy und Angela Merkel übereinstimmend, „man sehe keine Veranlassung, den Stabilitätspakt zu ändern". Der neue italienische Premierminister Matteo Renzi fordert schon seit Längerem ein Ende der Sparprogramme. Er will stattdessen höhere Ausgaben, die das Wachstum anschieben sollen. Der französische Staatspräsident Francois Hollande stößt in das gleiche Horn. Im Austausch gegen mehr Zeit bei der bereits beschlossenen Haushaltskonsolidierung will man nun endlich wichtige Strukturreformen anpacken. Unter Führung dieser beiden Protagonisten will eine Staatengruppe Vorschläge für eine Reform des Stabilitätspakts erarbeiten. Unterstützt wird sie dabei vom SPD Vorsitzenden Sigmar Gabriel. Der meint, „wir müssen unsere Politik in Europa verändern." Er hat dafür auch schon eine Idee: „Die Kosten, die durch eine Reformpolitik in einzelnen Ländern entstehen, sollten nicht auf die Defizite angerechnet werden." Bei der EVP löste dieser Vorschlag blankes Entsetzen aus, gehört doch zu ihrem Credo, dass Wachstum auf Schulden keine nachhaltige Strategie sein kann. Solide Staatsfinanzen sind Grundlage für Wachstum, waren und sind fester Glaubenssatz der konservativen EVP. Auch die EU Kommission hatte sich mehrfach gegen eine Änderung des Stabilitätspakts ausgesprochen, der im Verlauf der Krise noch extra verschärft wurde. Alles umsonst?

Im Abschlußprotokoll des Zypern/EU Gipfels heißt es zum Stabilitätspunkt nur diplomatisch weichgespült, dass die im Pakt eingebaute Flexibilität „bestens" genutzt werden soll, was auch immer das bedeutet. Zu empfehlen wäre den Akteuren, den Stabilitätspakt noch einmal zu lesen, denn er enthält bereits genügend Instrumente zur Flexibilisierung. Die Sozialisten in den Südländern leben immer noch in ihrem alten keynesianischen Modell der steigenden Staatsverschuldung, die dann das Wachstum bringen soll: Geld ausgeben, das man nicht hat. Wäre das Modell erfolgreich, hätten wir die Wirtschaftskrise gar nicht gehabt, sondern stetiges Wachstum erlebt. Nur fügt sich die Realität nicht in das sozialistische Modell schuldenfinanzierter Staatsausgaben.

Die EZB kauft Zeit und Staatsanleihen

Die Probleme werden für Euroland und die EU immer bedrohender, Lösungen immer dringlicher. Die Asyl- und Flüchtlingsströme über das Mittelmeer zwingen die EU, die Abkommen Schengen/Dublin zu überdenken. Es gibt keine europäische Einwanderungspolitik. Die Verhandlungen über das USA/EU Freihandelsabkommen TTIP werden beiderseits des Atlantik blockiert. Das schwächt die aufeinander angewiesenen Partner USA und die Europäische Union. Das Wirtschaftswachstum im größeren Europa, in der EU und in Euroland ist mickrig. Der Wohlstand ist gefährdet.

Die innereuropäischen Aggressionen nehmen zu. Die Jugendarbeitslosigkeit in Südeuropa schafft eine verlorene Generation. In Asien steigt das Vermögen dagegen schneller als in den USA und Europa. Beide Wirtschaftsblöcke fallen gegenüber den Asiaten zurück. Europa stagniert. Eine Aufbruchstimmung ist nicht erkennbar. Euroland läßt sich von der EZB führen.

Durch die Garantie der EZB, den Euro zu retten, genauer, den Zusammenhalt der Eurozone zu sichern, war die Angst der Investoren vor einer akuten Pleite der europäischen Südstaaten in den Hintergrund getreten. Trotzdem kam kein Investionsschub in die Realwirtschaft. Die währungspolitische Lage war schwebend stabil. Das hat sich mit der erneuten Griechenlandkrise seit Januar 2015 dramatisch verändert.

Mit dem OMT Programm aus 2012, der Bereitschaft der EZB zum unbegrenzten Aufkauf von Anleihen der Krisenstaaten, hatte die EZB einen kollektiven Versicherungsschutz gegen den Zerfall der Eurozone eingerichtet und nahm damit

---

mögliche Verluste auf die EZB Bilanz. Nach dem SMP Programm, dem Vorgänger des OMT, liegen da aber schon 223 Milliarden Euro Anleihen schwacher Staaten. Die Drohung der EZB, das OMT Programm zu aktivieren, genügte bisher, die Finanzmärkte ruhig zu halten. Kurios ist, dass dieses Programm die Beruhigung bewirkt hat, obwohl es gar nicht angewendet wurde, bzw. realisiert werden kann. Denn Kritiker reichten Klage vor dem deutschen Verfassungsgericht ein. Das BVG hatte über das OMT zu urteilen, gab aber den Fall nach einer kritischen Vorabbewertung zum EuGH nach Luxemburg zur europarechtlichen Beurteilung. Da das BVG aber kein beschleunigtes Verfahren vom EuGH forderte, hatte der EuGH viel Zeit, um über die Vereinbarkeit des OMT mit dem Gemeinschaftsrecht zu entscheiden. Im Juni 2015 wurde das EuGH Urteil dem BVG in 2015 vorgelegt. Das wird erst nach etlichen Monaten der Prüfung einen abschließenden Richterspruch formulieren. Sollte man das Urteil dann anwenden wollen, weil z.B. ein Krisenstaat vor der Pleite steht, muss erst der Deutsche Bundestag über die Anwendung des OMT abstimmen. So gesehen ist das OMT bis auf weiteres als Instrument der EZB gar nicht einsetzbar.

Eine Drohung ohne Einsatzmöglichkeit. Hatten die Märkte das nicht gemerkt? Es genügte ihnen die Drohung. Die EZB wollte Anfang Juni 2014 gegen die deflatorischen Tendenzen einschreiten. Das hat sie mit den oben genannten Maßnahmen getan. Danach kam das neue QE Programm, „Quantitative Easing", die von der Fed praktizierte „Quantitative Lockerung". Die wurde von der EZB beschlossen: Ein Ankaufprogramm für Staatsanleihen im Volumen von 1,16 Billionen Euro. Ab März 2015 kauft die EZB monatlich für 60 Milliarden Staatsanleihen.

Die wirtschaftliche Lage der Krisenländer ist aber weiterhin miserabel.

Hans-Werner Sinn (ifo Institut) beziffert den Wert des mit

dem OMT verbundenen kostenlosen Versicherungsschutzes durch die EZB auf 50 Milliarden Euro. Die Zinsen in Euroland werden von der EZB weiterhin künstlich niedrig gehalten. Sie verlieren ihre Lenkungsfunktion und setzen die marktwirtschaftlich notwendige Beurteilung der Risiken von Staatsanleihen außer Kraft. Die Schwäche der Krisenländer wird durch ihre Leistungsbilanzen nicht mehr korrekt abgebildet. Die Leistungsbilanzen, kurz: der Saldo zwischen Export- und Importerlösen, haben sich kaum durch eine nennenswert höhere Wettbewerbsfähigkeit verbessert, sondern vor allem durch sinkende Importe wegen hoher Arbeitslosigkeit und damit sinkender Kaufkraft der Konsumenten. Ferner belasten der hohe Außenwert des Euro und die zögerliche Kreditvergabe die Wettbewerbsfähigkeit der Problemländer.

Die Preise sind z.B. in Spanien in den letzten fünf Jahren real nur um fünf Prozent gefallen. Es wäre aber eine Abwertung von 30% erforderlich, um international wieder voll wettbewerbsfähig zu werden. Es wird also noch lange dauern, bis wieder Wachstum durch steigende Wettbewerbsfähigkeit entsteht. Das Wachstum in den Krisenländern wird für längere Zeit höchstens zwischen 1% und 2% pro Jahr liegen. Preise steigen in guten Zeiten schnell, fallen aber in schlechten Zeiten nur sehr langsam. Wir haben keine guten Zeiten. Die Krisenländer konkurrieren nicht nur gegen die starken Nordländer, sondern auch gegen die billigen Staaten im Osten der EU, Polen, Rumänien, Bulgarien etc. mit ihren niedrigen Lohnkosten. Spaniens Außenschulden gegenüber Drittländern sind mit 1 Billion Euro so hoch, wie die Summe der Außenschulden aller anderen Krisenländer. Spanien bleibt ein Problemland. Trotzdem hellt sich die Stimmung auf, verbreitet sich Erleichterung in Euroland. Die Defizite in den Leistungsbilanzen gehen langsam zurück.

In den fünf Staaten, die Euro Hilfsgelder empfangen haben, konnte die Troika Reformen erzwingen: Irland und Spanien sind mit eigenen Anleihen am Markt, Portugal will es versuchen, man möchte den Rettungsschirm bald verlassen, den Druck der Reformauflagen verringern. Den „Rettungsschirm verlassen", heißt aber nur, keine neuen Hilfsgelder anzufordern. Die Altschulden aus den Rettungskrediten bleiben natürlich bestehen, Tilgung mühsam und unsicher. Bleiben noch das schwächelnde Zypern und die beiden Großen, Frankreich und Italien. Die beiden Regierungschefs hatten schon angedeutet, dass sie die Sparziele nicht einhalten werden. Die Konjunktur schleppt sich so dahin, die Arbeitslosigkeit bleibt unverändert hoch, die staatliche Abgabenlast und eine verfestigte Investitionsschwäche hemmen die Entwicklung.

Eine Warnung vor Reformverweigerung

Den reformmüden Europäern sollte Argentinien eine Warnung sein. Das Land läuft sehenden Auges in einen neuen Zusammenbruch. Vor hundert Jahren noch eine der reichsten Volkswirtschaften wird es zu einem Entwicklungsland. Die Lehre, wer sich nicht stetig reformiert, verändert und verbessert, steigt ab. Unwiderruflich. Es war die Unfähigkeit der argentinischen politischen und wirtschaftlichen Klasse, sich zu bewegen, den bequemen Status quo zu verlassen, sich den globalen Umwälzungen anzupassen und die schwache Wettbewerbsfähigkeit zu steigern. Vielleicht geht es den Argentiniern noch nicht schlecht genug, um die Realitäten als Veränderungsdruck zur Kenntnis zu nehmen. Die Agrarexporte können auf Dauer eine korrupte Regierung und eine lahmende Wirtschaft nicht retten. Sich in der eigenen Schuldenkrise auch noch als Opfer zu fühlen wird nicht weiter helfen. Von einer großen Vergangenheit kann man in der modernen internationalen Wettbewerbsgesellschaft nicht allzu lange zehren. Das sollte mehr als eine Lehre auch für Europa sein!

Sparen oder nicht sparen - Nobelpreisverdächtig

Sparen oder nicht sparen, das ist hier die Frage!

Um „Haushaltskonsolidierung" einerseits und „Konjunktur-programme" andererseits ist ein heftiger Streit entbrannt. „Austerity" steht gegen „Deficit Spending". Investieren gegen Konsumieren. Nordländer gegen Südländer. Bundesbank gegen EZB. Nobelpreisträger gegen die Bundesrepublik. Konsolidieren und Reformieren stehen gegen eine schuldenfinanzierte Wachstumsförderung. Streit überall. In Frankreich stürzte über diesen Widerspruch wieder eine Regierung - im August 2014. Die Frontverläufe in der EU sind mehr als verzerrt.

Seit 1951 treffen sich in Lindau am Bodensee die Nobelpreisträger verschiedener wissenschaftlicher Disziplinen. Im August 2014 kamen 17 der noch lebenden 38 Nobelpreisträger für Wirtschaft zu ihrer 5. Tagung nach Lindau. Neben Vorträgen und Diskussionen konnten auch ausgewählte Nachwuchsökonomen ihre Forschungsprojekte vorstellen. 450 junge Forscher waren dabei. Eröffnet wurde die diesjährige Tagung durch die deutsche Bundeskanzlerin. „Warum liegen die Ökonomen mit ihren Aussagen so oft neben der Realität? Taugen die Modelle nichts" fragte sie die Laureaten. Das waren deutliche Worte. Warum haben die Ökonomen in 2007 die größte Finanzkrise seit der Weltwirtschaftskrise 1929 nicht vorher gesehen? Die Antworten blieben in der Technik der Rechen- und Prognosemodelle stecken. Viel geredet wurde über Ungleichheit, Wohlstandsverteilung und Gerechtigkeit.

Interessanter waren die Antworten in den Interviews. Nachdem die Elite der internationalen Wirtschaftsforschung die Vorschläge der Bundeskanzlerin zur Lösung der Eurokrise -Sparen, Reformieren, Konsolidieren, Sanktionieren, aber auch Investieren- kollektiv abgelehnt hatte, legte Eric Maskin nach. Der Professor aus Harvard und Nobelpreisträger von 2007, reagierte auf Merkels Kritik an den Ökonomen besonders scharf: „Merkel verfolgt in Europa eine völlig falsche Politik. Der von ihr verordnete Sparkurs wird die Eurozone in die Depression schicken. Nur eines scheint klar: Merkel hat die falschen ökonomischen Berater."

Joseph Stiglitz[25], Nobelpreis 2001 verschärfte noch Maskin's Kritik: „Es droht Europa eine jahrelange Depression, die selbst die verlorenen Dekaden Japans in den Schatten stellen wird. Der Euroraum leidet unter einer fatalen Politik. Jahrelang haben Politiker und Notenbanker mit fehlerhaften Modellen und Annahmen operiert." Vor allem der von Deutschland verordnete strikte Sparkurs habe sich als kolossaler Fehler herausgestellt. Die Bremswirkung der Sparpolitik auf das Wachstum sei massiv unterschätzt worden. Die Wirtschaft ist zum Stillstand gekommen. „Die Wirtschaft der Eurozone liegt 20% unter ihrem Trendwachstum." Durch das starre Eurosystem können die Krisen einzelner Mitgliedstaaten nicht adäquat gelöst werden. Aus Rezessionen können schnell Depressionen werden. „Jetzt rutscht ein Land nach dem anderen in die Krise. Daran sieht man, dass es sich um einen Systemfehler handelt", konstatiert Joseph Stiglitz. Er sieht den notwendigen Systemwandel in einer tieferen Integration, in mehr Solidarität, in einer Fiskalunion und in der Finanzierung über Eurobonds.

Die von der EZB verursachten Niedrigzinsen trugen ihren Teil zum Niedergang der Realwirtschaft bei. Niedrigzinsen sind ein vergiftetes Geschenk, verleiten sie doch zu einem Boom auf Pump. Auch in Japan war zu Beginn der 90er Jahre nach einem geplatzten Immobilienboom der Absturz der Zinsen der Anfang zweier verlorener Dekaden. Der Börsencrash folgte auf dem Fuße. Doch auch ein Dutzend Konjunkturprogramme auf Schulden waren ein abschreckendes

---

25 Professor an der Columbia University, ehemaliger Chefökonom der Weltbank, beides USA

Beispiel. Sie haben Japan nicht retten können. Zubetonierte Straßen bringen kein nachhaltiges Wachstum. Stählerne Brücken ins Nirgendwo auch nicht.

Auch hat Japan seine Zombiebanken zu lange durchgefüttert und Reformen für mehr Wettbewerb in der Realwirtschaft vergessen. Die Lehre aus der Japan Krise wäre: Schnelles Ausdünnen des Bankensektors, harte Strukturreformen auf den Arbeitsmärkten, in den staatlichen Bürokratien und in der uferlosen Sozialindustrie sowie ein umfassendes Ausbildungsprogramm für Jugendliche.

Und im Euroraum fallen die Zinsen ins Bodenlose. Geld kostet nichts mehr. Damit gibt es auch keine Renditen und keine sinnvollen Investitionen. Sparer räumen ihre Konten und flüchten in den Konsum. Nur noch die Spekulation auf den Vermögensmärkten, an den Aktienbörsen, in Baugrund, Ackerland und Immobilien, in Kunst, in Rohstoffen und Nahrungsmitteln, blüht. Der Graben zwischen Politik und Ökonomie wird immer tiefer. Verständnislosigkeit und gegenseitige Ignoranz breiten sich aus.

„Ich habe nicht mehr viel auf den Euro gegeben und war überrascht, wie stark der politische Wille zum Erhalt der Gemeinschaftswährung ist. Aber wenn man sich für den Euro entschieden hat, muss man auch etwas dafür tun. Einem Land, das bereits am Boden liegt, mit weiteren Strafmaßnahmen zu drohen, halte ich für keine so gute Idee“, sagte Lars-Peter Hansen, Nobelpreisträger 2013 und Professor an der University of Chicago. Fast entschuldigend klingt Hansen's Diktum: „Die Politik sucht sich in der Regel ökonomische Berater, die von ihren politischen Thesen sehr überzeugt sind.“

„Merkel scheint den Ernst der Lage nicht kapiert zu haben...“ So sprach Edmund Phelps, 81, Träger des Wirtschafts Nobelpreises 2006, über den in Europa fehlenden Innovationsgeist, über Denkfaulheit, Staatsgläubigkeit und fehlende Phantasie. Er hielt sich aber auch nicht mit der Kritik an Ökonomen und Bankern zurück: „Es gibt diese Denkfaulheit auch bei Ökonomen, davon auszugehen, dass Innovation einfach so herabregnet, von Wissenschaftlern oder Entdeckern. Ich glaube auch nicht, dass das Versagen der Finanzbranche so sehr an komplizierten neuen Finanzprodukten lag, sondern an der Tendenz, mit immer mehr Schulden ein immer größeres Rad zu drehen. Und dann gab es diese übergroße Nähe zwischen Banken und Regierung. Die Banken kaufen die Staatsanleihen und bekommen dafür eine implizite Garantie, dass die Regierung sie rettet, wenn nötig. Das führt zu verantwortungslosem Verhalten: Moral Hazard!"

Und weiter: „Schattenbanken haben von den regulierten Banken viele Kreditgeschäfte übernommen. Es hat schon eine gewisse Ironie, dass wir jetzt vielleicht im Schattenbanksektor die gleichen Probleme bekommen werden, wie wir sie bei den Banken erlebt haben." Eine Vorhersage der nächsten Finanzkrise? Noch schärfer formulierte Phelps seine Kritik in einem Interview mit der „Welt": „Europa ist intellektuell bankrott!"

Phelps schreibt an einem neuen Buch über Innovationen. In den bisherigen Modellrechnungen spielen Innovationen keine Rolle: „Europa lebt von seiner Substanz. Europa hat seinen ökonomischen Schneid verloren. Statt sein Glück in der Welt zu suchen, bleibt man lieber zu Hause. Die Regierungen haben es sich zur Hauptaufgabe gemacht, die Menschen zu behüten und soziale Sicherheit zu organisieren, statt Innovationen zu fördern. Da geht der Wettbewerbsgedanke komplett verloren. Im Blick auf die Zukunft ist der Kontinent intellektuell und gemessen an seinem Ideenreichtum bankrott."

Produktivität und das daraus folgende Wachstum sind seit den 70er Jahren dramatisch gefallen. Statt damals zwei Prozent liegt die Produktivität jetzt im Durchschnitt nur noch bei einem Prozent pro Jahr. Damit verdoppeln sich Produktivität und reales Wachstum erst in 72 Jahren. In der öffentlichen Wahrnehmung ist das fast Stagnation, die nur durch den Geldschleier steigender Preise verdeckt wird. Ob die Menschen in Europa so lange auf den ihnen vermeintlich zustehenden Wohlstand warten wollen?

Etwas freundlicher ging der Cambridge Professor James Mirrlees, Nobelpreisträger von 1996, in Lindau mit der Bundeskanzlerin um. Er hält sie für falsch beraten: „Immerhin hat sie bereits erkannt, dass der Euro Konstruktionsmängel hat. Nur zieht sie daraus die falschen Schlüsse."

Mirlees räumt dem Euro keine großen Überlebenschancen ein. Die dramatischen Arbeitslosenzahlen in südlichen Ländern drohen den Euro zu sprengen. „Die Kosten für das Festhalten an der Gemeinschaftswährung sind hoch. Die muss man bereit sein zu tragen." Dieser Schluß von Mirrlees ist wohl auch in den breiten Niederungen der Ökonomenzunft konsensfähig. Nur wurde bisher keiner gefragt, ob er die Kosten auch tragen will.

Mitgegangen, mitgefangen, mitgehangen

Trotz der Skepsis der Nobelpreisträger: Die Aktienbörsen jubeln, vor allem in den USA. Das viel billige Geld muss irgendwo hin. Also geht es in die Vermögenswerte, vor allem in Aktien, nicht in die Realwirtschaft.

Die beiden Nobelpreisträger des Jahres 2013, Lars-Peter Hansen und der Yale Professor Robert Shiller, warnen vor einem Börsencrash. Das sogenannte „Shiller KGV", das auf dem Durchschnitt der Firmenerträge der jeweils vergangenen zehn Jahre basiert, steht mit 26 auf einem gefährlichen Höhepunkt. Das an der Börse übliche Jahres KGV stellt nur eine Momentaufnahme dar und wird zum Beispiel durch Aktienrückkäufe, die die Kurse und damit das KGV in die Höhe treiben, verzerrt.

Auch William Sharpe, Stanford University, Nobelpreisträger von 1990, warnt vor einem Crash: „Die Nullzinswelt hat die Architektur der Finanzmärkte komplett verändert". Diese drei Nobelpreisträger erwarten einen Börsensturz von mindestens 20%. Sie sagen nur nicht, wann die Spekulationsblase platzt.

Die Geißel: Arbeitslosigkeit

Nicht nur die Nobelpreisträger sehen die Arbeitslosigkeit als das neben der fehlenden Wettbewerbsfähigkeit mit Vorrang zu lösende Problem in Europa.

Nun wurde auch die scheidende EU Kommission aktiv. Der ungarische EU Sozialkommissar László Andor hat als Abgesang seine Pläne für eine „Europäische Arbeitslosenversicherung (EAV)" vorgelegt und fordert dafür Transferzahlungen innerhalb der Eurozone. Alle Eurostaaten sollen neben ihren eigenen Systemen „in einen gemeinsamen Topf einzahlen und bekommen je nach Höhe der Arbeitslosigkeit einen Teil zurück". Die EAV soll aus Steuermitteln der Eurostaaten finanziert werden. Die Transferzahlungen sorgen dann dafür, „dass die sozialen und wirtschaftlichen Folgen von Reformen und Konjunktureinbrüchen abgefedert werden", so Andor. Besonders Italien und Frankreich sind an einer EAV interessiert. Was Wunder!! Eine neue große Umverteilung zeichnet sich ab! Hat man wieder den bekannten europäischen Steuerzahler verpflichtet, kann man sich mit Strukturreformen am Arbeitsmarkt Zeit lassen.

Das Institut für Arbeitsmarkt- und Berufsforschung (IAB) hat berechnet, dass Deutschland etwa ein Drittel der EAV finanzieren müßte. Der größte Gewinner in der Vergangenheit (2006 bis 2011) wäre Spanien mit 38 Milliarden Nettozuflüssen gewesen. Für eine Einführung der EAV ist die Änderung des EU Vertrages notwendig, der alle Mitgliedstaaten zustimmen müssten. Die Arbeitslosigkeit in Europa schwankt erheblich: In der Spitzengruppe liegen Griechenland (27,2%), Spanien (24,5%), Portugal (14,1%), Italien (12,3%), Frankreich (10,2%).

Am unteren Ende der Skala stehen: Österreich (5,0%), Deutschland (5,1%), Malta (5,6%) und Großbritannien (6,5%). Die Europäische Union (EU28) liegt bei 10,2% und Euroland (EU18) bei 11,5%. Dem Plan der EU Kommission für eine EAV dürfte noch ein langes Siechtum bevorstehen. Es gäbe bessere Alternativen.

Europa fällt weiter zurück

Die USA bleiben auch in Zukunft wirtschaftlich erfolgreicher: Sie haben den effektivsten Kapitalmarkt der Welt, die preiswerteste Energieversorgung, technologische Exzellenz auf den Zukunftsmärkten und eine wachsende Bevölkerungsdynamik. Lagen die USA bis 2014 noch knapp unter dem BIP der EU28, werden sie in 2015 mit 16,8 Billionen Euro BIP die EU28 mit ihren 14,6 Billionen Euro weit abgehängt haben.

Verweigert sich die EU ihren Aufgaben?

Wichtig wäre, wenn man sich in der EU mit den „großen Dingen" beschäftigte, diese definiert, dann aber auch der Bevölkerung vermittelt. Darauf sollte sich Europa konzentrieren. Doch dazu fehlt es am politischen Willen.

In keinem der vielen geschlossenen europäischen Verträge gibt es klare Festlegungen, wie weit die Gemeinsamkeit gehen, wohin die Integration führen, wie weit die Ausdehnung „Europas" reichen soll, wie tief die Integration gehen darf und in welchem politischen System der Integrationsprozess enden muss.

Es gibt nur immer wieder einen neuen Anfang auf Basis des bisher Erreichten und Vereinbarten. Vertiefung steht gegen Erweiterung. Es gibt keinen Maßstab und kein Bezugssystem, mit dem man den jeweils erreichten Zustand bewerten könnte. Das nannte man eine „offene politische Finalität".

Womit sollen sich die Bürger Europas dann identifizieren? Ein gemeinsames Ziel gibt es nicht. Wohl gibt es Grundprinzipien, die für den Beitritt eines Staates zur EU erfüllt sein müssen. Dazu gehören: Das nationale politische System muss den Regeln westlicher Demokratien entsprechen, eine funktionierende Marktwirtschaft muss eingeführt und das europäische Gemeinschaftsrecht angewendet werden. Frieden, Wohlstand und Stabilität müssen gesichert sein (Effektivitätsprinzip) und zu akzeptablen Kosten (Effizienzprinzip) erhalten werden. Was zählt, ist die Ökonomie.

Es gilt nach wie vor das Prinzip der funktional begrenzten Übertragung von Zuständigkeiten nach Brüssel. Dieser Prozess der Kompetenzübertragung ist schon weit fortgeschritten. Der Binnenmarkt hat sicher zu mehr Wohlstand durch Allokationseffizienz beigetragen. Eine gemeinsame Zoll- und Außenhandelspolitik in den verschiedenen Zollvereinbarungen und WTO Runden hat die Bedeutung der EU weltweit erhöht. Europäische Normen und Werte wurden zu Exportartikeln.

Zu den Schwächen der EU, die nicht unterschätzt werden dürfen, gehören vor allem: Intransparenz, Langsamkeit, Zerstrittenheit, Regulierungssucht, Bürgerferne, Zentralisierung, Machtkämpfe und Zuständigkeitschaos. Insofern funktioniert die EU wie eine ganz normale Bürokratie.

Die EU verfügt sicher über Legitimität, aber sie ist nicht demokratisch konstruiert. Sie ist ein Verbund, in dem alles ausgehandelt werden muss. Auch in Hinterzimmern. So ist sie konzipiert, als ein Konstrukt „sui generis". Ende offen. Sie funktioniert sicher nicht nach den Regeln eines Nationalstaats.

Im Juni 2014 mischte sich der frühere deutsche Bundespräsident Roman Herzog mit einem Brief an die Bundeskanzlerin in die Diskussion um Europas Zukunft ein. Er wiederholte seine Feststellung aus dem Jahre 2007: Der Hauptgrund für die Europa Skepsis ist die „Entkoppelung der EU Institutionen von der Realität der Menschen mit der Folge einer exzessiv zu nennenden Normenproduktion". Schon 2007 stellte Roman Herzog fest, die Bundesrepublik Deutschland sei nur noch eingeschränkt als parlamentarische Demokratie zu bezeichnen. Zwischen 1998 und 2004 stammten 84% der für Deutschland wirksamen Rechtsakte aus Brüssel und nur 16% aus Berlin.

Seitdem zählt das Bundesjustizministerium nicht mehr nach. Auch heute steht für Herzog die Frage nach der „Finalität" Europas im Mittelpunkt: Staatenbund oder Bundesstaat - das ist auch bei ihm die entscheidende Fragestellung.

„Intergouvernementalisten" wollen den Staatenbund und beklagen die Übertragung von nationalen Hoheitsrechten auf die EU Institutionen. „Föderalisten'" befürworten den Bundesstaat und sorgen sich um das Demokratiedefizit der Union. Sie verlangen mehr Rechte für das EP gegenüber dem ER. Da die Sorgen beider Richtungen berechtigt sind, liegt die Lösung in einer klaren Kompetenzabgrenzung. Was über die Fähigkeiten einzelner Nationalstaaten hinausgeht, sollte in Brüssel demokratisch unter Mitwirkung des EP entschieden werden. Was die Nationalstaaten im Sinne der Subsidiarität kompetenter und zielgenauer entscheiden können, soll in den nationalen Parlamenten entschieden werden. So weit so gut. Das Problem sieht Herzog darin, dass sich die EU Instanzen gegenseitig immer mehr Zuständigkeiten zuschanzen. Das liegt zum einen im Wesen von Bürokratien, Dinge an sich zu ziehen, zum anderen darin, dass die Regierungen unpopuläre Entscheidungen lieber von sich weg schieben und nach Brüssel verlagern. Zwar räumt der Lissabon Vertrag den nationalen Parlamenten ein Widerspruchsrecht gegen EU Rechtsakte ein, doch müssen dann die Parlamente ihre Regierungen beauftragen, beim EuGH gegen die beanstandeten Rechtsakte zu klagen. Da aber der EuGH nach EU

Recht verpflichtet ist, „bei der Verwirklichung einer immer engeren Union" mitzuwirken, wird er in der Regel im Sinne Brüssels und der EU entscheiden. Das ist das Dilemma, dem sich auch die nationalen Parlamente nicht gerne aussetzen. Darum schlägt Roman Herzog -wie schon 2007- die Einrichtung eines „Kompetenzgerichts" vor, das in Streitfällen direkt von einem nationalen Parlament angerufen werden kann. Voraussetzung dafür wäre aber ein verbindlicher Kompetenzkatalog. Und daran wird die Idee scheitern, denn dann müßten sich die europäischen Akteure endlich über eine Zuordnung ihrer Kompetenzen einigen, was sie bisher nicht konnten und für die Zukunft wohl auch nicht wollen.

Wiederkehr des Nationalstaats?

Bei den Wahlen des ersten Halbjahrs 2015 hatten jene Parteien Zulauf, die „weniger Europa" wollen. Grexit und Brexit öffnen Notausgänge. In Großbritannien, Polen, Dänemark, Ungarn gaben die Wähler David Cameron, Andrzej Duda oder Kristian Thulesen Dahl und Viktor Orbán ihr Vertrauen. In Spanien gewinnt die europakritische Podemos Stimmen und Zuspruch. Sie alle verbindet die Ablehnung der EU. Sicher sind das Gezerre um Griechenland und den Euro, die massiven Flüchtlingswellen, die schwelende Jugendarbeitslosigkeit, die mißverstandene „Sparpolitik", eine EU Gesetzgebung, die im nationalen Parlament nicht diskutiert wurde, gängige Ursachen für eine Renaissance des „schützenden" Nationalstaats. Der Bürger sieht einen kriselnden Kontinent. Europa ist an die „Erbsenzähler" gefallen. Es wird um Kleinigkeiten erbittert gestritten und gefeilscht. Und die Granden der EU haben noch keine Sprache gefunden, die den Weg zum kritischen Bürger findet. Keine Botschaft, keine Vision.

Der G20 Gipfel in Australien

Am 15./16. November 2014 trafen sich die G20 Industriestaaten in Brisbane, Australien. Sie sind für rund 85% der weltweiten Wirtschaftsleistung verantwortlich. Geboren wurde ein „Brisbane Action Plan": Bis 2018 soll das globale Wirtschaftswachstum in den G20 Staaten mit Hilfe von achthundert Einzelmaßnahmen um 2,1% gesteigert werden. Damit es etwas griffiger wird, haben die „Illusionisten" auch gleich noch die gewünschte Zahl von 2 Billionen US Dollar zusätzlichem Wirtschaftswachstum ausgerechnet. Dieses erhoffte Planergebnis ist natürlich völlig unverbindlich. Niemand ist gefordert. Klare Vorgaben gab es nicht. Sanktionen auch nicht. Die von den G20 Staaten eingereichten Maßnahmen waren alle schon in der bisher bekannten Planung. „Zusätzlich" ist praktisch nichts. Damit gibt es auch kein „zusätzliches" Wachstum. Es sind die gleichen Staatslenker/Innen, die sich schon beim BIP in ihren Ländern für das Jahr 2014 drastisch verschätzt hatten. Mit dem „Action Plan" sollen auch noch Millionen von zusätzlichen Arbeitsplätzen geschaffen werden. Aber man musste ja etwas in das Protokoll schreiben, nachdem sich der Gipfel fast ausschließlich mit der Krise in der Ukraine und der Kritik an Präsident Putin beschäftigt hatte.

Es gab doch noch etwas für das Protokoll, „Abschlußerklärung" genannt: Bankenregulierung: Die 30 weltgrößten Banken müssen künftig ein größeres Eigenkapital vorhalten. Ein Anleihepuffer in Eigenkapitalhöhe soll zur Umwandlung in Haftungsmasse vorgehalten werden.

Klimaschutz: Anfang 2015 sollen alle G20 Staaten ihre geplanten nationalen Beiträge zum Klimaschutz melden. In Paris soll dann ein Protokoll mit rechtlich bindender Wirkung verabschiedet werden.

Steueroasen: Die Steuervermeidungspraxis der Konzerne sollte unterbunden werden. Steuern sollten dort bezahlt werden, wo die Gewinne entstehen. Bis 2018 soll es einen automatischen Steuerabgleich zwischen den G20 geben.

Wo sind die Ziele der EU?

Das EU Europa war im Beginn ein begeisterndes Friedensprojekt. Es wurde dann ein profanes, ökonomisches Projekt mit einem einheitlichen Binnenmarkt und einer Währungsunion, und es soll nun zu einem Erziehungsprojekt für Demokratie auf EU Ebene werden. Mit dem Frieden hat es innerhalb der EU bisher funktioniert, nicht aber mit der europäischen Demokratie. Mit dem gemeinsamen Binnenmarkt geht es auch langsam voran, mit der Währungsunion geht es nicht gut. Warum ist das so? Die EU ist bis heute ein Projekt der Nationalstaaten, die ihre Souveränität aber nicht aufgeben wollen. Im Anfang war die europäische Einigung nur ein Projekt der technokratischen europäischen Eliten ohne Bürgerbeteiligung. Man hat supranationale „Institutionen" geschaffen, sieben an der Zahl. 70 lange Jahre wurde daran gearbeitet. Von 1945 bis 2015. Ausgangspunkt und Konsens waren, dass jeder EU Staat sich so verhalten solle, dass die bis heute undefinierte „Europäische Gemeinschaft" Bestand hat, dass sie zusammen hält und zusammen bleibt, der Freiheit, der Demokratie, dem Rechtsstaat, dem Wohlstand und der Einheit verpflichtet. Und es sollten sich alle Staaten diesem Codex verbunden fühlen. Die Bindung waren die Verträge zwischen den Staaten, entstanden durch gouvernementales, zwischenstaatliches Handeln. Aber was waren dann die Eingriffe in die Souveränität der Nationalstaaten, die Prüfungen und Auflagen der „Troika" während der Schuldenkrise und danach? Es waren Eingriffe in die nationalstaatliche Verantwortung durch nicht demokratisch legitimierte Institutionen der EU. Im Konflikt liegen die drei widersprüchlichen Ziele der Union: Die europäische Demokratie, die wirtschaftliche Integration und der souveräne Nationalstaat.

Keine Fiskalunion, keine Sozialunion

Was Euroland nicht braucht, ist eine Fiskalunion. Die Haushaltshoheit ist ein konstitutives Merkmal der Staatlichkeit. Würde ein Eurostaat seine Fiskalhoheit an eine supranationale Behörde, an einen „Euro Finanzminister" abgeben, verliert er seine Staatlichkeit. Das nationale Parlament müßte im gleichen Zuge auf seine Existenzberechtigung verzichten, denn Steuer- und Haushaltshoheit ist sein höchstes Recht. Das kann kein Staat, keine Demokratie zulassen. In der gleichen Logik kann kein Staat einer Transferunion zustimmen, in der ein Euro Finanzminister die Steuergelder über die Euroländer verteilt. Wohl könnten die Eurostaaten die supranationale Funktion eines Euro Controllers einrichten.

Auch ist eine Sozialunion auf absehbare Zeit weder in Euroland noch in der EU realisierbar. In einer Sozialunion würden ungleiche soziale Verhältnisse in der EU gleich gemacht und gleiche sozialpolitische Wohltaten für alle Staaten der Union gefordert. Unabhängig von ihrer finanziellen Leistungsfähigkeit. Das führt zu schweren zwischenstaatlichen Konflikten. Daraus folgt: Auf die europäische Ebene können die Steuerhoheit der Parlamente und die Verantwortung für Sozialsysteme nicht verlagert werden!

Gleiches gilt auch für die Innere Sicherheit. Dafür ist der Innenminister zuständig. Konsequenz: Zu den unverzichtbaren Kernelementen der Staatlichkeit gehören neben seiner Fiskal- und Finanzhoheit die Soziale und die Innere Sicherheit. Die Verantwortung für die Sicherheiten seiner Bürger kann kein Staat abgeben. Gibt er diese drei Souveränitäten ab, hört er auf, als Nationalstaat zu existieren. Auf viele andere Funktionen, die er allein in einer globalisierten Welt nicht mehr leisten kann, kann er verzichten. Die kann der Nationalstaat mit entsprechenden „Einzelermächtigungen" der Parlamente an übergeordnete Institutionen, an die europäische Ebene, abgeben.

Die europäische Schuldenkrise nach „Athen 2010" hat auch nichts mit einem fehlenden „Euro Finanzminister" zu tun: Die Krise hat ihre Ursache darin, dass die EU-K die sanktionslose Regelverletzung durch die Krisenstaaten zugelassen hat. Trotz der rechtlichen Verpflichtung auf die Konvergenzkriterien hat sie die Flucht in die grenzenlose Verschuldung toleriert. Trotz des „bail-out" Verbots wurden Staaten mit Krediten und Transfers gerettet. Die EU-K ist die „Hüterin der europäischen Verträge". Sie konnte oder wollte die Entwertung der Verträge nicht verhindern. Sie hat die Verträge nicht „gehütet", sie hat den Vertragsverletzungen zugesehen, stillschweigend toleriert.

Verdrängte Zukunftsaufgaben: Was ist wichtig?

Worin liegt der Sinn der Europäischen Union? Macht und Herrschaft der sieben EU Institutionen wehren sich offen oder verdeckt gegen Einflüsse der heterogenen, nationalen Staaten und deren Bürgerschaften. Erwünschte Elemente direkter Demokratie stehen im Gegensatz zur eingeübten Repräsentativverfassung. Die Repräsentation organisiert die Herrschaft der Wenigen über die Vielen. Und die Vielen autorisieren die Wenigen für sie zu sprechen, zu handeln, sie zu vertreten. Durch demokratische Wahlen. Das ist das Grundprinzip der parlamentarischen Demokratie. Eine Bürgerbeteiligung ist bisher nicht gefragt. Es wird sie auch nicht geben. Dafür haben die Politiker zuviel Angst vor der Unberechenbarkeit der Bürger. Aber ein breiter und offener Dialog wäre möglich! Volksbefragungen zur Zukunft der Europäischen Union sind Illusion. Als einzige Legitimation bleibt die Wahl. Darum müßten auch die Akteure in den verschiedenen europäischen Institutionen und damit die Institutionen selbst, sich der Wahl stellen und durch Wahlen legitimiert werden. Aus Gesandten der Regierungen müßten Vertreter der Bürger werden. Bisher ist das durch Wahlen -mit Ausnahme der Wahlen zum Europäischen Parlament- nicht geschehen.

Die Autorisierung der Repräsentanten in den Institutionen
könnte zwar durch kontinuierliche Kontrolle, Kommunikation und Vermittlung gestärkt werden. Das sind aber keine
Wahlen. Die repräsentativen, aber nicht gewählten Vertretungen, die „Europäischen Institutionen", müßten in eine
derartige „Verfassung" gebracht werden, dass sie diese Aufgaben in Verantwortung vor dem Bürger auch erfüllen können. In kontinuierlicher Rückbindung der Vertreter an die
Wahlbürger. Auch das gibt es bisher nicht. Denn dann wären wiederum europäische Wahlen die Voraussetzung. Da
EU Europa sich darüber hinaus seinen eigentlichen großen
Aufgaben verweigert, müssen Kompetenzen für die kleineren Dinge wieder zurückgegeben werden. An die Nationalstaaten! Dann müssen sich die „Berufseuropäer" in der EU
mit den wichtigen Dingen beschäftigen! Denn „EU Europa"
ist ihr Beruf, nicht das Detail zu regulieren. Darum wird das
Subsidiaritätsprinzip immer wichtiger, denn es verlagert
Entscheidung und Kontrolle wieder dorthin, wo auch die
Verantwortung für das Detail, für das tägliche Leben liegt:
Sie liegt im Nationalstaat, im Bundesland, in der Kommune,
in der Gemeinde, vor Ort.

Das Subsidiaritätsprinzip fordert den Vorrang der jeweils
kleineren Einheit vor der größeren Einheit. Es ist ein Zustän-
digkeitsprinzip, das auch die notwendigen Verantwortlichkeiten klar zuordnet.

Auf der Staatenebene darf die Verantwortung der gewählten
Regierungen nicht durch Kompetenzverlagerung auf supranationale Ebenen verwischt werden. Gewählte Regierungen
müssen dem Bürger gegenüber für ihr Tun und Lassen voll
verantwortlich bleiben. Wofür brauchte man sie sonst? Das
Subsidiaritätsprinzip verlangt eine überschaubare Bürgernä-
he, eine geregelte Bürgerbeteiligung sowie Entscheidungen
und Verantwortlichkeiten nahe an den Realitäten. Nur die
Probleme, die eine Gemeinde, eine Stadt, ein Kreis, eine Re-

gion, ein Bundesland, ein Staat, nicht alleine lösen können, gehören auf eine höhere Ebene. Sie gehören nach Europa! Nur das, was über die Kraft und die Möglichkeiten eines Nationalstaates in der heutigen, globalisierten Welt hinausgeht, gehört auf die „europäische Ebene", auf die „supranationale Ebene". Das sind die großen, die europäischen Themen.

Auf der Ebene wären offene Debatten über die Ziele der Europäischen Union zu führen und die übernationalen, überstaatlichen Probleme zu klären und zu lösen. Die Bühne dafür heißt Brüssel und das Europäische Parlament.

Zu diesen „europäischen Themen" gehören acht Arbeitsgebiete:

- Eine integrierte Europäische Außenpolitik,
- eine die nationalen Ressourcen optimierende Verteidigungspolitik,
- eine die verschiedenen Energiequellen vernetzende Energiepolitik,
- eine durchgängige, europaweite Umweltpolitik.
- eine international durchsetzbare, Einwander- und Auswanderländer verpflichtende Asyl-, Flüchtlings- und Migrationspolitik,
- eine Digitale Agenda, die Standards setzt, den Datenschutz vereinheitlicht und die Internet- und Cyberwelt supranational sichert,
- eine Ausweitung des Binnenmarkts für den Kapitalverkehr und die Dienstleitungen.
- ein sanktionsbewehrtes EU weites Haushaltscontrolling, das mit den modernen Instrumenten des Finanzcontrolling die Haushaltsansätze der Eurostaaten und deren laufenden Vollzug kritisch prüfend begleitet und die Einhaltung der europäischen Verträge durchsetzt. Ein starker Controller ersetzt den oft geforderten „Finanzminister" der Eurostaaten.

Das wären die wichtigsten acht Arbeitsfelder der EU, auf denen ein nationaler Staat alleine nicht mehr handlungsfähig und damit auch international nicht mehr zukunftsfähig ist. Die Instrumente dafür wären:

Transnationalität
Nur noch die Aufgaben in der EU anpacken, die Einzelstaaten nicht alleine realisieren können.

Stabilität
Den Stabilitätspakt durchsetzen und bei Verletzung Sanktionen verhängen.

Subsidiarität
Den Nationalstaaten wieder ihre verantwortbarten Kompetenzen zurückgeben bei gleichzeitigem Abbau der Überreglementierung.

Diese Aufgabenstellung für die EU Kommission und das EU Parlament könnte eine breite Debatte über die Ziele der EU auslösen, könnte auch die Bürger wieder „für Europa" motivieren. Dadurch wäre auch der „ermattet" wirkende europäische Geist neu zu beleben. Europa ist und bleibt ein Symbol für Frieden und Freiheit in einer unfriedlichen Welt. Symbolpolitik allein ist aber nicht zukunftsfähig. Lösungen sind gefragt, konkrete Fortschritte notwendig.

Die derzeit weltweiten Krisen fordern eine europäische Außenpolitik. Es geht nicht nur um die akuten Krisenherde Ukraine, Russland, Israel, Palästina, Balkan, Syrien, Irak, Iran etc. Es ginge vor allem um Krisenprävention. Einzelne EU Außenminister und eine „EU Außenbeauftragte" sind aktiv. Von einer gemeinsamen, in sich schlüssigen und stetigen EU Außenpolitik ist nichts zu sehen. Es wird nicht einmal darüber geredet.

Gleiches gilt für eine Verteidigungspolitik auf EU Ebene. Die national orientierten Etats zur Verteidigung der äußeren Sicherheit sind Verschwendung von Ressourcen. Auch die national fixierten Wege in der Energie- und Umweltpolitik haben keine Zukunft. Sie produzieren nur vermeidbare Kosten.

Eine nicht vorhandene Migrationspolitik führt zu den chaotischen Zuständen an Europas Küsten sowie in den Anrainerstaaten des Mittelmeers und zu wachsenden Konflikten in den Aufnahmeländern. Immer noch fehlen eine Einwanderungspolitik und die entsprechenden Einwanderungsgesetze.

Die Digitalisierung erfaßt funktionsübergreifend und international alle Produktions- und Geschäftsprozesse. Für die Internet- und IT Branche schätzt man ein weltweites Potential bis zu 20 Billionen Dollar. Die Dimension dieses Interaktionsfeldes wird deutlich, wenn man die weltweite Wirtschaftsleistung mit einem BIP von rund 70 Billionen Dollar dazu in Relation setzt. Durch die webbasierte nationale und internationale Vernetzung von Produktions- und Leistungsprozessen werden klassische Geschäftsmodelle in Industrie, Handel und Dienstleistungen verdrängt werden. Das hat schwerwiegende Folgen für die Arbeitsmärkte der EU. Die neuen Technologien auf der digitalen Agenda umfassen Cloud Computing, Big Data, Enterprise Mobility, Social Media und vor allem Cyber Security. Alles weltweit bedeutende Zukunftsfelder. Die USA und die Asiaten liegen hier weltweit vorn. Deutschland hat -mit der einzigen Ausnahme von SAP- keinen globalen Player anzubieten. Auch die anderen EU Staaten haben hierzu nichts international Vorzeigbares.

Ferner wäre wichtig, den Stabilitäts- und Wachstumspakt zu stärken, nicht zu verwässern, wie bisher erkennbar. Seine weitere Lockerung führt die Staaten nur tiefer in die Schuldenfalle. Hier wäre das Euro Controlling gefordert. Die Strukturreformen und die Öffnung nationaler und europäischer Märkte sind immer noch unvollkommen. Die Wechselbeziehung zwischen Sparen und Wachstum muss wieder hergestellt werden. Der Fiskalpakt müßte reaktiviert werden. Wachstum und Beschäftigung entstehen nicht ohne Haushaltsdisziplin. Nur was erarbeitet wurde, kann auch verteilt werden. Die Flucht in die extreme Verschuldung war verhängnisvoll.

Die notwendigen privaten Investitionen in der EU erfordern rentable Projekte.

Das politisch so beliebte Verteilen von sozialen Wohltaten auf Kredit gehört auf den Prüfstand. Eine neue, stetige und transparente Kooperation zwischen EP, ER und EU-K muss zur durchgängigen Arbeit am Wichtigen führen. Eilig und in aktueller Not einberufene Gipfeltreffen beschäftigen sich nur mit dem Dringenden, aber nicht mit dem Wichtigen! Das für die Union Wichtige ist den Bürgern zu erläutern. In dieser Zieldebatte wäre dann auch die fördernde Rolle der Staaten zu klären. Ein neuer EU Vertrag müßte verhandelt werden, vielleicht sogar der Anlauf für eine Wiederaufnahme der Arbeit des aufgelösten Verfassungskonvents gewagt werden, will man wieder von einer künftigen „Politischen Union" oder gar von einem „Europäischen Bundesstaat" reden.

Will man das alles nicht

sollten sich die verantwortlichen politischen Akteure zu einem dann auch realisierbaren „Europäischen Staatenverbund" bekennen. Das aber auch klar sagen. Nach der Beschreibung des „Staatenverbundes" durch das Deutsche Bundesverfassungsgericht (BVG) ist der Staatenverbund mehr als ein Staatenbund und weniger als ein Bundesstaat. In seinem Lissabon Urteil aus dem Juni 2009 sagte das BVG:

„Die primäre Integrationsverantwortung liegt in der Hand der für die Völker handelnden nationalen Verfassungsorgane. Bei wachsenden Kompetenzen und einer weiteren Verselbständigung der Unionsorgane sind Schritt haltende Sicherungen erforderlich, um das tragende Prinzip der begrenzten und von den Mitgliedsaaten kontrollierten Einzelermächtigungen zu wahren. Auch sind eigene für die Entfaltung der demokratischen Willensbildung wesentliche Gestaltungsräume der Mitgliedstaaten bei fortschreitender Integration zu erhalten. Insbesondere ist zu gewährleisten, dass die Integrationsverantwortung durch die staatlichen Vertretungsorgane der Vöker wahrgenommen werden kann".

„Solange im Rahmen einer europäischen Bundesstaatsgründung nicht ein einheitliches europäisches Volk als Legitimationssubjekt seinen Mehrheitswillen gleichheitsgerecht politisch wirksam formulieren kann, bleiben die in den Mitgliedstaaten verfassten Völker der Europäischen Union die maßgeblichen Träger der öffentlichen Gewalt, einschließlich der Unionsgewalt. Für den Beitritt zu einem europäischen Bundesstaat wäre in Deutschland eine Verfassungsneuschöpfung notwendig, mit der ein erklärter Verzicht auf die vom Grundgesetz gesicherte souveräne Staatlichkeit einherginge. Ein solcher Akt liegt nicht vor".

„Die Europäische Union erreicht auch bei Inkrafttreten des Vertrages von Lissabon noch keine Ausgestaltung, die staatsanalog ist und deshalb dem Legitimationsniveau einer staatlich verfaßten Demokratie entsprechen müßte. Sie ist kein Bundesstaat, sondern bleibt ein Verbund souveräner Staaten unter Geltung des Prinzips der begrenzten Einzelermächtigung".

Der derzeit in der EU bestehende Staatenverbund kann trotz allem die oben genannten wichtigen acht supranationalen Aufgaben nach dem Prinzip der Einzelermächtigung aufnehmen und abarbeiten.

Der Weg in einen Europäischen Bundesstaat ist mit dem BVG Urteil auf nicht absehbare Zeit versperrt. Die Einhaltung von Verträgen und die Herrschaft des Rechts müssen auf dieser Ebene wieder leitende Prinzipien werden. Ein Verzicht auf die in der Vergangenheit praktizierten Vertrags-

und Rechtsbrüche ist damit eindeutig verbunden, will die EU international repektiert werden. Das nennt man auch, Europa wieder „vom Kopf auf die Füße stellen". EU Europa wurde zunehmend ein technokratisches Projekt, ein „verkopftes Projekt". Das darf es aber auf Dauer nicht bleiben, will es die Akzeptanz der Bürger gewinnen und dann auch erhalten. Es muss wieder ein Bürgerprojekt werden. Europa braucht diese neue Architektur eines „Bürgerprojekts", eine „Architektur der Mitte", ein neues „Wichtig" und „Unwichtig". Eine klare Benennung jener Themen, die auf die supranationale Ebene gehören und jener Zuständigkeiten, die im Rahmen der Subsidiarität wieder auf die nationale Ebene zurück verlagert werden müssen. Dazu gehört die Einbeziehung der Bürger in die Vorbereitung von Integrations- und Desintegrationsschritten. Europa braucht diese neue Staatlichkeit. Das BVG hat den Rahmen dafür vorgegeben. Die Architektur der Mitte wurde in diesem Buch besprochen. Nur hat diese Neugliederung der EU nach Zentralität und Subsidiarität, nach Wichtig und Unwichtig, überhaupt eine Chance?

Die EU weiten Vorschriften umfassen derzeit rund 200.000 DIN A4 Seiten!

Ein Zurück ist schwierig, da mit Vertragsänderungen verbunden. Die gewünschte Subsidiarität wird für bereits eingeführte Tatbestände darum wohl nicht kommen. Eine Rückverlagerung der Kompetenzen von Brüssel in die Nationalstaaten ist, selbst wenn gewollt, faktisch unmöglich, da viele Rechtsakte die Ergebnisse komplexer Verhandlungen und Verträge, in Maßnahmenpaketen gebündelt, darstellen. Sie sind mühsam erreichte „Europäische Kompromisse". Verträge „aufzuschnüren" ist für Eurokraten der Horror, denn selbst erwünschte Vertragsänderungen sind oft nur mit Einstimmigkeit möglich! Wenn die bestehenden „Institutionen" das aber nicht schaffen, bleibt nur noch die Bürgerschaft.

Die Bürger Europas, die Völker EU Europas sind gefordert. Denn der Souverän in einer Demokratie ist und bleibt „das Volk", selbst wenn das den Politikern nicht gefällt. Die Bürger Europas wurden nach ihrer „Europäischen Zukunft" bisher nicht befragt. Will man das alles nicht, wird das Europa der 28 Staaten weiter vor sich hin stolpern. Vielleicht sogar fallen, zerfallen.

Wohin stolpert Euroland, die „Tapferen 19"?

Mit einem höheren Integrationsgrad in der EU28 operiert bisher nur die Eurozone (EU19), bewegt sich Euroland in einer Gemeinschaftswährung, für die die Verantwortung bei der EZB liegt. Die Eurostaaten haben ihre Währung abgegeben und damit bereits einen hochgradigen Souveränitätsverzicht geleistet. Stolpert Euroland nun weiter in Richtung Sozialisierung mit gemeinschaftlicher Haftung für die Hilfskredite? In eine Transferunion? In eine Finanzunion? In einer Finanzunion haftet jeder für jeden. Rückwärts stolpern funktioniert nicht, also vorwärts. Derzeit ist man auf dem Weg in die Vergemeinschaftung, in die Sozialisierung der Schulden, obwohl das offiziell noch immer dementiert wird. Unter dem Druck der Schuldenlast, der fehlenden Schuldentragfähigkeit und der unzureichenden Wettbewerbsfähigkeit vor allem der schwachen Staaten, wird man den Weg wohl weiter voran stolpern. Da auch die Krisenstaaten in die Solidarität eingebunden sind, die „no-bail-out" Klausel abgeschafft wurde, gilt in Euroland: Jeder haftet für jeden, alle zahlen für alle.

Die beiden ungeliebten Wege

So schwankt Euroland wieder zwischen Sozialisierung der Schulden oder der eigenen Verantwortung jedes Staates für seine Staatsfinanzen.

Im Sozialisierungsmodell werden die einzelnen Staats Schulden durch die Schulden der Rettungsschirme EFSF und ESM und über die Bilanzen des EZB Systems vergemeinschaftet.

Die Investoren erhalten dafür die Sicherheit der Haftungsgemeinschaft. Die Zinsunterschiede, die Risikozuschläge für die Ausfallwahrscheinlicheiten zwischen den Anleihen verschiedener Eurostaaten, verschwinden, weil die Eurostaaten gemeinsam haften. Die Renditen, die früher die Risiken markierten, wurden nivelliert. Die Krisenstaaten profitieren von der Bonität der starken Staaten. So werden auch die Risiken sozialisiert.

Im Souveränitätsmodell ist jeder Staat für seine eigenen Schulden und deren Höhe verantwortlich. Er kann pleitegehen und die Gläubiger verlieren ihr Geld. Jeder Schuldenstaat wird durch die Höhe der Zinsen, die er für seine Anleihen zahlen muss, bewertet und bekommt im Krisenfall keine neuen Kredite. Soweit die Theorie. Euroland hatte sich mit den Rettungsschirmen, den Targetkrediten aus den Druckerpressen der lokalen Notenbanken und der unbefristeten Schutzzusage der EZB (OMT Programm), unbegrenzt Staatsanleihen aufzukaufen, für das Sozialisierungsmodell entschieden. Um dem Treiben des permanenten, exzessiven Schuldenmachens einen Riegel vorzuschieben, hatten sich die Staats- und Regierungschefs im Juni 2012 auf den „Fiskalpakt" geeinigt. Danach sollten die Gesamtschulden jährlich um 5% der Differenz zwischen dem aktuellem Schuldenstand und dem Mastricht Kriterium von 60% Schuldenobergrenze reduziert werden. Daraus wurde natürlich nichts, im Gegenteil. Keiner hat sich an diesen Fiskalvertrag gehalten und stattdessen weiter neue Schulden gemacht.

Die Schweiz und die USA folgen einem klaren Souveränitätsmodell. Steht ein Bundesstaat in den USA oder ein schweizer Kanton am finanziellen Abgrund, rettet ihn nicht der Zentralstaat, auch nicht die Zentralbank. Er muss sich selbst durch Verpfändungen seiner Vermögen, höhere Steuereinnahmen oder Mehrleistung retten. Da die Zentralbank keine Papiere der Teilstaaten kauft, verlieren die Gläubiger ihr Geld und werden sich überlegen, ob sie überhaupt noch und zu welchem Preis sie dem Pleitier weiteres Geld geben wollen. Das diszipliniert alle Beteiligten. Dieses Souveränitätsmodell gibt es aber nicht mehr in Euroland. Nur die EU9, die Staaten mit eigener Währung, folgen dem Souveränitätsmodell. Will man trotz allem den Euro als Währung in der gesamten EU28 etablieren, muss die EU bereit sein, den neun „Nicht Euro Staaten" das Souveränitätsmodell weiterhin zu lassen: Keine finanzielle Haftung für Krisenländer! Erst dann wäre die Erweiterung der Eurozone für die EU9 überhaupt diskutabel. Dann ließe sich auch die heutige währungstechnische Spaltung der EU langfristig auflösen. Aber nur dann, wenn die Eurostaaten (EU19) zum Souveränitätsmodell zurückkehren. Sonst nicht. Das wird aber sehr schwer, denn man hat sich an die versteckte Gemeinschaftshaftung gewöhnt. Der derzeitige Zustand in Euroland ist für die EU9 nicht ermutigend. Wie sagte doch Mario Draghi zur Eröffnung des neuen EZB Turms am 18. März 2015 in Frankfurt: „Es gibt einige, die wie die Demonstranten vor unserer Tür glauben, Europa tue zu wenig. Aber die Eurozone ist noch keine Politische Union, in der einige Länder permanent für andere bezahlen." Dass sie aber haften, und bei einer Staatspleite auch zahlen, dass sie die Kredite in Teilen abschreiben müssen, hat Draghi vorsichtshalber nicht erwähnt. Dass die Rettungskredite permanent „im Feuer stehen", siehe Griechenland, hat Draghi auch nicht gesagt. Eine Rückabwicklung der Euro Finanzunion zu den Prinzipien der Maastricht Verträge und der finanziellen Souveränität jedes Staates wäre nur mit großen Schuldenschnitten der Kreditgeber in den Krisenstaaten möglich. Denn unter dem „no-bail-out" Prinzip haftet wieder jeder Staat nur für seine eigenen Schulden. Nur ist dieser Weg kaum noch möglich, denn die Krisenstaaten stecken zu tief in ihren Schulden, auf deren Rückzahlung die Kreditgeber politisch nicht verzichten wollen oder können, aber sehr lange warten müssen. Die

Rückabwicklung würde zu teuer.

Was könnte Euroland tun?

Will die Eurozone für die EU9 Länder mit ihren eigenen
Währungen interessant werden, müßte einiges geschehen:

- Denkverbote aufheben
  Der desolate Zustand der Eurozone gehört in eine breite,
  öffentliche Diskussion. Ohne Sprachschablonen. Ohne
  Bürokratensprache. Von der Unumkehrbarkeit einer
  Währungsunion zu reden, entspricht einem Denkverbot.

- Der Schuldenschnitt:
  Dazu brauchte man eine Schuldenkonferenz für über-
  schuldete Eurostaaten und Klärung über das Ausmaß der
  notwendigen Schuldenschnitte. Das wäre eine nachhaltige
  Sanierung der Eurozone. Da die Rettungskredite ohnehin nicht vollständig zurückgezahlt werden können, sind
  Schulden oberhalb der nationalen Schuldentragfähigkeit
  als uneinbringliche Forderungen abzuschreiben. Sonst
  verschwinden sie in „Ewigkeitsanleihen".

- Der Austritt überschuldeter Länder aus der Eurozone:
  Unklar ist, ob dieser Weg die verbleibende Restzone stärkt
  oder schwächt. Dafür heißt der Testfall: Griechenland.
  Hier stand der Grexit auf der Agenda.
  Ökonomisch betrachtet, stärken Austritte die Restzone,
  denn die dauernde Alimentierung entfällt. Die Kernzo-
  ne wird stabiler. Geopolitisch wird ein Austritt wohl als
  Schwäche Europas eingeschätzt werden: „Euroland kann
  seine Probleme nicht lösen!" Es müssen künftig aber gut
  vorbereitete Austritte und Wiedereintritte in das Währungsgebiet möglich sein. Für beide Wege gibt es Argumente. Je nach ökonomischer Stärke oder Schwäche des
  austretenden Staates sind unter einer eigenen Währung
  Aufwertungen oder Abwertungen möglich. Für eine Über-
  gangsphase sind auch Parallelwährungen möglich. Der
  Wiedereintritt in die Eurozone sollte nach Feststellung

der Wiedergewinnung internationaler Wettbewerbsfähigkeit für die ausgetretenen Staaten zulässig sein. Dafür ist eine Anpassung der bestehenden Europaverträge erforderlich. An ein Öffnen der Verträge wird derzeit leider nicht einmal in aller Stille gedacht.

▫ Eine EU Insolvenzordnung für marode Staaten
Die „Europäische Insolvenzverordnung" für Unternehmen wäre dringend durch eine Insolvenzordnung für zahlungsunfähige Staaten zu ergänzen.

▫ Die Hilfsleistungen aus den EU Rettungsschirmen sind zu besichern:
Bisher sind die Hilfskredite sogenannte Blankokredite. Außer den Zusagen im Kreditvertrag und im Tilgungsplan und der begrenzten Hoffnung der Geldgeber auf spätere Rückzahlungen gibt es keinerlei staatliche Sicherheiten. Keine vernünftige Bank würde derartige Kredite geben. Dubiose Staatspapiere sind keine Garantien. Pfandbesicherungen oder Vermögensabtretungen zur Besicherung der Kredite sind daher erforderlich.

▫ Die Macht der EZB begrenzen:
Das geht nur, wenn die Regierungen der Eurostaaten wieder die Verantwortung für ihre Staatshaushalte übernehmen. Verweigertes Regierungshandeln führte zur Überdehnung des Mandats der EZB. Derzeit führt die EZB die Eurozone allein und verschafft den Krisenstaaten billige Liquidität. Die EZB kauft damit den Regierungen Zeit zu Lasten Dritter. Dass Bürger zusehen müssen, wie der Wert ihres Geldes, ihrer Sparguthaben, Renten und Pensionen durch die Politik der EZB schwindet, ist ein unhaltbarer Zustand. Er ist dadurch verursacht, dass die EZB auch die südlichen Krisenländer unbedingt in der Eurozone halten wollte. Das aber war nicht ihr satzungsgemäßer Auftrag. Sie übernahm das Regierungshandeln, rettete die Banken und stützte die Krisenländer.

Der Euro spaltet

Die Aggressionen zwischen Nord- und Oststaaten einerseits und den Südstaatender Eurozone andererseits werden heftiger. Griechenland, Spanien, aber auch Italien sind hier besonders auffällig. Massive Schuldzuweisungen für die eigene Misere und Aggressionen gegenüber den Gläubigerländern sind an der Tagesordnung. Wirtschaftliche Ungleichheit, unterschiedliche Wettbewerbsfähigkeit und politische Spannungen wären ohne die Zwangsjacke des Euro von geringerem Gewicht.

Der Euro polarisiert

Gläubigerstaaten stehen gegen Schuldnerstaaten, Marktwirtschaftler stehen gegen Staatssozialisten, Keynesianer gegen Ordoliberale, Eurobefürworter gegen Eurogegner. Das hindert andere Staaten Osteuropas und die Skandinavier, aber auch Großbritannien, am Beitritt zum Euro. Wäre der Euro attraktiver, dann könnte die EU auch die künftige Eurozone sein! Nach einer Reform der heutigen Eurozone, wären vielleicht auch Polen und die Skandinavier bereit, dem Euro beizutreten. Gegen ein derartiges Konzept wäre vor allem Frankreich. Frankreich will nur eine Fiskalunion mit einer Vergemeinschaftung der Schulden, ähnlich Italien, mehr nicht. Auf keinen Fall Souveränitätsverzichte! Großbritannien will nur den Binnenmarkt. Und eine Neuverhandlung der Europaverträge. Mit den Beitritten der osteuropäischen Länder zum Euro Mitte des letzten Jahrzehnts kamen Niedriglohnländer in den Euro, die die südeuropäischen Länder in ihrer Wettbewerbsfähigkeit weiter geschwächt und zur Krise beigetragen haben. Diese Länder müssen sich reformieren, damit sie aufholen können.

Der „5 Präsidenten Bericht"

Auf dem Gipfeltreffen im Juni 2012 hatten die europäischen Staats- und Regierungschefs eine „Roadmap" beschlossen. Die Präsidenten der Institutionen sollten ein Konzept für die

Zukunft der Eurozone ausarbeiten. Dieser Plan lag am 22. Juni 2015 im zweiten Anlauf als „Bericht" der fünf Präsidenten Juncker, Tusk, Draghi, Schulz und Dijsselbloem vor. Er zeigt auf vielen Seiten, wie die Europäische Wirtschafts- und Währungsunion (EWWU) vom 1. Juli 2015 an vertieft und bis 2025 vollendet werden soll.

Stufe 1

„Vertiefung durch Handeln" (1. Juli 2015 - 30. Juni 2017):

Im Rahmen des bestehenden Lissabon Vertrages will man vor allem einen Einlagensicherungsfonds der Banken schaffen und neue Gremien zur „Förderung der Wettbewerbsfähigkeit, zur Vollendung einer Finanzunion und zu besserer Haushaltspolitik" gründen. Auch stehen ein „beratender Fiskalauschuß, mehr Konvergenz und ein Investitionsfonds für strategische Investitionen" auf der Aktivitätenliste.

Man will zusätzlich auch noch eigenes Geld: Ein „Mechanismus der fiskalischen Stabilisierung für die Eurozone" muss her. Ein weiterer „Mechanismus"! Wie schön doch die Bürokratensprache die wahre Absicht verschleiern kann. Im Klartext: Neues Geld her.

Stufe 2 (2017- 2025)

„Vollendung der EWWU": Die Eurostaaten sollen einen Teil ihrer wirtschafts- und fiskalpolitischen Souveränität aufgeben. Das erfordert dann eine Reform des EU Vertrages. Ein Euro Haushalt zeichnet sich ab. Neue Referenzwerte zur „Konvergenz der Strukturen" sollen kommen.

Stufe 3 (ab 2025)

„Endstufe der EWWU": Die echte EWWU soll bis dahin stehen und ein „Schatzamt" im Euroraum (Treasury) wird als eine Art Euro Finanzministerium eingerichtet. Sonst wird zur Stufe 3 nichts gesagt. Was sich hinter den „technischen" Begriffen verbirgt und wie die Wege dahin verlaufen sollen, bleibt unklar.

Der Bericht ähnelt einem „Rettungsplan für Euroland". Es sind weitgehend alte und bekannte Vorschläge. Ein Redesign der bürokratischen Strukturen. Im Frühjahr 2017 soll jedenfalls ein neues „Weißbuch" der EU-K erscheinen. Bis dahin wird nicht viel Konkretes passieren. Wieder glaubt man an das Heil eines Euro Schatzamtes. Die Nutzlosigkeit eines Euro Finanzministers wurde unter dem Titel „Keine Fiskalunion" besprochen. Man wird es treiben lassen. Die Präsidenten der fünf wichtigsten Institutionen der EU wollen nicht wirklich voran, oder sie wurden von den Regierungschefs der Nationalstaaten in Hintergrundgesprächen ausgebremst. Sie hatten drei Jahre Zeit! Kein großer Wurf, keine Vision, keine Aussagen zu den wichtigen Aufgaben, nichts zu den internationalen Herausforderungen, nichts zu den Zielen der EU. Nur fiskalpolitisches, organisatorisches Klein-Klein. Herumschrauben an den alten Strukturen. Und wo kein Wille ist, ist auch kein Weg...

EU Europa im „Trilemma": Drei verschiedene Ziele

Das EU Europa will Demokratie, Nationalstaaten und wirtschaftliche Integration. Nur sind die drei Ziele nicht gleichzeitig erreichbar. Wer eines davon will, muss eines der beiden anderen Ziele aufgeben. Es sind immer nur zwei Ziele gleichzeitig erreichbar.

1. Will man die „europäische" Demokratie, will man die demokratisch legitimierte europäische Union, muss man den Nationalstaat oder die wirtschaftliche Integration aufgeben.
2. Will man den Nationalstaat erhalten, muss man die europäische Demokratie oder die wirtschaftliche Integration aufgeben.
3. Will man die wirtschaftliche Integration, muss man entweder den Nationalstaat oder die Demokratie aufgeben.

Der Lösung dieses Trilemmas hat sich die EU bisher verweigert.

Man probiert immer noch, die drei Ziele gleichzeitig zu erreichen. Mit der Konsequenz, dass man keines wirklich erreicht. Wir sahen bisher nur vergebliche Versuche. Zur Lösung des Trilemmas gibt es auch nur drei Wege: Vorwärts, rückwärts oder Stehenbleiben. Als Prozess betrachtet:

Vorwärts: In den Europäischen Bundesstaat. Rückwärts: In die Rückabwicklung der Eurozone.

Stehenbleiben: In die Stagnation. Verbleib im Status Quo. Im quälenden Weiterwursteln wie bisher, ohne eine Vorstellung von einer europäischen Zukunft. Verharren in der Warteschleife der verwirrenden Kompromisse.

Europa hat sich bisher im Status Quo eingerichtet. Weiter Stolpern und auf die langsam mahlenden Mühlen der europäischen Bürokratie, auf Gesetze, Verordnungen und Richtlinien hoffen, bauen und vertrauen. Bürokratie produziert Vereinheitlichung, Gleichmacherei.

Wir kennen es: Die Konsensmühlen der Administration zermahlen die Probleme in der EU so lange, bis sie zu Staub werden, den man hinter sich lassen kann. Der Wind der Realität verweht dann den Rest. Man hat den Kompromiß. Und die Karawane zieht weiter. Die Konsensmühlen werden schon eines der drei Ziele zermahlen: Wahrscheinlich den Nationalstaat.

Was Europa nicht braucht

Wir Europapolitiker verabschieden uns von Fiskal-, Transfer- und Sozialunion! Wir wollen keine „Vergemeinschaftung" der Unvereinbarkeiten. Wir wollen auch keine „Euro Wirtschaftsregierung", keine „Euro Steuer" und kein „Euro Finanzregime"! Regierungen, die nicht einmal ihre eigene Wirtschaft in Gang bringen, nicht die Konjunktur im eigenen Lande stimulieren können, werden als „Euro Wirtschaftsregierung" auch nichts zustande bringen. In jedem Fall würde diese neue „Regierung" aber die Spaltung der EU vertiefen:

Neunzehn Eurostaaten als „Regierungsmitglieder" und neun
Außenstehende, die „Nicht Euro Länder", werden noch weiter auseinander gehen.

Und zusätzliche Steuereinnahmen, die von einem nicht
gewählten, aber mit Eingriffsrechten in die nationalen
Haushalte ausgestatteten „Europäischen Finanzminister"
zwischen den Eurostaaten hin- und hergeschoben werden,
bringen keine Wettbewerbsfähigkeit. Ein EU Finanzminister, der auch noch Schulden durch gemeinsam verbürgte Kreditaufnahmen machen darf, der Eurobonds auflegen
könnte, oder der sich das Geld aus dem Steueraufkommen
der Staaten direkt oder über „Aufschläge" holen müßte. Diesen Finanzminister wollen wir nicht. Und seine heutigen
Euro Länderkollegen wollen ihn auch nicht. Er wäre nur
noch eine weitere Supra Bürokratie in Europa, die ständig
mit den Staaten und den dort „gerupften" Finanzverwaltern
im Streit ums Geld läge. Hinter den Plänen steht natürlich
der Wunsch nach zusätzlichen EU- oder Euroland eigenen
Einnahmequellen. Denn nur neues eigenes Geld verleiht
neue Macht, schafft neue Abhängigkeiten. „Eigenmittel" ist
das Zauberwort.

Vergessen wird bei der anlaufenden Geldsuche nur zu gerne,
dass die EU bis 2020 schon ein genehmigtes 7 Jahres Budget
von knapp einer Billion Euro für Verpflichtungen und weiteren 900 Milliarden für Zahlungen hat. Geht man diesen
gedachten Weg konsequent weiter, wäre die Transferunion
„Nord nach Süd" mit einem künftigen Euro Finanzminister unumkehrbar zementiert. Dort läge dann die finanzielle
Macht der Eurozone, nicht mehr bei den sperrigen Regierungen. Die Phantasie der Pläneschmiede wurde von einer weiteren Nebenwirkung beflügelt: Die Last, dass sich kein Staat
an die Verträge hält, die die Funktionsfähigkeit des Euro absichern sollten, wäre mit diesem Plan abgelegt. Die störenden Konstruktionsfehler der Währungsunion durch immer

wieder neue Euro Verträge zu beheben, wären endlich beseitigt. Man säße endlich in der supranationalen Wirtschafts- und Finanzregierung, und alles wird gut?

Diese von der Misere in der EU nur ablenkenden Pläne sollten schnellstens in den Schubladen der französischen und der brüsseler Administration, aber auch des deutschen Finanzministeriums, verschwinden. Doch schreibt bereits eine Arbeitsgruppe unter dem ehemaligen italienischen Premier und EU Kommissar Mario Monti an den Plänen.

Dann bleiben Demokratie und Binnenmarkt

Im „Vorwärts Modus" heißt das: Es wählen die europäischen Bürger eine Verfassunggebende Versammlung. Die schreibt die neue Europäische Verfassung. Die europäische Bürgerschaft wählt über Europäische Parteien einen Europäischen Bundestag, den Nachfolger des Europäischen Parlaments. Die ehemals Nationalstaaten wählen ihre Regierungschefs in den Europäischen Bundesrat und beide Kammern bestellen die neue Europäische Regierung.

Aus dem Europäischen Gerichtshof wird das Europäische Verfassungsgericht.

Dann wäre die europäische Demokratie in einem Europäischen Bundesstaat vollendet. Und es bleibt der Binnenmarkt mit der einheitlichen europäischen „Staatswährung Euro". Der Euro hätte endlich einen Staat. Die EZB wäre eine Europäische Zentralbank. Und nicht nur eine Eurozonen Zentralbank! Die Bürger Europas hätten in freier Wahl über ihre Zukunft entschieden. Gewählt hätte der Souverän, das Europäische Volk. Die Europäische Union wäre die „Europäische Nation". Wenn auch ein „Vielvölkerstaat". Das war Europa aber schon immer! Dies wäre die Konsequenz einer Europäischen Demokratie.

In diesem „Europäischen Bundesstaat" wären Deutschland, Frankreich, Spanien, Polen, Finnland -und all die anderen

EU Staaten- die künftigen achtundzwanzig „Bundesländer" des Europäischen Bundesstaates. Ihre bisherigen Kanzler und Regierungspräsidenten wären dann „nur" die Ministerpräsidenten ihres Bundeslandes. Nicht mehr.

Es fehlte dann nur noch die „Europäische Sprache". Aber die haben wir heute auch noch nicht. Künftige Generationen werden sie sicher finden.

Eine neue Welt, nur in welchem der kommenden Jahrzehnte? Und es ist eine Welt, die niemand will. Bisher. Und heute weniger als in früheren Jahrzehnten. Als man noch Visionen hatte! Es wurden zu viele Fehler gemacht.

Epilog: Zu neuen Ufern

Also wird Europa weiter stolpern, ins immer wieder Neue, Ungewisse, Unberechenbare, vorwärts, rückwärts, seitwärts. Und das auch noch gleichzeitig. Ist das eine Vision? Sie ist heute die Realität, in der sich alle wohlig eingerichtet haben! Keine Veränderung, keine Ungeduld, kein Aufbruch. Nichts, nirgends. Nur bleierne Stagnation. Resignation. Mühsal. Enttäuschung. Kleine Reformen hier und große Rettungspakete dort. Kampf und Krampf in den „Institutionen" der EU. Will man weder vorwärts noch rückwärts, sollten sich die verantwortlichen politischen Akteure wenigstens zu einem ausbaufähigen „Europäischen Staatenverbund" bekennen. Der Staatenverbund ist mehr als ein Staatenbund und weniger als ein Bundesstaat, sagte schon das BVG. Den lockeren, vertragsgestützten Staatenverbund haben wir heute. Dann müßten die Politiker ihren Völkern aber auch klar sagen, mehr geht nicht, mehr wollen wir nicht. Verabschiedet euch von allen darüber hinaus gehenden Vorstellungen. Keine Visionen! Visionen sind Illusionen!

Oder es nehmen die in und für Europa Verantwortlichen allen Mut zusammen und sagen ihren Bürgern: Wir wollen weiter, in die Zukunft eines stärkeren Europas. Unabhängig

von den erst noch zu schaffenden europäischen verfassungs-
rechtlichen Strukturen packen wir die acht wichtigsten Aufgaben an.

Mit den sogenannten „Einzelermächtigungen" in den europäischen Staatsverfassungen wollen und werden wir künftig jene Teile unserer staatlichen Souveränität abgeben, die
wir als Nationalstaat nicht mehr selbst international über-
zeugend vertreten können. Auch verabschieden wir uns von
Fiskal-, Transfer- und Sozialunion! Wir wollen keine „Vergemeinschaftung" der Unvereinbarkeiten, die doch nur neue
Konflikte um die Verteilung des Geldes bringt. Wir wollen
keinen Euro Finanzminister. Ein Euro Controller mit Kompetenzen genügt. Wir wagen uns an die großen Aufgaben!
Europa könnte mehr, wenn es denn wollte! Mit einem „Kern
der Mutigen". Mit den starken Staaten: Deutschland, Frankreich, Polen, den drei Beneluxstaaten, Österreich, Finnland
und den drei baltischen Staaten. Elf Staaten! Als Vorbild und
Vorreiter. Die noch zögerlichen Staaten werden dann vielleicht folgen. Wenn der Erfolg der Mutigen sichtbar wird.
Aber erst dann.

Nur, wie und wohin Europa auch stolpert: Dreierlei muss
EU Europa kurzfristig auch noch leisten, am besten gleichzeitig: Investitionen, Strukturreformen, Haushaltskonsoli-
dierungen. Diese Drei erhöhen die Wettbewerbsfähigkeit der
EU. Nur dann bleibt EU Europa zukunftsfähig. Will Europa
künftig mehr sein, als die Werkbank der Ideen und Technologien für die kommenden Wirtschaftsgiganten China und
Indien, auch für die USA, muss es endlich vorwärts stolpern!
Zu neuen Ufern, nicht in einen vermeintlich sicheren Hafen
der Stagnation. Die Welt um uns herum, in Asien, in den beiden Amerikas, selbst in Afrika, verändert sich in schnellen
Schritten. Die aufstrebenden Staaten werden keine Rück-
sicht auf das müde, alternde, ängstliche und zerstrittene Europa nehmen, auf die unwilligen, verzagten Passagiere der

„MS. Europa". Sie wollen so werden, wie Europa einst war:
Führend in der Entwicklung der Welt. Aber ihrer neuen eigenen Welt! Das alte Europa schaut zu, schaut hinterher. Es ist nur noch bemüht, irgendwie dabei zu bleiben. Irgendwie. Ohne Visionen...

Das angerostete Schiff „Europa", es schlingert, es vibriert, aber es schwimmt...

... Zu neuen Ufern !?